U0553737

系统化学校课程设计

有效研制的实践指南

韩艳梅——著

华东师范大学出版社
·上海·

图书在版编目(CIP)数据

系统化学校课程设计：有效研制的实践指南/韩艳梅著.—上海:华东师范大学出版社,2021
ISBN 978-7-5760-1611-6

Ⅰ.①系… Ⅱ.①韩… Ⅲ.①课程设计 Ⅳ.①G423

中国版本图书馆CIP数据核字(2021)第065134号

系统化学校课程设计：有效研制的实践指南

著　　者　韩艳梅
责任编辑　刘　佳
特约审读　韩　蓉　向　颖
责任校对　时东明
装帧设计　刘怡霖

出版发行　华东师范大学出版社
社　　址　上海市中山北路3663号　邮编 200062
网　　址　www.ecnupress.com.cn
电　　话　021-60821666　行政传真 021-62572105
客服电话　021-62865537　门市(邮购)电话 021-62869887
地　　址　上海市中山北路3663号华东师范大学校内先锋路口
网　　店　http://hdsdcbs.tmall.com

印 刷 者　上海龙腾印务有限公司
开　　本　787毫米×1092毫米　1/16
印　　张　17.25
字　　数　332千字
版　　次　2021年5月第1版
印　　次　2023年2月第5次
书　　号　ISBN 978-7-5760-1611-6
定　　价　72.00元

出 版 人　王　焰

写在前面的话

课程，是教育的万象，也是办学的气象，更是教育人的意象。教育，以课程为大；办学，以课程为天；教师，以课程为业。

基于这种认识，我的教育生涯，几乎与课程同呼吸共命运。大学，学的是中文，研究生研的是中文教育，而博士生则博的是课程与教学论，可以说，致力于课程与教学的实践与研究，是我从教以来、从研以来的“生命线”。

基于这种倾情与专注，我在2019年积多年课程研究之心得，撰写出版了《课程图谱》一书，力图从信息社会进入“读图时代”、课程建设进入“工具时代”的特点出发，通过一种课程理念与课程呈现“文图”融合的打开方式，对新时代课程建设进行独特的解读。在意料之中但出乎想象的是，《课程图谱》获得了许多校长及诸多教师的青睐，成为他们探索课程的“阶梯”，甚至成为教研活动的“手册”。

一发而不可收。循着课程的方向，2020年我又重新出发，将多年积累融入当下深化课程改革的新背景下进行思考，撰写了这本《系统化学校课程设计：有效研制的实践指南》。如果说，《课程图谱》是对课程的图谱化的建树，那么，《系统化学校课程设计：有效研制的实践指南》，则是对课程设计的系统化的立业。这两本书，均是扣住“课程”来演绎与探索，期望在课程设计层面走出新路。

说实在的，课程是一个永恒的主题，是永不落幕的教育“太阳”，教育研究者与实践者就是在这个“太阳”下的锄禾人。无论岁月如何更迭，时光如何流转，教育永远是一池活水，课程作为溪水则潺潺而流，奔腾不息。课程设计，就是教育大系统中最有活力的浪花，也是最有生机的青藤。

课程建设永远循着时代的脉搏而跳动。时至新时代，教育的外部环境和内部诉求都发生了极大的变化。伴随新课程、新教材的全面推进，育人方式的改变、课程结构的重组、教学方式的优化，这一切，都需要在课程这个学校教育的主渠道得到最大化的落实。

课程建设是一个系统化、结构化、全面化的大工程，也是学校办出质量、走出新路、做出业绩的重中之重。可以说，学校是以课程表明“身份”，亮出“底色”，提升“价值”的。

而在课程建设中，课程设计是“打前站”，当“先锋队”，具有先一步的重要、高一步的必要、深一步的需要。因此，课程设计是课程建设的重要一环，也是课程落地的首要一着。诚然，这也是我为什么撰写本书的初衷。

课程，必须要有“设计感”，这是我在撰写时一直浮现在脑海中的直感，也是本书致力于达成的目标。

这种“设计感”，不是单纯的技术概念，而是旨在用先进的教育思想叩开课程设计的大门，用正确的教育理念串起课程设计的脉络，用科学的教育方法编织课程设计的经纬。

具体说来，我认为本书有这样几个特点：

一是追求系统性。课程设计是“一盘棋”，需要用系统的思维架构最完整的框架。因此本书围绕系统设计，分设八章，从思想设计出发，通过结构铺路、元素集合、组织实施、工具支撑、模型领航，形成系统化网格。系统化的思维，将使课程设计从一开始就走上正轨，并起到保驾护航的作用。

二是追求思想性。统观全书，思想设计冠于首章，有着深意。说到底，课程设计，其实是思想设计。思想设计，是课程设计的灵魂和主线，一定的课程设计、一定的课程设置、一定的课程呈现，都源于思想的建筑。可以说，思想设计是领会课程设计的基本线索，这正回归了课程设计的本源，对课程设计的思想物化、影响导向具有深远的意义。尽管以往有不少有关课程的专业书籍中，也谈及思想、理念，但多作为背景阐述，鲜有落实到位的直达。而本书将思想设计“前置”，使其走向“幕前”，且单独成章，这正应了“思想决定出息、思路决定出路、思考决定出彩”的判断。

三是追求新颖性。课程设计，虽说是老话题，但探索没有止境。本书设置的八章，书中有的主张和提法仍为一些相关书籍所鲜见。时代在发展，意识在觉醒，理念在更新，技术在进步，条件在优化，需求在提升，这一切都给课程设计吹来一股清风，拂来一抹新意，要有回应的必要，更有重组的需要，因此力求在课程设计上出新意，达新识，有新举，就成为本书的追求。

四是追求操作性。设计是蓝图，更是施工图，最好的设计既在图纸和文字上呈现，更在具体操作和行动中建筑“脚手架”。因此，本书强调可视性、可读性、可感性，同时更注重可操作性、可行动性、可复制性，为阅读者提供实在的价值。设计，最终是用来勾画、描述课程，将其化为具体的方案，形成创生性的实践。

课程建设，永远在路上，没有最好，只有更好。课程设计可以穷其尽，追求止于至善。如果本书能让学校校长、教育科研人员以及更广大的教师产生对课程设计的“设计感”、“亲近感”乃至“归属感”，我也就大感欣慰了，这也是课程建设的一种“诗与远方”。

作者
2021 年春

目　录

第一章　学校课程的思想设计

让有序的思想串起课程的珍珠

第二章　学校课程的规划设计

让科学的规划丰满课程的架构

第三章　学校课程的图谱设计

让系统的图谱廓清课程的经纬

第四章　学校课程的教学设计

让精准的教学展现课程的魅力

第五章　学校课程的组织设计

让适合的形式圆满课程的走向

第六章　学校课程的工具设计

让创生的工具提升课程的价值

第七章 学校课程的技术设计

让智能技术助推课程的革命

第八章 学校课程的模型设计

让实用的模型引领课程的前行

第一章

学校课程的思想设计

让有序的思想串起课程的珍珠

- 思想设计，是培育完善的学校课程建设的灵魂，也是形成完整的学校课程体系的线索，更是在新时代、新课程、新教材背景下，实现课程转型、课程提质、课程优化的阶梯。
- 思想设计，在课程建设中具有统领的地位、统引的作用、统帅的效应。
- 思想设计，其实是理论的依据、理念的组合、理想的凝聚。
- 缺乏思想设计的课程，就会缺乏灵魂；缺少思想设计的课程设计，就会缺少灵秀；缺失思想设计的课程建设，就会缺失灵动。
- 思想设计，是一根纲举目张的“主线”，也是一条伸向远方的“基线”。

1. 课程设计的必然起点：教育本质和教育学

课程设计是一个系统工程，而对教育本质和教育学的理解、揣摩是起点。课程设计，其实是对教育本质的课程化呈现，是对教育学的课程化诠释。

对学校印象的真正源头在于课程。当人们走进校园，映入眼帘的是校容校貌，尤其是物化的环境。校园环境其实是会“说话”的。比如，你来到上海中学，就会对高耸的“龙门书院”产生浓厚的兴趣，甚至会产生对悠久的学校校史的联想；当你看到难得一见的由上百棵大树汇成的一片森林，就会产生对深厚的学校文化的畅想。如果你有机会，看到学校的课程设计和课程图谱，就会由此产生对学校的深深敬意。上海中学，好在历史悠久，好在绿树成林，好在人才辈出，再究根问底，你就会发现，学校杰出还是取决于课程的丰富完善。

说到底，校容校貌是直观的、外在的，而课程则是深层的、内在的。对学校印象的真正源头还是在于课程，这是内行人看门道的感悟。

一、课程的生发与课程概念的演绎

不论是什么学校，不论承担何种层次、阶段的教育，课程是学校育人最基本的元素。

按一般经典的解释，课程是指学校学生所应学习的学科总和及其进程与安排。课程是对教育目标、教学内容、教学活动方式的规划和设计，是教学计划、教学大纲等诸多方面实施过程的总和。课程是以实现各级各类教育目标而规定的学科及它的目的、内容、范围与进程的总和，它包括学校老师所教授的各门学科和有目的、有计划的教育活动。

近年来，由于教育理念的不断拓展，现代信息技术的不断发展，人们眼界的不断开阔，对课程的定位和范畴，都有了更宽的视野。

不过，课程作为一个特定的词汇和一个复杂的概念，在不同话语体系中对其认知也有不同的价值取向，进而在一定程度上指引、支配着不同价值主体的课程行为方式。

1. 课程即教材

课程内容在传统上历来被作为要学生习得的知识来对待，重点放在向学生传递。知识的传递是以教材为依据的。所以，课程内容被理所当然地认为是上课所用的教材。这是一种以学科为中心的教育目的观的体现。

教材取向以知识体系为基点，认为课程内容就是学生要学习的知识，而知识的载体就是教材，其代表人物是夸美纽斯。

2. 课程即活动

当教学作为一种活动，活动作为一种课程，这样的观点就应运而生，其主要代表人物是杜威。杜威认为“课程最大流弊是与儿童生活不相沟通，学科科目相互联系的中心点不是科学，而是儿童本身的社会活动”。通过研究成人的活动，识别各种社会需要，把它们转化成课程目标，再进一步把这些目标转化成学生的学习活动。

活动取向的重点是放在学生做些什么上，而不是放在教材体现的学科体系上。以活动为取向的课程，注重课程与社会生活的联系，强调学生在学习中的主动性。

3. 课程即经验

当人们注重课程对人的经验积累的积极作用时，这样的观点也就不陌生了。在泰勒看来课程内容即学习经验，而学习经验，他认为“教育的基本手段是提供学习经验，而不是向学生展示各种事物”。

这种观点强调学生是主动参与者，学生是学习活动的主体，学习的质和量决定于学生而不是课程，强调学生与外部环境的互相作用。教师的职责是构建适合学生能力与兴趣的各种情境，以便为每个学生提供有意义的经验。

4. 课程即过程

就是把人的学习、认知过程视作课程来看待。课程虽是预设的，但人在校园、家庭、社会的流动过程，其实也可视作课程的生成、课程的转化。

过程即课程，强调过程进程中时空和内容的更迭以及由这种更迭产生的教育资源，这种过程化的课程，其实是扩大了课程的外延。

5. 课程即信息

这是到了信息时代后出现的一种认知。如今，学生接受知识未必在课堂，屏幕、手机、互联网，无时无刻不在产生着课程式的效应，只是你要有这种意识。

当然，这种扩大化的课程概念，少了学校地域的考量，多了人们自觉接受由信息技术手段带来的教育便利。

显然，当今的课程概念，如果从大的范围讲，几乎无所不包，无所不在。但从学校空间维度、时序维度和价值维度出发，课程还是有其特定的范围、对象、条件及其制约因素。

二、 学校课程设计与教育本质建立关联

学校课程设计，尽管是学校的教育行为、教学动作，但说到底，这种课程与教育本质有着千丝万缕的关联，这种设计从本质上说，是教育本质的再现，是教育本质下的唤醒与生长。

学校课程设计，瞄准的是课程体系、课程设置、课程实施等具体层面，但这种层面的背后主导因素还是在于对教育本质的拿捏。

对教育本质的认知水平将决定课程体系的地位、课程设计的命运、课程结构的生命。

为什么会这样认定呢？这是有缘由的。

1. 对教育本质的认识程度会影响课程设计的方向

教育本质是指教育的内在要素之间的根本联系和教育作为一种社会活动区别于其他社会活动的根本特征。教育是培养人的活动。自有人类社会以来就有教育，它的职能是根据一定社会的要求，传递社会生产和生活经验，促进人的发展，培养该社会所需要的人才。这个基本特点存在于各种社会的教育活动之中并使之区别于人类其他社会活动。教育本质特性，即反映事物规律的、稳定的、普遍的特性。教育本质，即贯穿于一切教育之中，从古至今乃至未来，只要教育活动存在就永远起作用的特性。

教育是人类社会特有的一种社会现象。教育的本质是什么？也许不同的人会有不同的理解。有的人说，教育在于帮助人发现和实现自我。教育是一棵树摇动另一棵树，一朵云推动另一朵云，是一个灵魂唤醒另一个灵魂。教育的本质是非常人文化的，一点都不功利。它是一种启蒙，一种唤醒，一种打开，一种点燃，是培育丰富的内心世界，提高精神高度，对学生进行人格养成的教育，而知识教育只是它较小的一部分。

教育的本质，就是实现人从“自然人”向“社会人”、“责任人”、“高尚人”的转化。倘若从教育本质出发，对学校课程设计的思想定位，就不会陷入是一种纯工作性安排的自我迷惑中。

2. 对教育本质的把握程度会影响课程设计的视野

课程设计，作为人的一种活动来设计与作为一种事务来设计，因其所持理念不同、标准不一、要求不等，必然带来结构不同、结果不同、结局不同。学校课程设计，如果只有学校的一个维度，而没有社会的维度、国家的维度甚至世界的维度，肯定是短视、弱视甚至斜视的；如果只有教师的主导，而没有学生的主体，也肯定是有缺陷、缺憾、缺失的；如果只有学科的概念，而没有跨学科的思维，也肯定是失落、失利、失策的。

显然，对教育本质的把握程度左右着学校课程设计的精准度。

3. 对教育本质的运用程度会影响课程设计的格局

教育本质，是从宏观角度提出了教育的命题，具有宏观、立体、全面的思维，这种大思维对课程设计的起点具有建树的作用。课程设计的格局呈现，其实就是对教育本质的领悟程度的观照。

说到底，教育本质是学校课程设计的“轴”，有了教育本质这一“轴心”，课程设计才不会偏离，才能“归本”。从教育本质的高度谋划学校课程设计，是思想家办学的体现，也是高质量课程建设的保证。

三、 学校课程设计与教育学建立联系

学校课程设计，固然有专业化的设计路径，但必须与教育学建立“你中有我，我中有你”的融合关系。

理论，总是常青的；理论，总在显性或隐性地产生影响。学校课程设计，脱离不了教育学，只不过应用深浅不同罢了。

教育学，是一门研究人类的教育活动及其规律的社会科学，它旨在探讨、揭示教育的规律，阐明各种教育问题，建立教育学理论体系。尽管教育学现在还不够完善，但经过几百年的发展，人们对教育这项社会活动已经有了较多的认识。无数教育实践也证明，只要按照教育学理论中提出的一些原则进行，教育就会取得成效；如果违反了教育原则，教育就会失败，就会贻误学生成长。

21 世界范围内教育学的理论的来源，研究实践的领域依然是把西方自然科学研究成果应用于经济发展为核心的以学校教育为主要手段的发展模式上，这种模式对发展中国家特别是中国所起的巨大作用和所做出的贡献是不言而喻的。然而，社会解决经济问题后如何实现健康发展问题，这是当下和未来教育学应该考虑的理论和实践问题。

教育的最大化就是学生成长的全面化。近年我国提出的基于核心素养的课程改革，让课程支撑起每一位学生的发展，就是旨在增强学生走向社会的适应能力，让学生拥有创造幸福生活和过有意义的人生的行为能力。“德、智、体、美、劳”五育并举，五育融合，这是教育学基本规律的实践体现，也是以学生终身发展为本的量身定制。

教育学的原理和规律，值得在学校课程设计中予以高度重视。

1. 学校课程设计要与研究教育规律“挂钩”

课程设计要设计什么，其实是要设计符合教育规律的育人规律。还是拿上海中学为例

来说，作为上海高端的高中学校，生源是一流的，培养的当然是未来的精英，精英教育是必然的，但精英教育不是高高在上的教育，也不是高人一等的教育，而是要建立志、才、趣相映，爱国、爱人、爱己相谐的教育，因此学校课程设计，先是研究了教育规律，然后遵循了教育规律，最后体现了教育规律。

学校课程设计要与研究教育规律“挂钩”，主要表现在：一是把教育规律作为课程设计的依据，体现规律主导的本性；二是把教育规律作为课程设计的准绳，体现规律架构的属性；三是把教育规律作为课程设计的指南，体现规律设计的特性。

2. 学校课程设计要与研究学生认知规律“挂号”

课程设计是学校的主导行为，但直接对象是学生，教是为了学生，因此出于思想设计的考虑，学校课程设计必须体现以学生为本的教育学要求，满足教育对象的需求，让课程适应每一个学生。因此，课程设计要以研究学生为基本方向，研究这个成长阶段学生的身心特点，研究教育应当给予什么最适合的东西，研究这个成长阶段学生思维、习惯的基本特征，研究课堂教学的生态平衡是什么，研究师生关系的新形态，等等。

学校课程设计要与研究学生认知规律“挂号”，主要体现在：一是研究学生的方位，处在什么阶段；二是研究学生的需求，给予什么东西；三是研究学生的未来，根据时代要求和社会要求来“赋能”；四是研究学生个性化成长的特需，达到共性和个性的和谐发展。

2. 课程设计的谋划基点：立德树人和课程育人

立德树人和课程育人，是学校课程设计的基础。立德树人，奠定了课程设计的方向基础；课程育人，决定了课程设计的功能基础。

从立德树人出发，课程设计就有远方；从课程育人着眼，课程设计就有诗篇。

一、学校课程设计的原点：立德树人

立德树人，这是教育顺应时代需求的命题，也是学校深耕优质教育的课题，更是教育工

作者履行职责的主题。立德树人在学校完美实现的主要载体就是课程。

课程，是教师传播文化的“版本”，也是发生教育行为、产生教育效果的“索引”，更是学生接受教育的“蓝本”。

德育，是教育的核心内涵，也是学校的核心地带，更是学生的核心成长。

1. 坚持立德树人的根本任务的“课程定位”

立德树人是教育的根本任务，对象是广大青少年群体，培养目标是德智体美劳全面发展的社会主义建设者和接班人。青少年阶段是人生的“拔节孕穗期”，最需要精心引导和栽培。厘清“立德树人”基本内涵特别是“德”的含义，不仅是值得探索的理论与学术问题，更是关系到有效落实立德树人根本任务的重要实践问题。理解立德树人的“德”，要立足于培养担当民族复兴大任的时代新人、社会主义建设者和接班人的战略高度，做到以树人为核心，以立德为根本。

立德树人的“德”，应该是“大德、公德、私德”之总称，与德智体美劳中“德”的含义相同，包括政治、道德、法律，即理想信念、道德品质、法治素养三个方面。立德就是要在坚定青少年理想信念、塑造青少年道德品质、涵养青少年法治素养方面下大功夫、花大力气。

立德树人，在教育品质和学校品牌中具有奠基性的意义和钻石般的价值，也是课程设计的根本出发点和课程指南针。

2. 坚持立德树人的课程设计的“链接转化”

要落实立德树人的根本任务，对课程设计来说，既要把立德树人作为灵魂和基本主张，一贯到底，也要把立德树人作为设计主线和基本目标，横纵贯通。落实立德树人的根本任务，就是在课程设计中，实现立德树人从“立意”到课程设计“立足”的链接，进行立德树人的课程转化。

立德树人的根本任务，通过思想设计落地到课程的设计、实施与反馈，这是有价值的探索。

二、 学校课程设计的要点： 课程育人

学校教育的基本载体是课程，充分发挥课程的教育作用，实现课程育人，是学校课程设计的基本思路。

课程与德育的有机融合，德育与课程的无缝衔接，从某种角度而言，就是“课程育人”。

1. 充分认定课程赋予的育人价值

“课程育人”，是面对如何育人的世纪之问提出的整体育人的“课程定位”，也是探索新世纪课程建设与育人实践构建的“课程方略”，更是中小学广大教育工作者迎接新世纪育人挑

战而实施的“课程行为”。

“课程育人”，是以课程为载体，以爱国主义为核心的民族精神教育、社会主义核心价值观教育和中华优秀传统文化教育为引领，以各学科蕴含的德育内容为切入点，以课堂实施为基本途径的育人行为。

“课程育人”，是各类各门课程的教育教学立足于人的培养，遵循学生成长规律和教育教学规律，以课程本体认识为突破口，将体现时代要求的德育内容融入所有课程教学之中，体现纵贯横通，达到启智润德，实现德智融合，共同落实立德树人的根本任务。

在思想设计中，紧紧抓住课程育人的“牛鼻子”，是课程设计的“正道”。

2. 充分认识课程蕴含的育人元素

素质教育的时代特征和优质教育的内涵特点，强调加强和改进学校德育工作，并使德育、智育、体育、美育诸方面相互渗透，相互促进，贯穿于教育的各个环节和阶段。而提高中小学德育的实效性，“课程育人”有着施展的舞台和广阔的空间。

直至今天，尽管对什么是“课程育人”，各有各的说法，没有完整、统一而明确的定义。有的认为，“课程育人”就是学科教学中渗透德育；也有的认为，“课程育人”就是在课堂教学中向学生进行思想品德教育；还有的认为，“课程育人”是在学科教学中实现德育与智育的统一。

不过，不同说法中也存在共性，即德育应当成为各门课程的基本元素。可以说，“课程育人”是依据“新课标”和《中小学德育工作指南》的要求，根据学科教学自身的特点，充分挖掘学科教学中的德育因素，以知识为载体，采用适当的策略与方法，在学科教学中落实德育目标——情感、态度、价值观目标，以达到教学与教育、教书与育人、知识与道德的统一。

“课程育人”不是“学科”＋“德育”。学科教学本来应该具有育人功能，“课程育人”是突出课程的“学科育人”价值。

“课程育人”是学科教学中内在生成的、自然体现出来的，而不是将德育硬加到学科教学中去。在学科教学中，知识传授与课程育人不是分开进行的，而是融合在一起的。因此，知识与技能、过程与方法、情感、态度与价值观的“三维目标”不是分开完成的，它们是在同一个教学过程中互相作用、融合完成的。

在课程设计中，强化“课程育人”的发挥到极致，将是一个基本思路。

3. 充分认知课程具有的育人优势

任何学科的内容都包含着科学性与思想性的有机统一。如语文的思想之“道”，音乐的和谐之“韵”，体育的强身之“志”，美术的艺术之“美”和数学的科学之“理”等。

在“课程育人”实施中，不同学科的“德育内容”呈现是有所不同的，有的比较显性、直接，一看便明白，一说就知晓；而有的则比较隐性、间接。目前，教师普遍认为语文、政治、历史、英语等学科，比较容易进行“课程育人”，而数学、物理、化学、计算机等自然学科，相关的德育内容比较隐性，实施“课程育人”有一定难度。客观地说，文科的德育内容比较显性，很多德育元素都已蕴含在文本中，应该说只要把课上好，就自然而然进行了德育。对于理科的“课程育人”，目前实施的办法有一些，主要集中在相关学科科学史和科学家的介绍，让学生领悟科学的发展历程和科学家严谨、刻苦和求真求实的治学精神。不过，优秀教师的教学同样可以展现实施“课程育人”的风采。

“课程育人”存在于所有学科教学之中。但是，“课程育人”的“根”是生在每一个学科自身特有的“土壤”中，具有不同属性或特点的学科，其“课程育人”也会呈现出不同内容、不同方式。

当我们把学科教学与“课程育人”融为一体时，就会发现课堂教学中既不存在单独的学科教学，也不存在单独的“课程育人”；任何一项学科教学活动中都存在“课程育人”的成分，与此同时，任何一项“课程育人”的活动中也都有学科教学的影子。学科教学是把学科知识传授给作为人的学生，而“课程育人”则是把接受学科知识的学生真正当作人来对待。

在思想设计中，利用课程育人的优势，将是一个着眼点。

3. 课程设计的撬动支点：七个方位和六个度衡

课程设计，从某种意义上说，就是思想设计。思想设计，不是空洞的符号，也不是虚无缥缈的，而是在关系课程设计的方方面面建立“思想链”，形成转化，凸显思想的引领作用。

学校课程的思想设计，不仅有内涵，也有外延；有核心，也有触角。可以说，课程设计是与教育宏观、课程中观和使用主体微观相联系的一种课程表达，也是一种思想表达。

一、学校课程思想设计的七个方位

（一）思想设计与国家政策

思想设计，基于一定的法规、政策基础。国家政策，尤其是党的教育方针、国家的教育政策，包括有关法规、文件、通知、规定、规则、规程等，都是思想设计的根本遵循。

课程政策是教育政策的具体化，又集中反映着教育政策的发展变化。从国家到地方，再到学校，在各个层面都有相应的课程政策指导着课程行动。如，2019 年国务院办公厅颁发的《关于新时代推进普通高中育人方式改革的指导意见》，对高中课程产生极大的影响。2021 年上海市人民政府办公厅印发《关于本市新时代推进普通高中育人方式改革的实施意见》的通知，通知提出 2021 年 9 月，上海市高一年级将全面实施新课程新教材；坚持五育融合，构建全面培养体系，要求学生普遍掌握至少 2—3 项体育技能和 1—2 项艺术爱好与特长；完善与新课程改革相适应的考试评价制度，合理调整高中学业水平考试方案；打造个性化的学习空间，让老师和学生在校园里有地方可以发发呆、闻闻花香、听听鸟叫……

思想设计要与国家政策无缝对接，体现课程反映国家意志的功能。

（二）思想设计与时代、社会要求

思想设计，符合社会对教育的需求。时代发展对人才培养的规划和期盼，是思想设计的"影响源"。时代发展的任何一种变化，客观上对课程设计的内在逻辑、本身内容和架构思考，起着牵引的作用。这种牵引，有的是以刚性的需求呈现，比如进入信息技术时代，信息技术必然是课程设计时需要考虑的元素，再如"人工智能"时代的到来，对课程建设的影响很大，伴随的课程设计也必然随之发生变化。主动对接时代发展的趋势，这将增强思想设计的时代感，提高其对时代发展的敏感度，有利于产生课程设计的长远效应。同时，社会对育人品质的追求和期望，是思想设计的"激活剂"。思想设计，从本质上说，是对社会提出的教育要求的回应和落实，是社会对教育要求的间接转化方式，也可以说是"社会产品"。思想设计反映社会要求的真实性越强，贴切性越强，吻合性越强，将会使之实现教育的社会要求、满足社会进步的需求的可能性就越大，教育的社会效应也愈加明显。

思想设计注重在社会需求上增加理性对需求的指引，能提高对学校课程设计的吻合度。

（三）思想设计与育人目标

思想设计，瞄准育人目标。思想设计，总是与设计的对象发生着内在的关联。思想设计，从严格意义上说，是达到育人目标的"本质引领"，也是实现育人目标的"理论依据"。

思想设计，是在"为谁培养人、培养什么人、如何培养人"的关键问题上作出的"高位解法"，是对育人规格、品质、期望的一种"理想昭示"，是对育人目标全面化、立体化、全程化落地的“理论支撑”。

以育人目标为出发点的思想设计，是具有方向感的自觉选择、自主建构和自我定位。

思想设计，要在明晰育人目标中找到底气和活力。

（四）思想设计与学校文化

思想设计，为充满学校文化的课程设计带来保障。学校课程设计，离不开思想设计，而在思想设计中，学校文化是一个重要的元素。

从一般意义上来说，有什么样的学校文化、课程文化，就会有什么样的课程设计，课程设计是学校文化、课程文化的“窗口”。学校文化，是课程设计的“底色”。在学校文化中，有对办学思想、学校精神、育人目标以及课程文化、学生文化、教师文化的规定性“描述”和概括性“语句”，这些“东西”事实上会成为课程设计时隐性和显性的因素，成为形成课程设计内核性色彩的“主色”。

学校文化，是内化为“魂”而形于“外”的课程设计的“基色”。事实上，一个上佳的课程设计，蕴含的是学校文化的特质，传递的是课程文化的温度，表现着文化立校的样貌。

思想设计，虽说是“无形之手”，但对学校文化背景下的课程设计的影响是潜移默化的、绵绵渗透的。

（五）思想设计与学习经历

思想设计，为学校课程设计的对象提供宽阔的思考和想象余地。思想设计、课程设计的直接受用者，主要是教师和学生，而学生是课程设计的最终接受者和受益者。因此，思想设计、课程设计与学生的内在联系不是附加的，而是本身的规定性决定的。

学习经历，是学校提供给学生的教育资源，也是课程资源。课程设计对学生经历的决定性、影响度是可以想象的。学校的课程是为学生服务的，其目标必然要指向学生的发展需要和兴趣。正如现代课程理论之父泰勒所提出的，教育是一种改变人的行为，而对学习者的研究，就是要找到确定教育机构想要产生所需的学生行为方式的变化。而对学生的研究，主要包括需要和兴趣两个方面。

思想设计，是对教育对象学习需求的高位引领和前瞻铺垫。

（六）思想设计与师资条件

思想设计，为师资找到可持续发展的定力，也是学校课程设计长远化的必需。

决定课程设计高度的是学校的办学理念，支撑课程设计运行的是学校的师资力量，影响课程设计质量的是两者共融。因此，思想设计中，师资条件是在课程设计中必须加以考量的。脱离了师资条件，就有可能使课程设计处于高不可攀的地步，或处于固步自封的狭隘境地。课程设计能为教师跳一跳摘得到“桃子”提供“梯子”，而教师能在课程设计中找到发展的位置，这是最完美的匹配。

思想设计，要考虑从教师角度考虑能动性。

（七）思想设计与资源配置

思想设计，要有相应的物质条件作基础。课程设计，说到底，它既是办学思想、育人目标的“汇聚地”，也是教育资源、条件配置的“汇集处”，资源处在什么程度，影响课程设计的布局和展开，资源优势处在什么区域，影响课程设计的质量和成效。

课程资源的概念有广义与狭义之分。广义的课程资源，指有利于实现课程目标的各种因素，包括形成课程的因素来源与必要而直接的实施条件。狭义的课程资源，仅指形成课程的直接因素来源。根据不同的角度来划分，课程资源有不同的类型，例如社会资源与自然资源，物质资源与信息资源，人力资源、物力资源与财力资源，纸质资源与电子音像资源，时间资源与空间资源等。

学会开发利用课程资源，是课程设计的关键因素。一是开发文化资源。要利用文化资源，首先要清楚当地可利用的文化课程资源，建立文化资源库。二是开发利用人力资源。人力资源是课程资源中最重要、最关键的资源，可以发展教师、社会等资源，使社会资源为学校课程所用。三是开发利用物质环境资源。物质环境资源是以具体的形态呈现的，既可以用来丰富发展社区人们的生活，也可以用来配合学校开展教学实践活动。

思想设计，在物质条件的匹配中，会有上佳的表现。

二、学校课程思想设计的六个度衡

思想设计，以教育理念为基础，以课程为元素，以推动课程建设为主旨，有其自身的内在规定性，也有其与课程价值判断相关的繁衍性，这些对课程设计走向品质化具有奠基意义。

思想设计，是对课程元素、要素、因素的理性判断和事实推理，是对课程设计、体系、结构的理论支撑和依据演绎。

（一）思想设计与课程高度

思想决定高度，思想高度决定课程高度。

课程，是学生获得知识、能力的“蓄水池”，其高度如何，往往决定着课程的“水势”大小和流通的“速度”。从这个比喻出发，显然，课程高度决定着课程建设的高度。

课程高度，是由建构者对课程的认知、理解和期望等因素而作出的判断，也是根据时代需求和国家课程政策作出的回应，更是对课程育人价值的理性建构。

课程高度与课程设计有着互相依存、互相印证的关系。课程高度决定着课程设计的高度，而课程设计又呈现出一定的课程高度。

课程高度，一般而言，可以从以下几个方面考察：

1. 立意高。课程高度，首先表现为立意，就是说一门课程、一组课程群、一种课程系列，不论数量多少、规模如何，有一个高立意是十分需要的，它是课程高度的标杆。所谓立意，就是课程建设的站位，以及站位蕴含的教育价值和意义。立，是站的位置；意，就是站立时的胸襟和情怀。也就是说，要从教育的大义来确立课程的高度。一个好的课程设计，具有高立意的姿态。

2. 前瞻强。课程高度，其次表现为前瞻性强。课程建设的前瞻性，往往决定着课程的生命。具有前瞻性的课程，就能表现课程建设的高度，课程的前瞻元素，对课程高度的形成会产生“添砖加瓦”的作用。一个好的课程设计会显现未来的影子。

3. 趋势大。课程高度，第三表现为趋势性大。趋势大，就是课程设置的出发点与社会发展的趋势吻合，与教育发展的规律契合，与人的发展需求贴合。课程的趋势元素越大，那么课程高度就越发明显。一个好的课程设计总能预示一种方向。

课程设计之所以能成为标杆，就在于课程高度的架设。

（二）思想设计与课程厚度

思想设计，是一种底蕴和厚实度的测试，能对课程设计的厚度产生影响。

课程厚度，是课程的“底线”和课程的“顶端”之间的距离，是课程目标与内容间的融合而体现出的课程质地，也是期望通过课程的发力而生长教育的能量。因此，它既是一个课程具体的容量的规定，也是一种课程目标的质地的掂量。

课程厚度在课程设计制作中，既有内容显性，更有目标隐性，能对课程设计的“阵容”产生厚重感。

课程厚度，一般会从如下维度表现出来：

1. 课程架构的目标的连贯性。教育，是衔接式完成的；课程，是循序式递进的。而课程目标，不仅是稳定的“关联链”，而且也是厚实的“地基”。课程目标，是课程厚重的基点，也是课程厚实的支撑。因此课程目标的准确、连贯，对课程厚度的产生具有牵一发而动全身的作用。

2. 课程架构的结构的全面性。在从“知识传授”到“知识建构”的教育时代，课程结构的全面性，注重各门课程的系统化，是形成课程厚度的要旨，因为厚度是不断累积的，其中还有层次的承托作用，因此越是丰富、丰满、丰厚的课程结构，就越有课程厚度的底蕴和基础。

3. 课程架构的联系的重生性。在当今时代，单个知识、单个学科，已难以支撑起人的知识结构，也难以完成一件具有关联需求的任务。因此课程架构，不仅需要单个课程的“个体强壮”，还需要各个课程间的“抱团取暖”，从某种意义上说，建立课程间的联系也许比单纯接受单个知识或单个课程更具重生价值。在世界互相联系的年代，建立与之相适应的联系意识，这是使课程产生厚度的关键。厚度表现为坚固，联系能形成坚固的网状。

课程厚度，决定了课程的纵向深度。不同类型、模式、周期的课程结构设计，才能够满足和促进学生的阶梯发展和社会多样性发展的要求。从课程内容出发，纵向组织的方式注重学段课程的衔接，分年级、分梯度进行，以形成根据内容、分量或难度不同的学程。如专注于学生一项技能或一类素养的提升，如以学期为单位形成的周常规活动和统整性活动（专题教育、班团队活动），如有的学校根据课程难度和小学生的身心发展规律，从纵向维度把每个系列的课程分成三个阶梯，分别面向一二年级、三四年级和五年级的学生，同时保证每个阶梯对应的每种智能类型、每个系列中，学生都有若干种课程可以选择。

纵向组织还体现在时间的连续性上，依据学期过程中的生成性问题、焦点问题，依据不同季节、不同天气活动内容的体验来创设主题。根据季节、时间的不同可以发掘许多有价值的内容，如与季节相关的动物、植物的生长、生活、健康、旅游等内容。

课程厚度，其实为课程设计的厚重奠基。缺少课程厚度，课程设计可能是平面的，浅表的；只有具有课程厚度，课程设计才会是立体的、深厚的。

（三）思想设计与课程宽度

思想的境界和高远，决定着课程设计的天地。

课程宽度，是指课程给学习者提供的学习内容与学习经历的广泛程度，也是课程建设期望产生效应的一种储备。课程宽度，与时代需求相关，与教育目的相连，与受教育者的教育程度相谐。课程宽度，会对课程设计的横向组织与边界的拓展产生影响。

课程宽度，不仅是课程内容的数量集合，而且是课程质地的汇聚彰显；不仅是一个数字指标的确立，而且是一种趋势的呈现。

奠定课程宽度，一般有以下几种考量：

1. 以时代发展需求和国家课程政策为依据的宽度取舍。集中表现为课程与时代发展相称，与国家要求相行，此“宽”为视野开阔，从长计议。

2. 以适应每一位学生的发展为出发点的宽度合拍。集中表现为课程与学生的全面发展相匹配，课程与每一位学生的个性发展相适应，此“宽”为全面覆盖，均衡推进。

3. 以学科发展的基础、现状、趋势为格局的宽度演绎。集中表现为学科对传播有用知识的筛选，对成就学科思维的建树，此“宽”为系统传授，点拨智慧。

课程宽度，决定了课程的横向组织。学生素质教育的多元化，要求课程结构注重各学习领域、各学科之间的合理配置，注重基础课程与应用课程、学科课程与活动课程、分科课程和综合课程的相互结合，协调、整合不同类型的课程，以发挥课程整体育人的功能。如，在课程形态上，长期以来都以“分科”出现，“分科主义”课程观是启蒙理性与工业文明的产物，直到现在还在使用，自然有其优势。然而，当历史发展到信息技术时代，一种以“跨学科学习”为标志的“融合课程”，也许更有发展前景。

课程宽度，决定了课程的横向边界。全面发展的教育，一定是“五育”并举，因此，课程的学习领域，要从德育、智育、体育、美育、劳育等方面架构内容体系，但却并不意味着平衡着力，而要以德育为先，发挥主导作用。

课程宽度，其实决定了课程设计的丰裕程度。

（四）思想设计与课程容量

思想，是有容量的。思想的容量，不仅有质量，也有数量的规格，更有能量的辐射。

思想设计，就是为课程设计注入巨大的容量，形成聚势的效应。

课程容量，是课程门类、课程课时、课程环境等的总和，多少容量，决定了学习的品种、学习的时间和教学的方式。处于不同学段、不同年级，课程容量的规定性是不同的，也就决定着课程设计的硬盘大小。

课程容量，不仅是对课程数量的规定，而且是对课程内容的确定、课程资源的预定、课程环境的设定、课程实施的谋定的一整套恒定。

课程容量适合与否，主要取决于以下几个方面：

1. 课程容量要适合课程计划的规定，是学校对国家和地方课程要求忠实执行状态下的校本建构。

2. 课程容量适合教育对象的认知特点和成长规律，以学生全面成长为最大值，服务于学生的健康快乐成长。

3. 课程容量有科学的依据，以适度为准，不以单纯容量的无限放大来取舍，也不以追求片面的升学率而增加过重负担。

课程容量，不是无限量的，并不是容量越大越好，而是要恰到好处，适中即可。课程设计的呈现，最好与课程容量相当、匹配。

（五）思想设计与课程特点

思想，是有特点的。思想设计，能为课程设计在特点上的突破提供帮助。

思想设计，为课程设计的方位、角度、过程提供立体化的保护。

课程特点，指课程系统或课程群、课程间共同的特征，是课程内在的外露，也是课程外在的浓缩。课程特点，既有属性的界定，也有核心的演绎，更有辐射的准芯。课程特点对课程设计的概貌有一定终身的味道。

课程特点，反映课程系统或一类或一门课程的内在的独特性，体现课程希望达到一定目标的意向性，引领学习者获得习得有关知识和能力的专注力，可以说是课程的“标签”，是课程的“符号”，是课程的“形象”。

在课程设计制作中，课程特点应当具有下列特质：

1. 课程特点，能勾勒课程的概貌，形成一些标志性的特征，让人一看基本能略知一二。

2. 课程特点，能凸显课程的要害，显现课程或学科的价值，展现课程的魅力，激发学习者产生学习的冲动。

3. 课程特点，能导出学习关键，导向深度学习，导入思维建构。

课程特点，也许是课程设计具有个性标识的“名片”。

（六）思想设计与课程层级

思想，有层面的呈现。思想设计的多样化和层面性，为课程设计的丰富性提供了驰骋的空间。

课程层级，是课程丰富化的表现，也是课程分层性的状态。一种课程，往往有内在的层次性、学习的阶梯性，这种层次性代表着内容的细分和程度的区分，这种阶梯性代表学习者的进阶和掌握的要领。课程层级，在对内容的划分和对程度的量化上把握越到位，就越接近课程的核心理念。

课程层级,对课程设计立体化呈现提出了新的要求,对因材施教和个性化教育无疑是一个"福音"。

对课程层级的设定,应当掌握如下一些原则:

1. 课程层级,是对课程内容的取舍,是在全面把控的条件下对轻重缓急和比重的科学驾驭,不是随意取代的。

2. 课程层级,有按内容深浅划分的,也有按主题大小划定的,更有按学习程度划成的。层级,有利于看出重点,抓住要害,符合适者所需。

3. 课程层级,不是提供分类教育,而是提供分层教育,分层递进,才是关键。

课程层级的清晰化,能为课程设计制作的精准提供素材。

思想设计,能使课程层级既有质地的品位,也有层次的丰满。

4. 课程设计的多元视点:共同基础和个性切入

思想设计,在学校课程设计中的显性价值和隐性价值,预期效应和生成效应,运用提升和品质提升,都需要共同的基础,也需要不同的切入点。

共同的基础,是思想设计产生的前提,也是思想设计形成的条件。而不同的切入点,是运用理论进行各不相同的实践。

一、思想设计的基础在于自觉和自悟

思想设计,不是新鲜事,但在学校课程建设中将其作为核心要素,这是需要理论自觉和理性自悟的。

1. 理论自觉

理论自觉,是说从进入教师岗位那刻起,便有一种对教育探究的本能自觉,渴望弄懂弄通教育理论,从而让教育理论的学习与时俱进,与人共勉。

2. 理性自悟

理性自悟，是说遇到教育的任何一件事，都要有判断的意识、选择的清醒，领悟到的教育真谛，总是存在于身上的。

而进行思想设计时，其实是对理论自觉的考验，对理性自悟的反馈。

二、 思想设计的理论功底在于发现和积累

不少人在课程设计面前表现出无奈，从表面上看，是缺少专业功底，其实深究一下是缺少思想根基。思想的缺失，这不是个别器官的功能问题，而是整个循环系统的问题。人，缺少思想，也就缺少了最重要的能力。

1. 善于发现

理论功底在于平时的发现和积累，由理论自觉而产生的发现，是一种眼光和境界。有所发现，这是走向理论的通道。发现原理，发现道理，发现事理，发现情理，一切的发现都会打上理论的烙印。发现，是思想的灯芯。

2. 持续积累

理论也会水涨船高，需要像井水一样储存。主导思想设计的理论，不是靠“恶补”能够成全的，是一个日积月累的过程，是一个由少到多的量变，是一个由泛到精的过滤。积累，便是形成理论“聚宝盆”的重要方式。

三、 思想设计的路径

思想设计，从表面上看，似乎很空，其实是以虚代实，是务实的另一种表现方式。思想设计作为课程设计的重要环节，既有奠基的价值，也有铺路的作用。思想清楚了，线索就有了，思路就开了，结构就成了。

那么，在具体的课程设计中，所谓思想设计有些什么路径呢？

1. 用“大”盖“小”

用成熟的大概念去概括小概念，从大概念中引出小概念的出处和延伸，以此丰满小概念，这种以大盖小的思路，在课程设计中就会有大格局的产生。

2. 用“全”替“散”

用全面的观点去克服零碎的狭隘，然后再梳理，抓住最主要的东西，进行强化，突出重

点，这种站在全面的角度思索课程，也许比零敲碎打来得更有价值、更有方寸。

3. 用“新”换“旧”

用先进的思想去换掉陈旧的观念，新东西，能打开新的视野，增加新的见识，获得新的知识。在课程设计中，求新既是一种时尚，也是一种开拓。

4. 用“线”兴“点”

线性思维比点状思维开阔，有横向到边的感觉，不拘泥于也不局限于点上的集中，追求的是线上的横跨。在课程设计中，线性思维会给我们带来一片新天地。

5. 用“逆向思维”代替“一维思维”

正向思维有其正确的一面，也有束缚的一面，有时候逆向思维，能带来正向的效果。只用一种眼光看问题，一种思路去建构，会有缺陷。而逆向思维是多了一个思考的方向。

6. 用“举一反三”替代“保守僵化”

理论之树常青，那么思想之树也常青。思想，是可以用来推理，由此到彼的，举一反三之所以珍贵，是因为既看到了“一”的存在，更看到了“三”的可能，教育的演绎就是一种精彩。课程设计跳出原来的框架，就会有新的空间。

四、思想设计的切入点

切入点，是一种形象的说法，其实是找理论的落地点，也就是思想设计最终要在具体的课程设计中体现出来。

1. 在课程理念的更新上找到切入点

理念的更新，不是光用嘴说，也要体现在课程设计上，要用新的理念在课程设计上出挑，体现不一般的思想、不一般的理念、不一般的情怀。

2. 在结构框架的完善上找到切入点

设计，除了理念引领之外，结构化是一个重要的特点。一定的思想设计要充分体现在一定的结构框架之中，要善于从结构中找到理念与结构的“结合点”，找到思想与框架的“共存点”。丰满而又独特的框架，往往能将思想设计化为现实的结构。

3. 在系列体系的谋划上找到切入点

课程设计的系列体系，是一个关键部分。课程系列体系其实是会“说话”和“表达”的“实体”，系列体系的横向纵向，实际上折射的是思想的经纬丝线，如果能从系列体系中找到思想设计的走向，也不失为一种建树。

4. 在课程设置的匹配上找到切入点

思想设计在课程设计中最能体现“身份”和“身价”的是课程，而一定的课程设置思路，基于思想设计的把握方向，也源于课程设计的行为走向。从课程设置与思想设计、课程设计匹配中找到“线索”，肯定会有收获。

第二章

学校课程的规划设计

让科学的规划丰满课程的架构

- 规划设计，是学校课程设计的“蓝图”，也是完成学校课程设计的“起步”，具有牵一发而动全身的价值。
- 规划设计，在于依据课程的思想设计，对课程设计的走向进行确定，对课程设计的框架进行构建，对课程设计的系统进行梳理，对课程设计的呈现进行谋划。
- 规划设计，最核心的是要讲科学，表现为正确的思想方针引领和正确的思维方法引导；最关键的是要讲大局，表现为完善的顶层设计，完美的底线支撑；最重要的是要讲格局，表现为周密的布局，迭代的循环。

1. 课程设计的规划起步：从编制学校课程计划出发

历经30余年的课改，如今走到了发展的关键阶段。如何创造性地落实课改要求？如何建设高品质的学校课程？如何规范学校课程实施？如何提高实施成效？这一系列的问题是当前每一所学校在课改攻坚阶段都回避不了的话题，也是需要集众智破解的难题。破解这些问题的入口在哪里？基于对课程理论和实践的研究，我们认为，下移工作重心，聚焦学校，提升学校课程领导力是当前深化课改的焦点，是促进学校内涵发展的关键所在，是提升学校“软实力”的重要举措，也是解决上述问题的一个有效抓手。

作为学校课程领导的重要内容之一——编制科学、适切的学校课程计划是首先需要解决的问题。为何要编制学校课程计划？何为学校课程计划？如何编制学校课程计划？这是学校课程设计一定要回答的三个问题。

一、为何要编制学校课程计划?

为何要编制学校课程计划？也许可以列举诸多理由，但最终都会回归到一点，即新课程的“理想课程与现实课程之间的落差”。我们知道，新课程倡导的国家、地方和学校的三级课程管理体制，是对以往历次课程改革的一次重大突破，它使学校获得了前所未有的课程权利。这意味着学校拥有了对国家课程进行校本化实施的权利，也拥有了自主开发具有学校特色的课程的权利。我们长久以来一直期待的美好课程愿景——为学生提供丰富的、可供选择的高质量学校课程得以在课改中获得权利和机遇。

但现实课程却并不乐观，新课程赋予的权利和机遇在课改进程中要么异化、要么走样，课程“被打折”或“被扭曲”的现象日益凸显：随意增加课时；拔高教学要求；删减非考试科目的教学内容；考什么，教什么……对应试教育的趋之若鹜，遮蔽了本具有丰富内涵的课程和具有深远价值的教育意义，导致了理想课程与现实课程之间的落差越来越大。这些问题不破解，课改将难以向纵深发展。

当下编制学校课程计划也成为学校课程建设的共识。一是基于认识的提升，即从教学层面上升到课程层面思考问题。以往，我们习惯站在教学的视角；现在，我们需要站在课程的视角。要从课程的视角来把握课程价值、课程目标、课程内容、课程结构、课程实施、课程评价等。二是基于课程实践的需求。当下学校要提升课程领导力，从哪里入手？编制学校课程计划就是很好的抓手。通过对学校课程的整体规划，打破以往课程建设的零敲碎打，形成规范、系统的课程思维和课程建设程序，是课程发展的长久之计，在此基础上，再求不断创新。

对于一所学校而言，学校课程领导者的主要任务是，准确理解国家课程方案，整体规划学校课程计划，规范学校课程实施，开发和应用课程资源，改进质量评价，其中最为核心的就是对学校课程进行规划，找准国家课程与学校实际的结合点，编制学校课程计划，为学校课程领航。

二、 何为学校课程计划?

“学校课程计划”对于绝大多数的学校教师来讲，几乎还是一个陌生的概念与话题，也是一个尚未很好开发、研究的领域。众所周知，在一线实践者的视野中，大家熟悉的是“教学计划”、“教研计划”、“教师发展计划”等，也许正因为我们始终将关注的视角局限在教学、教研、教师层面，而忽略了从课程这一中观层面去审视学校课程体系的系统性、科学性、合理性、适切性，以至于因缺少系统思考、全局思考，导致了学校在课程实施层面“按下葫芦起了瓢”，诸多问题纠结在一起，举步维艰。从学校课程的建设角度来讲，这是缺失了对学校课程的整体规划。

对学校课程的整体规划，是一个课程开发的过程，其最终以学校课程计划这一文本形式来呈现。

那么，什么是学校课程计划呢？一般认为，学校课程计划是国家课程方案的校本化体现，是学校课程文化建设的重要载体，它主要对学校课程的近期目标、课程结构、课程内容、课程设置、课程实施、课程资源、课程管理与评价等方面进行整体规划。学校课程计划不但包括对学生在校学习时间、空间与学习内容的整体规划，还包括对学校人力、物力、财力等的整体规划。因此，学校课程计划应是个性化的、校本化的，是独特的、具体的、可实施的。

然而，在基层调研中，我们经常发现，许多学校常常把“学校课程计划”误认为是“学校发展规划”或“课表”。其实，这三者是不同层面、包含不同内容要素的文本，既有联系又有区别。

学校发展规划，是学校发展的上位文本，它指明了学校整体发展方向、目标、近期发展计划，是学校阶段性办学思想的体现。学校发展规划，一般对学校 3—5 年的各方面工作进行整体设计，涉及教育、课程、教学、科研、师资等方方面面的内容。尽管，其中有对课程的宏观思考与架构，但一般不对具体的、可操作性的课程内容、课程结构、课程管理和课程评价等进行细致描述。

课表，是学校教学层面执行的下位文本，是对科目、授课时间、课时数的具体安排，主要提供给教师和学生使用。据我们了解的情况来看，全凭一张课表来安排学校的教学工作，这在基层学校是一种非常普遍的现象。

学校课程计划，则是介于上述二者之间的中观层面的文本，作为指导学校全部课程与教学活动的纲领性文件，其核心是对学校课程系统中的组成要素、要素间的组织、排列形式以及各要素间的关系等进行整体架构。学校课程计划是实现学校三年发展规划的不可或缺的部分，并最终以课表的形式把教学安排简明地呈现出来。

综上所述，编制学校课程计划就是学校在现有基础上，结合学校自身实际，把学校发展规划从课程维度进行细化设计，把课表站在课程维度进行重构，形成结构化、课程化的系统设计的过程，其最终目的是编制好一个科学的、符合学校实际的、行之有效的学校课程文本，并作为学校课程实施、管理和评价的依据与参照。

三、 如何编制学校课程计划?

编制学校课程计划不是为了完成一个漂亮的课程文本，其真正价值在于激发学校由内而外的课程开发与建设，促使学校面对课程与教学实践中的核心问题、关键问题和瓶颈问题，系统思考，准确判断，清晰定位，探索有效的解决问题的策略和举措，从而推动学校的发展进入新的阶段。

学校课程计划的编制，更重要的是在这背后体现出学校对课程建设的再思考、对学校文化再建构、对学校教育实践的再创造。在这一过程中，让校长和教师们进一步认识到学校课程计划的内涵和价值，逐步掌握编制学校课程计划的基本方法，增强对学校课程计划的整体规划能力，提升学校课程品质，这也许就是其实践意义所在。因此，从这种意义上来讲，学校课程计划的编制不仅仅是一项工作，一项研究，更是一种行动推进。

编制学校课程计划是一个群策群力的过程，它不是一个简单的编写问题，而是学校课程如何建设的问题，是需要统一思想共识，凝聚教师智慧，对学校课程的走向共同思考、共同研究、共同开发的合力过程。因此，学校课程计划的编制主体应该是以校长为核心的课程团队，包括校长、学校中层管理者、教师等，当然还需要专家、学生、家长和社区各方力量的参与。这样才能集众智，规划好学校课程。

英国学者内维尔说过，我们正在做的是我们要说的和要做的事情吗？当课改正走向深度变革的时候，实践、探索，再实践、再探索，这应该是我们积极回应课改的一种态度和责任。就学校课程计划编制这项研究而言，还需要不断深入对编制内容要素、编制方法、编制工具、编制的评价与完善、校本化实施策略、校本化自评机制等方面的持续探索和深入研究，来持续推动学校的课改实践，提升学校课程领导力。

2. 课程计划的编制框架：从局部零敲碎打转向整体系统设计

当下，很多学校热衷于抓个别教育“热点”问题进行突破，也许做了一两年，在局部的确能获得一些效果，但要获得学校课程质量的全面提升，必须尽快从局部的零敲碎打转向对学校课程的整体系统设计。学校课程系统犹如房屋之地基，地基牢固了，学校发展才有持久动力。这其中的道理大家都知道，关键在于实施，在于怎么做。随着课改的深化，目前学校在课程建设上的“观念转变”已经基本完成，当下真正需要是“操作方法或实践路径”。

一、针对学校课程建设面临的主要问题，建构学校课程的顶层设计系统

时至今日，我们曾对学校整体课程持续进行了十余年研究，接触了500多个学校的课程案例，对其中的三分之一的学校进行了深入的走访和调研，得出的结论是八个字：充满生机，零敲碎打。

目前学校课程建设存在的主要问题是什么？很多校长对于如何建立自己学校的课程体系存在很多疑惑：课程是不是越多越好？大一统的课标下如何建立有自己特色的学校课程体系？很多学校构建课程体系，大多是简单的课程叠加，如何整合？校本课程的设立如何服务学校用课程引领学生发展的理念？如何让学生活动上升为课程？这些困惑与问题恰恰反映出学校对课程问题的思考还是局部的，是孤立地看一个个存在的问题。事实上，这些问题在学校课程系统的整体建构中都是要一揽子思考的。

因此，学校要发展必须从课程层面对学校课程进行整体思考和规划，构造学校课程的顶层设计系统——学校课程计划。每所学校都应该拥有一份属于本校的完整的课程计划，勾画学校的“课程全貌”。

学校课程计划是对学校课程目标、课程结构、课程内容、课程设置、课程实施、课程资源、课程管理与评价等方面进行的整体规划。它是国家课程方案的校本化体现，是学校文化和学校课程领导力水平高低的具体体现。通过对学校课程的整体设计，可以增强课程对学生的适应性，有利于学生的全面发展，有利于教师对自身的工作目标有更深刻的认识，也有利于教师共同体间的合作和促进。教师的专业发展和不同学科的建设，对学校课程计划反思与持续改进的过程也是积淀学校文化底蕴的过程。

二、 学校课程计划的内容框架、操作工具及难点对策

在基于政策、基于研究、基于学校、基于对话的基础上，我们构建的学校课程计划，其内容框架主要包括六个部分，即背景分析、课程目标、课程结构、课程设置、课程实施、课程管理与评价。为了更清晰地呈现如何编制学校课程计划的方法和技术，以下尽可能地从编制工具、方法，以及原则等角度进行阐述，并对编制过程中的一些难点问题，提出解决思路。

（一）背景分析

背景分析是学校课程决策与编制的基础，背景分析的目的是为学校课程整体的建构进行战略上的定位。因此，背景分析一定要从本校的实际情况出发，通过对学校的课程传统、已有的课程基础、学校的愿景和使命、教师和学生的课程需求、学校在课程和教师方面的优势与不足等相关问题的分析，找到当下学校课程发展的方向。

背景分析的工具，主要采用 SWOT 分析法，即运用系统分析的思想，从优势(Strength)、劣势(Weakness)、机会(Opportunity)与威胁(Threat)四个方面引导学校对学生、教师、资源、课程等进行思考：学校的优势与劣势是什么？学校之外存在发展的机会与威胁是什么？为了清晰表明这四个方面的具体情况，背景分析多采用表格的形式来呈现，见表 2-1。

表 2-1 上海市某中学学校背景六因素分析

	S(优势)	W(劣势)	O(机会)	T(威胁)
地理环境	……	1. 人口迁出，生源减少 2. 生源质量受到影响	……	优质生源的流失
硬件设备	1. 设施设备条件好 2. 教育信息化水平高	教师教育信息技术的意识与能力须提高	推进校园数字化学习环境的空间大	网络资源的开发
教师资源	1. 师资队伍结构合理 2. 教师敬业，理念新，适应性强 3. 有一批区级骨干教师及学科带头人	1. 市级名特级教师缺少 2. 部分学科缺少有影响力的领军教师	1. 中青年教师的发展潜力大 2. 后备力量强	人事制度改革影响师资的调整
学生状况	1. 视野开阔，思维活跃 2. 学习基础较好 3. 兴趣广泛，活动能力强	1. 学习习惯不佳 2. 学习能力差异较大 3. 创新能力不足	差异性带来的选择性、个性化成长	1. 多元价值观的冲击 2. 考试压力加大
家长配合	1. 家长关注度高 2. 对学校工作支持配合	对学习成绩期望值高，关注分数	1. 家校沟通机会高 2. 参与学校管理	对素质教育的举措不理解
社区参与	……	……	……	……

实践中，我们也发现学校在进行背景分析时会经常出现这样的问题，将上述的类似分析列入表格，就认为是完成了背景分析。其实，这只是背景分析的第一步，关键在下一步，即要对这些千头万绪的信息，进行抽丝剥茧，找出学校当下发展的那些关键的，迫切需要利用或解决的“因素”，进行统筹、定位，找到学校课程发展的主攻方向，也就是我们前面所说的“战略定位”。只有背景分析清晰了、透彻了、定位准确了，才有利于后面学校课程目标的

制定。

（二）课程目标

如果说背景分析是编制学校课程计划的第一个步骤，那么，接下来的第二步就是厘定课程目标。所谓课程目标是指特定时期（阶段）学校课程所要达到的预期结果。确定课程目标在学校课程计划中具有举足轻重的地位，它关系到学校课程未来一段时期内课程往哪个方向走的问题，因此，要深入研究、思考，谨慎地确定课程目标。在确定课程目标时，我们不妨从以下这些角度展开思考：学校办学价值观是什么，希望所培养的学生具有哪些特质，如何根据国家的课程目标和学生的培养目标定位合理的学校课程目标等。

以上问题思考清楚后，只能说学校的课程发展有了大方向，但还要具体到接下来一两年，思考学校课程发展要达到什么程度。因此，在厘定学校课程目标时，还要符合以下原则，我们称之为课程目标编制的“SMART”原则：特殊性（Specific）、可衡量（Measurable）、可达到（Attainable）、真实客观（Realistic）、时间限制（Time-based）。这五个原则，其具体含义如表 2－2 所示：

表 2－2　课程目标编制的“SMART”原则

原则	含　义
特殊性（S）	体现对实现目标有关键性影响的因素；
可衡量（M）	目标要有量化的标准或尺度，目标是可衡量、能验证的；
可达到（A）	目标必须有实现的可能性；
真实客观（R）	目标与学校实际相符，是真实的；
时间限制（T）	目标要有时间的限制，一般为一个学年度。

此外，目标设定还要考虑内容的维度，根据学校实际，主要从学生培养目标角度设定，还可以兼顾教师发展目标和课程建设目标。

以上原则，我们用一个案例来呈现会更清晰易懂。如，某中学的课程目标确定如图 2－1 所示。

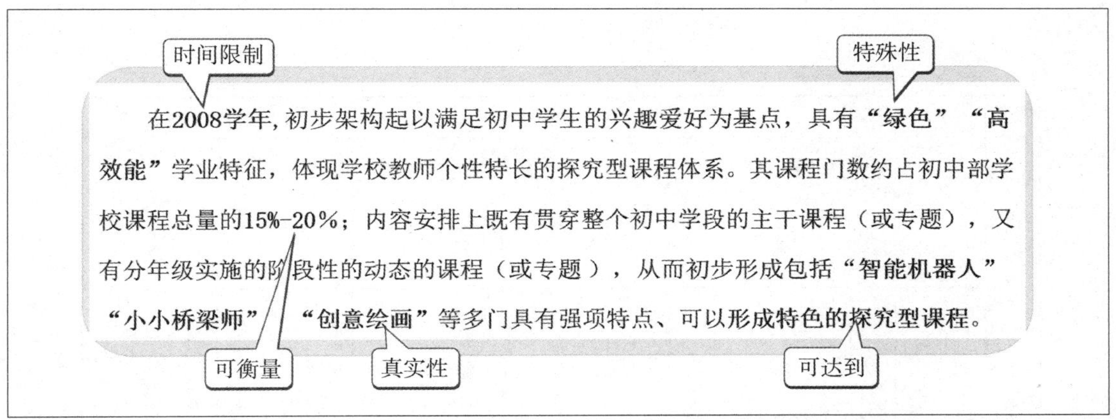

图 2－1　某校运用“SMART”原则制定课程建设目标

这一案例，我们可以看到对上述五个原则具有较好的呼应，具体、真实、可衡量，有利于学校经过一段时间的实践后来检验对照达成情况。

（三）课程结构

课程结构是学校课程体系的骨架，也是学校课程计划编制“六要素”中的核心部分、难点部分。课程结构确立了课程内各构成要素及其相互关系，如，学科门类，各学科内容的比例关系、开设顺序、课时分配、必修课与选修课、分科课程与综合课程的搭配等，来保证课程目标的实现。

对学校课程结构的架构体现了对学校课程的整体思考，及课程各组成部分的逻辑布局。在架构学习课程结构时，我们要思考如下核心问题：怎样构建以学生学习为核心的课程结构，怎样设计与课程目标具有一致性的课程结构，怎样设置课程协调互补的课程结构，怎样衔接关键学段的课程，怎样构建学校的特色课程，等等。

在建构学校课程结构时，要体现“五性”：整体性、均衡性、多样性、选择性、独特性。也就是说，通过对各类课程的衔接与统整，使各学习领域、学科课程、模块或主题之间协调和衔接；通过课程类型、课程水平和课程修习期限等的多样化设计，以适应不同学校类型和学生发展的多样化需求，呈现学校鲜明的课程特色。以下三种图示，代表常见的三种课程结构类型。图 2－2 从课程功能维度来架构；图 2－3 从课程领域维度来架构，兼顾功能；图 2－4 兼顾以上两种，从课程目标维度来架构，兼顾课程领域与功能。其中图 2－4 更具有借鉴意义，较好地体现了课程目标与所提供的课程具有高度的一致性。

<table>
<tr><td>课程</td><td colspan="20">领域分类</td></tr>
<tr><td></td><td colspan="7">社会人文</td><td colspan="7">数理科技</td><td colspan="6">文理综合</td></tr>
<tr><td>基础型</td><td colspan="7">政、语、外
史、音、美</td><td colspan="7">数、理、化、生、信</td><td colspan="6">体、地、劳</td></tr>
<tr><td rowspan="2">拓展型</td><td>中华古典</td><td>文化博览</td><td>历史回眸</td><td>时政述评</td><td>心理与健康</td><td>语言艺术</td><td>艺术赏鉴</td><td>科学史话</td><td>学科思想与方法论</td><td>学科思维训练</td><td>学科基础拓展</td><td>探究实验与应用</td><td>科技制作</td><td>数理双语</td><td>体育健身</td><td>环保</td><td>科学家的人文情怀</td><td>科学与人类社会</td><td>生活技能</td><td>经济类课程</td></tr>
<tr><td colspan="20">德育文化课程（九大系列活动课程）</td></tr>
<tr><td>研究型</td><td colspan="20">形成环保、心理、科技、艺术、人文、社会实践等六大特色课题群</td></tr>
</table>

图 2-2　从课程功能维度来架构

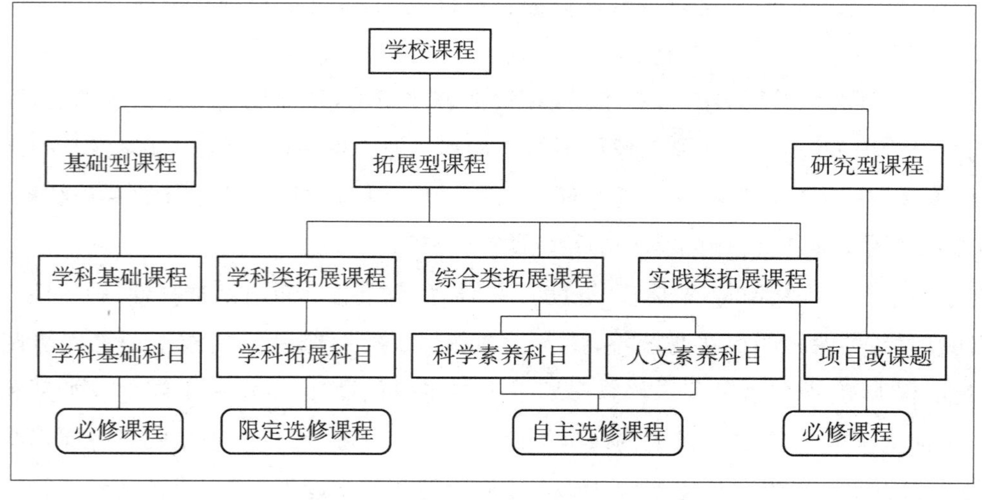

图 2-3　从课程领域维度来架构

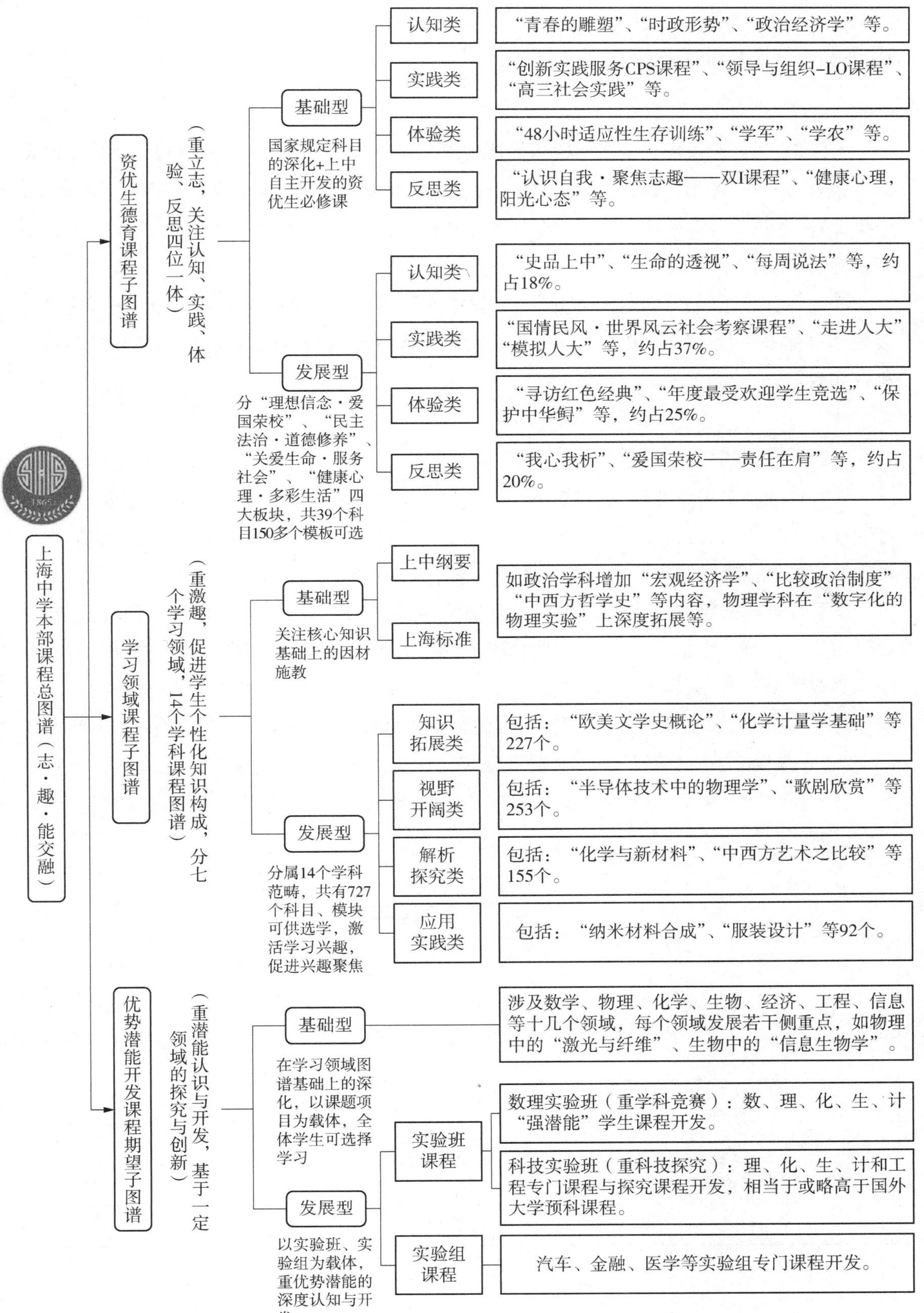

图 2-4　从课程目标维度来架构

实践中，我们也发现学校在架构课程结构时存在的普遍问题：在课程结构的设计上比较薄弱；学校办学目标不同，但在课程结构上却有“趋同”倾向，导致学校的办学特色不够凸显；各类课程“各自为政”，系统性不强，缺少为达成目标的协同设计；课程结构不能支撑学校课程目标的达成。

为此，我们提供如下问题解决策略：首先将课程目标的内涵具体化、行为化，用可达成的表现性目标来呈现；其次，根据表现性目标设置架构课程结构；再次，设置相应的课程领域、科目和内容。

（四）课程设置

课程设置是对学校课程内容的系统安排。在对学校课程内容进行安排的过程中，要思考这样几个核心问题：怎样将国家课程计划校本化实施？怎样设计与课程目标一致的课程设置？怎样严格遵守国家课程计划的规定？怎样合理安排课时总量和活动总量？

课程设置主要包括三类课程设置（基础型课程、拓展型课程、研究型课程）、课时安排（总课时与活动总量）、作息时间表、一学期（或一学年）活动安排、一周活动安排、一日活动安排、综合实践活动安排、课程表等。上述这些内容，可以以分项列表的形式列出，如表 2－3、表 2－4 某中学案例，清晰明了，一目了然。在进行课程设置时，要注意：要在遵循课程方案的基础上，开齐课程门类；在课时安排上，要严格按照课程方案规定的周总课时实施。尤其对于音乐、体育与健身、美术、自然、劳动技术、艺术，以及拓展型课程和研究型课程（探究型课程）等的课时要给予保证。

表 2－3　某中学课程安排表

课程类型	科目 \ 周课时 \ 年级	六	七	八	九
基础型课程	语文	4	4	4	4
	数学	4	4	4	5
	外语	4	4	4	4
	思想品德	1	1	2	2
	科学	2	3		

续　表

课程类型	科目 \ 周课时 \ 年级	六	七	八	九
基础型课程	物理			2	2
	化学				2
	生命科学			2	1
	地理	2	2		
	历史		2	2	
	社会				2
	音乐	1	1		
	美术	1	1		
	艺术			2	2
	体育与健身	3	3	3	3
	劳动技术	2	1	2	
	信息科技	2			
	周课时数	26	26	27	27
拓展型课程	学科类、活动类(含体育活动)	5	5	4	4
	专题教育或班团队活动	1	1	1	1
	社区服务社会实践	每学年 2 周			
探究型课程		2	2	2	2
晨会或午会		每天约 20 分钟			
广播操、眼保健操		每天约 40 分钟			
周课时总量		34	34	34	34

表 2-4　某中学自主拓展型课程安排表

序号	领域	课程名称	选课对象（年级）			
1	文学	初级英语书法			8	
2		情景英语	6			
3		走进宋词,享受文学			8	9
4	自然	生命之水		7	8	
5		生活中的趣味数学			8	9
6		东滩湿地现状和未来		7		
7		生活中的物理学			8	
8		趣味数学		7		9
9		中国航空航天小史			8	
10		走近化学家			8	9
11		中学文明礼仪教育			8	
12		民间故事探秘	6			
13	体育	五子棋入门教程	6			
14		板球拓展课程	6	7	8	9
15		中国象棋入门	6	7		
16	艺术	乡村剧社	6	7		
17		剪纸	6	7	8	
18		初级二胡演奏	6			
19	技术	Powerpoint 拓展教程	6	7		
20	综合实践	五子棋与学习习惯		7		
21		走进心灵乐园			8	9
22		空模	6	7		

（五）课程实施

课程实施是课程计划“六要素”中最具有操作性的内容，主要是对前述的课程目标、课程内容等如何具体落到实处的执行过程，一般从实施的原则、策略、具体做法等方面根据学校实际情况提出细致、务实的要求。这部分主要思考的核心问题是：怎样根据课程目标和课程内容对教师的教学提出要求，怎样创建拓展型课程和探究型课程的实施模式，怎样利用社区、家长等丰富的资源服务于学校课程规划等。

课程实施部分，一般主要考虑四个层面。课程层面：基础型课程、拓展型课程、研究型课程实施；教学层面：备课、上课、作业、辅导、评价；教研层面；年级组、教研组、备课组、教师；资源层面：校内资源、校外资源。具体撰写过程中，可以上述一或两个层面为主线，其他层面的要求融入其中。以往人们常认为课程实施即教学，其实，站在课程层面思考这个问题，课程实施还包括将不同类型的课程的校本化实施纳入其中。因此，上述从课程层面和教学层面来撰写相关要求是非常有必要的。

值得关注的是，课程实施是动态的，具有创造性的过程。因此，在这部分编制中，在确保基本规范和基本要求的前提下，学校要赋予教师更多的自主权来实施变革。鼓励教师在课程实践中创生课堂，通过多种手段丰富学生学习经历和学习过程，并在学习方式上改变以往单一、被动与封闭的学习方式，提倡和发展多样化的学习方式。

（六）课程管理与评价

课程管理与评价是指对课程从规划到实施的全部过程进行组织、协调与监控。一般强调四个方面的系统运作，即学校各个管理部门、各门学科和各项工作的系统运作与协调，以切实提升课程开发的科学性、可行性和实效性；规范要求，即明确课程开发流程，规范开发内容；加强过程管理，在课程的开发、实施、创生和再完善的互动过程中加强管理；倡导质性评价和量化评价相结合，评价内容包括课程目标、课程内容、课程资源、课程实施、学生评价等。

在课程管理和评价部分，我们需要思考的核心问题有：如何通过管理与制度保障有效地实施学校课程规划，如何在评价方案中体现评价对教师、学生、教与学的促进作用，如何基于不同的课程类型设计合理的评价方案等。

其中，课程管理更侧重课程管理中的角色与责任、课程资源的管理以及课程从开发到实施的全程管理。一般学校要组建课程开发和管理委员会，明确各层面人员的职责和分工。好的课程管理一般是能形成稳定的课程管理机制，有利于促进学校课程品质不断发展和提升。以下(图 2－5、图 2－6、图 2－7)是某学校建立的课程从开发到评价的配套系列机制，包括课程框架设计机制、课程筛选机制、课程评价机制。

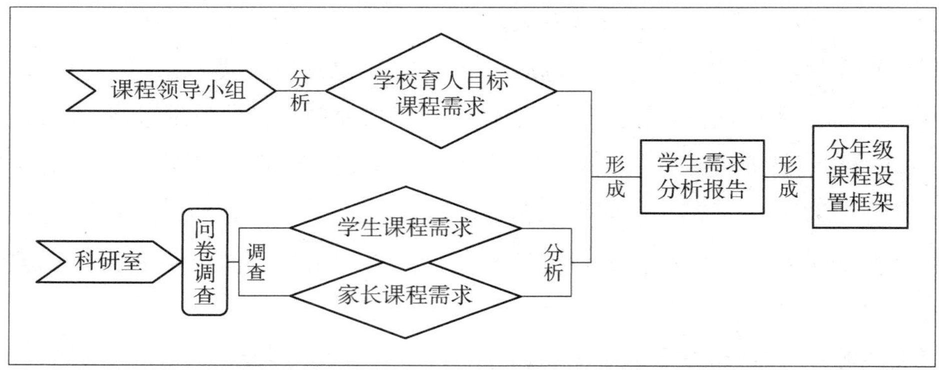

图 2-5　拓展型课程框架设计机制

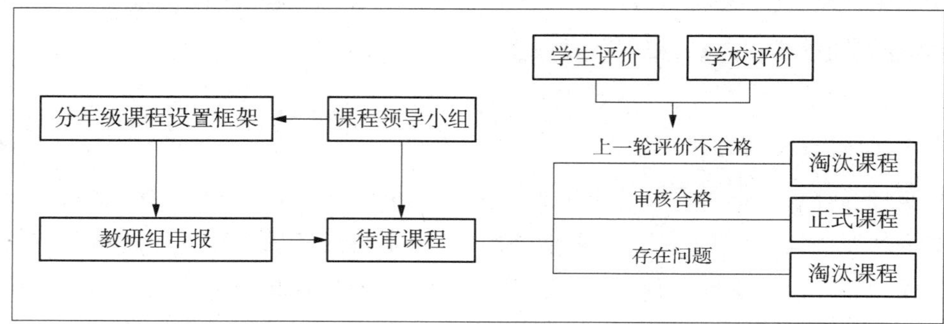

图 2-6　拓展型课程筛选机制

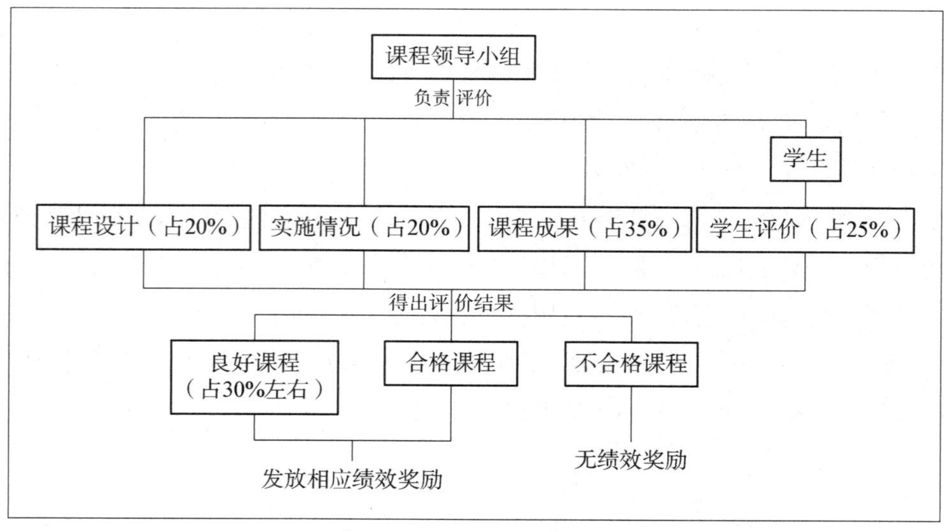

图 2-7　拓展型课程评价机制

课程评价部分要注意评价是持续的过程，它不仅用来验证实施后的课程质量，而且应该贯穿在实施过程中。从这个意义上来看，实施、管理和评价是相伴共生的。评价中要强调三个关注点：要关注课程目标的达成度；要关注课程开发和实施的全部过程；要关注调动和发展评价对象的主动性。

三、建立持续改进的学校课程计划更新机制

学校课程计划编制完成后，并不意味着万事大吉或一劳永逸。而是首先要对学校课程计划的品质进行评价，同时在实践中对学校课程计划的具体实施情况进行再检视，并运用搜集到的相关信息来调整和再完善学校课程计划。这就涉及对学校课程计划的评价和建立学校课程计划的更新与完善系统。

因此，这涉及以下一些问题：判断一个好的课程计划的标准有哪些，如何在课程实施的过程中收集信息用于课程规划的修订，如何运用评价结果来更新原有的课程规划，如何通过一定的机制保障课程规划的不断更新与完善，等等。

1. 如何评价学校课程计划的品质?

什么是一个好的课程计划？也就是判断课程计划质量高低的标准是什么？通过对大量学校课程计划案例的梳理与分析，以及实践中的不断检验，我们确定评价维度，筛选出 10 个核心观测点，并赋予权重，同时附上结果评定说明，建构出如下评价工具——学校课程计划评价框架，如见表 2－5。

表 2－5　学校课程计划评价框架

评价维度（权重）	评价观测点
课程基础(20%)	1 是否对学校以往的课程历史进行思考，并与课程的编制产生关联？
	2 是否考虑到学生和教师原有的课程水平和学生的课程发展需求？
课程目标与结构(40%)	3 是否包含了一个完整的课程规划的所有要素？ 4 是否根据国家的课程目标和学校的基础制定合理的课程目标？ 5 是否设计了与课程目标一致的课程结构？ 6 是否合理规划了与课程目标一致的三类课程？
课程实施、课程管理与评价(40%)	7 课程计划是否体现国家课程校本化实施的思想并有具体的实施举措？ 8 是否通过管理与制度保障促进学校课程的有效实施？ 9 是否利用社区、家长等课程资源服务于学校课程计划？ 10 是否在评价中体现评价对教师与学生、教与学的促进作用？

说明：评价结果的等第评定(>90%为“好”；80%—89%为“较好”；“60%—79%”为“合格”，<60%为“需努力”)

2. 如何对学校课程计划进行持续更新与完善?

学校课程计划的改进、更新与不断完善是一个系统工程。因此,需要有一个流程来保证更新的常态化。以下图 2－8 为学校课程计划的反馈与改进实施路径图,此图呈现了在学校课程计划编制完成后,对课程计划的调整与完善有两条路可走。

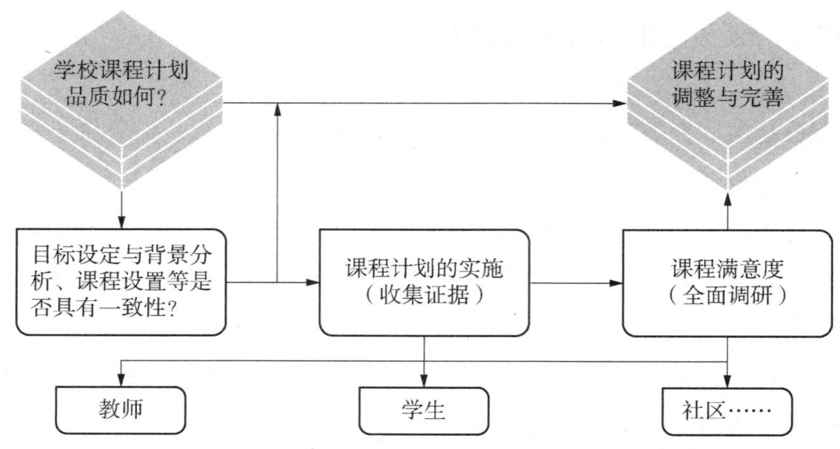

图 2－8　学校课程计划的反馈与改进实施路径图

第一条路:学校课程计划编制完成之初,需要对学校课程计划的品质进行检测,依据就是上述的学校课程评价框架这一工具,对学校课程目标、背景分析、课程结构、课程设置内容及其之间的一致性做重点考察,如何发现其中有问题,直接进入调整与完善阶段。

第二条路:学校课程计划在真实情境中实施时需要对实施的情况进行信息收集,可以对学生、教师、家长、社区、课程专家、教育部门等不同主体做调研,了解大家对学校课程实施情况的满意度。调研的方式可以是问卷、访谈、听课、评课、专题教研活动等。总之,可以采取多种方式,对需要改进的内容进行调研,之后对采集的数据进行分析,形成诊断,进入课程计划的调整与完善阶段。这一过程一般要历时一个学期或学年,是伴随学校课程实施过程来进行的,因此这条路更具有针对性,对学校课程计划的调整与更新具有重要意义和价值。

对学校课程计划的更新与完善是一个伴随学校课程发展同步进行、持续进行的过程。如果说课程计划是学校课程“蓝图”,那么课程实施才是将课程计划付诸实践的“旅程”,它没有终点。在基于证据的持续收集中,我们会看到,学校课程的建设在不断步入正轨,愈加凸显学校特色，愈加能满足学生的课程需求。因此，每所学校要每年定期更新学校课程计划，通过完善与更新学校课程计划，不断提高学校课程领导力。

3. 课程计划的区域实证：基于三角互证的文本与实施分析

“课程与教学调研”是上海市教委教研室全方位地对区（县）所辖学校的课程制定与实施情况进行的“大数据”的采集与分析、对近年来学校课程与教学常规工作品质的研究与诊断，其对区县课程与教学工作具有重要的指导意义。为使调研逐步从基于“经验与直觉”走向基于“工具、流程与证据”的诊断与改进，提高调研结果的可信度和有效性，在采集上述学校“大数据”的基础上，聚焦学校课程计划及其实施情况，尝试采用三角互证的研究方法，对上海某区初中学段学校课程领导情况进行实证分析。

一、调研概述

1. 调研的主要目的与调研侧重的问题是什么？

本次调研，综合组上半年和下半年共走访了 9 所学校，为便于下面实证分析明，9 所学校将用 s1—s9 来代表。

调研目的：

通过调研学校课程计划及其实施，了解并判断 S 区学校课程领导情况，分析与寻找问题及原因，并为后续发展提出建议。

调研侧重问题：

(1) 学校课程计划文本本身的水平与质量如何？

(2) 学校课程计划在课程实施中的执行情况如何？

(3) 学校课程计划文本与实施情况的匹配度情况如何？是否具有一致性？

2. 调研为什么采用三角互证法进行？

采用三角互证法进行课程与教学调研，是上海市教委教研室推进实证研究的一个重大转型。通过三角互证法，调研者可以把从不同来源收集回来的信息相互比较，了解并确定这些信息是否相互证实，其好处是可以避免单一研究方法所带来的局限性，从而增强调研结果的可信度和效度。

本调研采用三角互证的数据来源有三：观察、调查问卷、访谈，三者互证如图 2 - 9 所示：

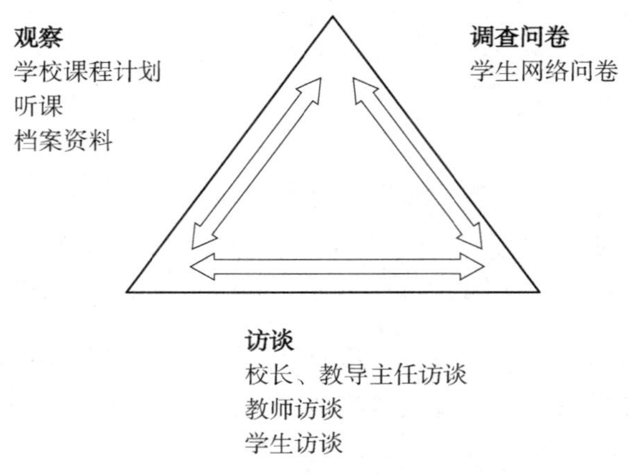

图 2 - 9　三角互证图示

其中“观察”包括对学校课程计划文本情况、听课情况、学校档案资料等情况进行客观的信息采集。“调查问卷”主要是对学生现场进行网络问卷调查，了解学生眼中的学校课程与教学实施情况；“访谈”主要是采用一对一、一对多的方式，同学校的校长、教师和学生进行面对面的交流，从不同视角了解学校课程教学实施情况。

本次调研从教师、学生、校长、参与观察者四个视角，从观察、调查问卷和访谈三个方面，来收集关于学校课程计划及实施情况，力求通过多方论证的方法，形成对学校课程领导及学校课程实施情况的较为准确的判断，增强调研结论的可信度，为寻找问题和提出后续发展建议提供切实的判断依据。

3. 调研设计了哪些工具支撑三角互证?

本次调研开发的工具包括 7 种工具，如表 2 - 6。其中以(1)、(2)为主要工具；以(3)、(4)、(5)、(6)、(7)为辅助工具。这些工具有量化和质性的观测点，并分成五个等级来判定质量，使数据的采集与分析有了“标尺”，有利于聚焦相关研究问题，汇聚信息，进而得出分析与判断。

表 2-6　课程与教学调研工具

工具	用途
（1）学校课程计划观测工具	分析与判断学校课程计划文本的质量。
（2）学生网络问卷	了解学校课程真实的实施情况。
（3）课堂教学评价记录单	了解教师课堂教学情况。
（4）作业工具	了解作业布置与批改情况。
（5）教研组工具	了解教研组活动开展情况。
（6）考试测验工具	了解学校考试情况。
（7）校长和教师访谈提纲	用于有针对性地深入采集相关信息。

4. 调研采用了怎样的路径支持三角互证?

调研预设了如下路径（如图 2-10），并在调研前、调研中和调研后开展了相关的工作。主要包括六个步骤：确定三角互证调研方法；开发设计调研工具；采集信息与数据；筛选、核实调研数据；分析与解释数据；得出结论，撰写报告。

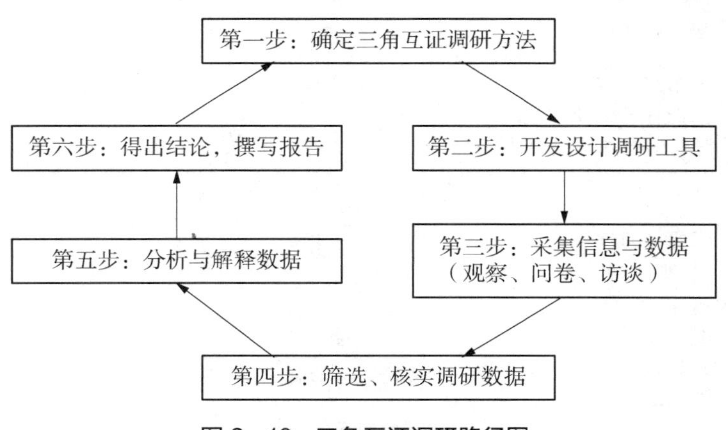

图 2-10　三角互证调研路径图

整个流程，各步骤之间环环相扣，处处关注实证信息的采集，将定性分析与定量分析相结合，客观描述与现象分析相结合，问题提出与原因分析相结合，解决思路与对策建议相结合，尽最大可能凸显三角互证方法的科学、有效的运用。

二、调研过程：实证与解释

聚焦本次专项调研的问题，以下从学校课程计划文本、学校课程计划的实施、学校课程计划与实施的匹配度三个方面，运用调研工具，进行定量和定性分析。

（一）对学校课程计划文本质量的实证调研

1. 工具：学校课程计划观测工具

对学校课程计划文本质量的考察，使用的工具是学校课程计划观测工具，这一工具由互相联系、互相制约的 6 个维度和 18 个要点构成一个整体（如下表 2－7）。6 个维度是背景分析、课程目标、课程结构、课程实施、课程评价、保障措施。18 个要点即为 18 个观测点，具体要通过举例或说明来采集实证信息。对 6 个维度的评价根据符合程度，由低到高分为 5 个等级，具体需结合学校课程计划文本情况来判定各维度的等级。

表 2－7　学校课程计划观测工具

维度	观测点（选择涂黑）	评分（1—5）	
背景分析	□上海市相关规定梳理 □先前课程计划落实反思 □学校优势与不足分析	背景分析全面	①②③④⑤
		明确学校现实需要	①②③④⑤
课程目标	□课程建设目标 □学生发展目标	课程目标体现五育并举	①②③④⑤
		目标设计反映学校现实需要	①②③④⑤
课程结构	□课程体系 □课时安排 □专题教育	课程体系包含三类课程	①②③④⑤
		课时安排符合市课程计划要求	①②③④⑤
		课程设计反映整体要求	①②③④⑤
课程实施	□基础型课程要求 □拓展型课程要求 □研究型课程要求	实施要求体现课程理念	①②③④⑤
		实施要求反映学校现实需要	①②③④⑤
		课程实施操作要点明确	①②③④⑤
课程评价	□学生学习评价 □教师教学评价 □课程效果评价	学习评价关注三维要求	①②③④⑤
		评价方式指明操作要点	①②③④⑤

续　表

维度	观测点（选择涂黑）	评分（1—5）	
保障措施	□规章制度 □管理措施 □资源利用 □专业发展	保障措施针对学校现实需要	①②③④⑤
		保障措施指明操作要点	①②③④⑤

2. 观测对象：9 所学校课程计划文本

3. 实证情况与解释

① 学校课程计划的整体质量，根据学校提供的课程计划文本进行评价，如表 2－8。

表 2－8　九所学校课程计划整体质量评价

维度 \ 等级 \ 学校	S1	S2	S3	S4	S5	S6	S7	S8	S9	总计	达标率
背景分析	4.5	4.5	3.5	3	2.5	3	3.5	4	4	32.5	72%
课程目标	5	4.5	3.8	3	3	3.5	3.5	4	4.2	34.5	77%
课程结构	4	4.2	4	3	3.5	4	4	4.2	4.2	35.1	78%
课程实施	4.5	4.8	4.5	3.8	3.5	4.5	3.5	4.5	4.5	38.1	85%
课程评价	3.5	4.9	3.8	4	4	3.8	4.5	4	4	36.5	81%
保障措施	5	4.8	3.8	3.5	5	4	3	4.5	4.5	38.1	85%
总计	26.5	27.7	23.4	20.3	21.5	22.5	22	25.2	25.4		
达标率	88%	92%	78%	68%	72%	76%	73%	84%	85%		

（注：每个维度最高等级为 5。）

数据表明：九所学校（匿名呈现，用代号 S1—S9 表示）的学校课程计划文本质量差异较大，出现明显的分化现象，六项指标的达成情况也显现不均衡性。

② 9 所学校课程计划达标情况。

学校课程计划的达标情况，以下为判断的标准：达到 90%及以上为“优秀”；达到 80%—89%为“良好”，达到 70%—79%为“一般”，达到 60%—69%为“合格”，60%以下为“不合格”。

具体算法为学校课程计划文本 6 个维度所得的等级累加，然后看其占整个指标之和的百分比。经对 9 所学校课程计划的各项指标达成度的数据统计，所得如下图 2－11：

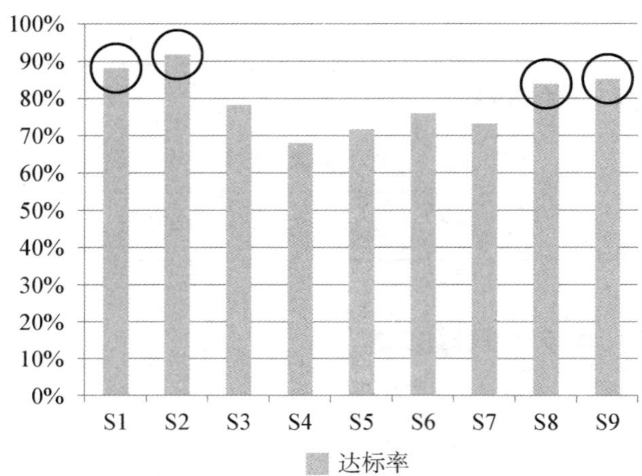

图 2－11　9 所学校课程计划达标率

达成度超过 90%(包括 90%)的学校：1 所(优秀)；达成度 80%—89%的学校：3 所(良好)；

达成度 70%—79%的学校：4 所(一般)；达成度 60%—69%的学校：1 所(合格)；

数据表明：44%的学校课程计划达标率较高，为“良好”和“优秀”；56%的学校课程计划达标率较低，为“一般”或“合格”。

③ 学校课程计划 6 个维度指标达标情况。

经对表 2－8 再分析，可以看到：9 所学校“课程实施”、“课程评价”和“保障措施”三项指标的达成率较高，在 80%—85%之间。而“背景分析”、“课程目标”和“课程结构”三项指标的达成率较低，分别为 72%、77%和 78%。(见图 2－12 圆圈标记)

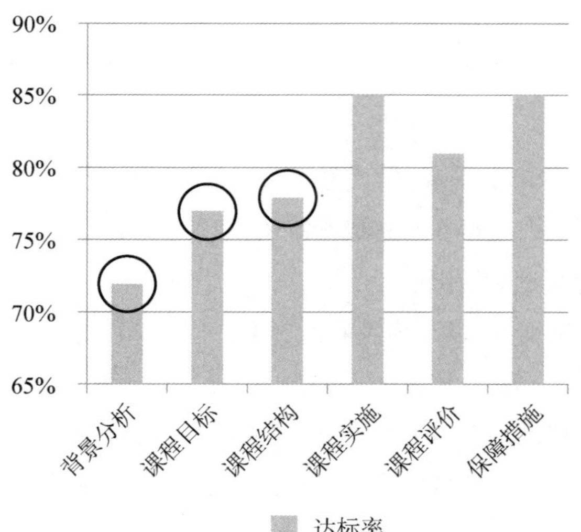

图 2－12　9 所学校课程计划 6 个维度达标率

数据表明：在 6 项指标中，课程实施、管理和评价的规划与设计比较到位，而在结合学校实际来建构课程目标与结构上比较薄弱。

（二）学校课程计划实施情况的实证调研

1. 工具

采集学校课程计划的实施情况的数据，使用的主要工具是学生现场网络问卷。学生在学校微机室现场登录问卷星系统(http://www.sojump.com/)在线作答，共有 30 道题目，用时 10 分钟左右，内容涉及课程、教学、作业、考试等情况。同时辅助使用的工具是课堂教学评价表、作业工具和考试测验工具，因各学科自行选择调研的视角不同，整体数据无法统计，故以现象描述和案例分析为主。

2. 观测对象

9 所学校 6—9 年级学生，共计 1 364 人，覆盖每个班级，采取随机抽取学号的方法选择学生。

3. 实证情况与解释

① 学生对学校课程开设情况的满意度。

问卷中有 2 道题目涉及学校的课程设置，主要针对拓展型课程和探究型课程的开设情况。

其中“学生对学校开设的拓展型课程是否有兴趣?”这一问题的回答情况是，约有 72%的学生“很有兴趣”，约 21%的学生“较有兴趣”，约 7%的学生认为“一般”、“兴趣较小”或“没兴趣”(见图 2 - 13)。“学生是否参加探究型课程的学习?”这一问题的回答情况是，约 71%的学生参加了学习，约 22%的学生没参加学习，约 7%的学生不清楚(见图 2 - 14)。

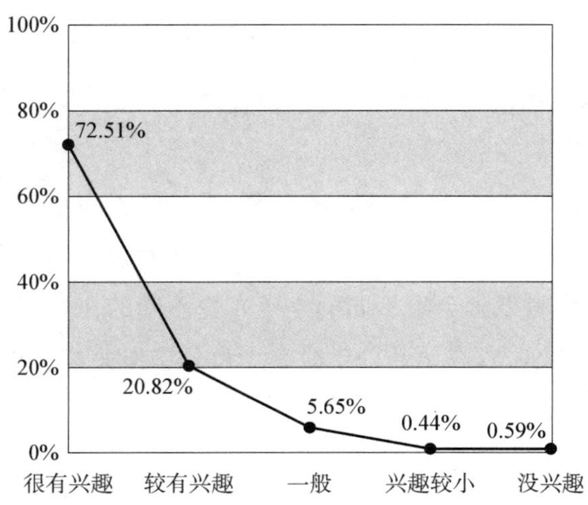

图 2 - 13　学生对学校开设的拓展型课程是否有兴趣?

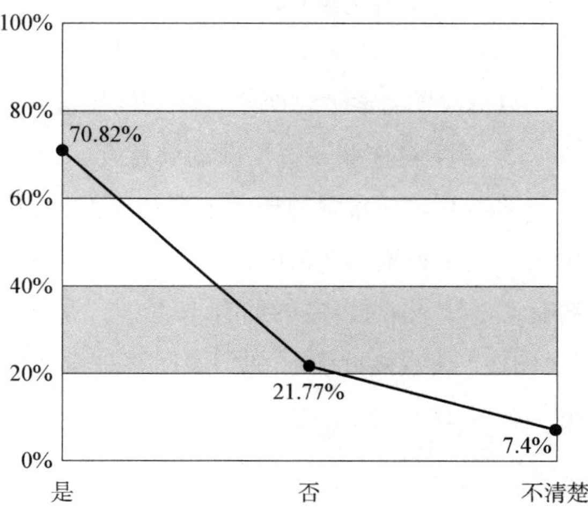

图 2 - 14　学生是否参加探究型课程的学习?

数据表明：两类课程的开设在学校有一定的普及率，拓展型课程的开设情况好于探究型课程。学生对拓展型课程的满意度较高，对探究型课程尚有近三分之一的学生表示没有参加过学习或不清楚这门课程，表明学校对探究型课程的开设有缺位现象。

② 学生对课堂教学情况的满意度。

学生对课堂教学情况的满意度主要从两个问题的回答上得以显现：一个是“学生对任课老师平时的课堂教学总体上是否满意”（见图 2－15），约 81％的学生表示“满意”，约 17％的学生表示“较满意”；另一个问题是“学生在课堂中能当场听懂的教学内容所占的比例”（见图 2－16），约 67％的学生表示可以听懂 90％以上，约 26％的学生表示可以听懂 80％—90％。

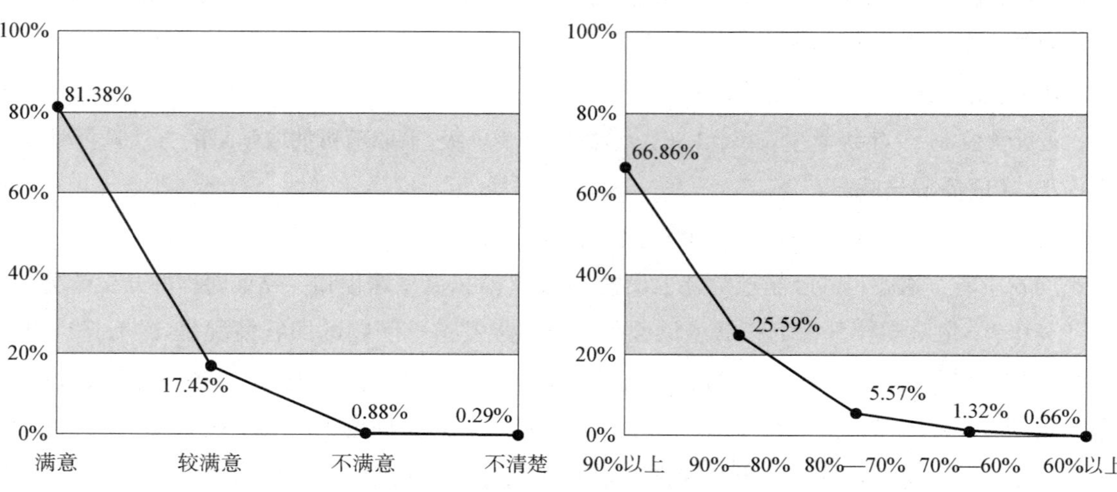

图 2－15　学生对任课老师平时的课堂教学总体上是否满意?

图 2－16　学生在课堂中能当场听懂的教学内容所占的比例

数据表明：学生对课堂教学的满意度比较高，学生当堂“消化”教学内容良好。

③ 学生对作业布置情况的满意度。

学生对教师布置的作业情况的满意度主要看对两个问题的回答：一是“学生每天回家用于完成学校布置作业的时间”（见图 2－17），大约有 68％的学生在 1—2 小时，3 小时及以上的约有 13％，1 小时以内的约有 19％。二是“哪些学科老师会给不同的学生布置不同的作业?”（见图 2－18），接近 78％的学生回答是没有分层作业，仅在语数外学科有少量分层作业，其中英语约为 11％，数学约为 4％，语文约为 5％。

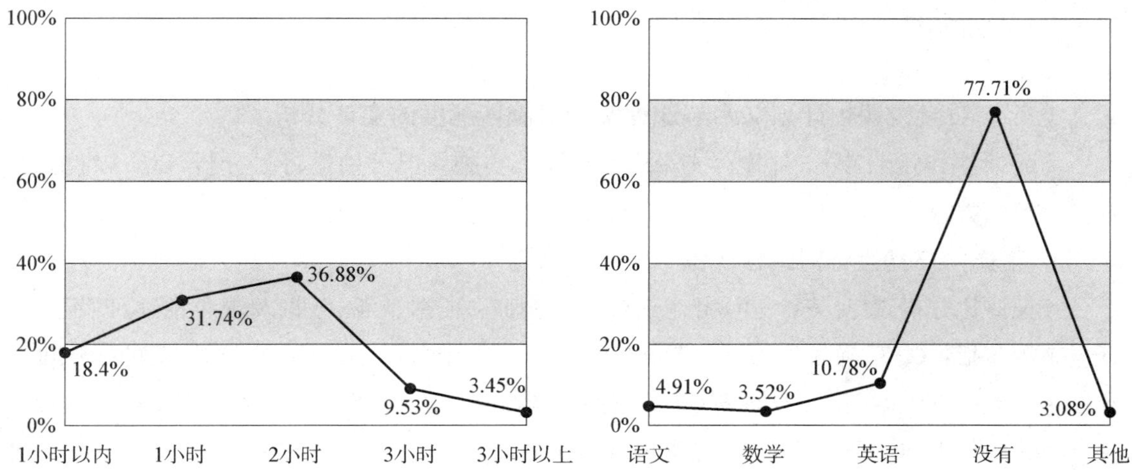

图 2-17　学生每天回家用于完成学校布置作业的时间　**图 2-18　哪些学科老师会给不同的学生布置不同的作业?**

数据表明：教师在布置学生作业的“量”上基本符合要求，大部分学生能在 1—2 小时内完成，但是从作业布置的“质”来看，缺少对学生个体有针对性的分层作业，不管学生学习程度如何，仍然是统一的作业内容。

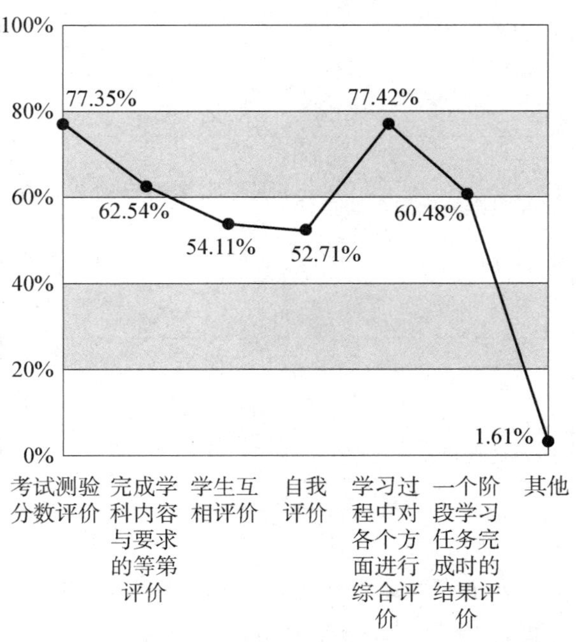

图 2-19　学校和老师对学生的评价有哪些形式?

④ 学生对学校和老师的评价方式的满意度。

学生对学校和老师评价的方式主要从多种评价方式的角度来考虑(这是一项多选题，见图 2-19)，旨在倡导多元评价和综合评价，避免以学业成绩作为唯一指标。从学生回答情况来看，约有 77%的学生认为教师能进行综合的评价，但同时也有约 77%的学生认为教师的评价以考试测验的分数评价为主。

数据表明：多元评价方式、多种评价主体已经被教师和学生所接受，学生互评、自我评价；阶段性评价、结果性评价；分数评价、等第评价，这些都糅合在一起，对学生进行综合评价，但对学业成绩的分数评价仍然占据主要地位。

（三）对学校课程计划文本与课程实际实施匹配度的实证分析

前面，利用调研工具分别对学校课程计划及其实施情况分别进行了分析，以下，对上述数据进行归类，从三角互证的角度看看学校课程计划与学校课程实际实施的匹配度情况。

1. 工具：三角互证对比分析表

互证对比分析表（见表2－9）由三部分内容构成：证据来源、数据及现象描述、匹配度。证据来源包括：观察、问卷和访谈。匹配度主要指学校课程计划与课程实施情况的匹配度，这里主要抓住三大方面：二类课程（拓展型课程和探究型课程）的整体规划与实施的匹配度；课堂教学的规划与实施的匹配度；课堂评价与保障措施的规划与实施的匹配度。

表2－9　对学校课程计划及实施情况的三角互证对比分析

证据来源 / 数据及现象描述 / 匹配度	观察（学校课程计划、课堂教学、档案资料）	问卷（学生网络问卷）	访谈（校长、教师、学生访谈）
二类课程的整体规划与实施程度较低，但二者具有一致性（因规划不到位，所以实施也不到位）。	课程目标和课程结构达成率较低，分别在77%、78%，其中拓展型课程和探究型课程的设置安排上有弱化现象。	71%的学生参加了探究型课程学习；拓展型课程满意率72%。	部分校长、教师表示拓展型课程和探究型课程主要采用社团的形式进行，课时得不到保证。
课堂教学的规划与具体实施程度较高，二者具有较高一致性。	课程实施情况达成率较高，为85%。各校均有学科的教学计划、作业规范等制度文本。	学生对课堂教学情况（81%满意）、当堂听懂情况（91%的学生能听懂80%以上的内容）、作业量情况（87%学生在2小时以内完成）的满意度较高。	教师普遍敬业、朴实、勤奋，利用课余时间对学习困难的学生进行辅导，作业批改较认真。
课程评价及保障措施的规划与具体实施程度较高，二者具有较高一致性。	课程评价达成率81%，保障措施达成率85%。	能进行多元评价、多主体评价。77%学生表示教师能进行综合评价。	能转变评价观念，课堂上利用多种评价手段激发学生积极性。课程资源的开发能辅助课堂教学的开展。

如下主要从观察、问卷和访谈所采集的信息对学校课程计划和课程实施情况进行对比分析，即采用三角互证的方法，了解这些信息是否能互证。

通过上述对比分析，我们看到二类课程的整体规划与实施程度较低；课堂教学的规划与具体实施程度较高，课程评价及保障措施的规划与具体实施程度较高。尽管实际情况有程度上的差异，但通过对来自不同信息源的数据的对比，即三角互证，我们看到这三个层面的数据都具有较高的一致性。这充分说明，三角互证法对信息的判断具有更强的效度，因而，对后面观点的提炼具有较强的支撑作用。

三、调研结论

综合前面采集的实证数据及分析，可初步形成如下基本结论（围绕调研侧重的问题，并非面面俱到）。

1. 学校课程计划文本本身总体质量较好，近半数学校达成率较高，但也有近半数的学校因对课程目标、课程结构的规划不到位，影响了学校课程的整体质量。

2. 学校课程实施整体情况良好，尤其在课堂教学、作业、评价方面，学生的满意度较高。

3. 学校课程计划与课程具体实施情况具有较高的匹配度，表明学校课程计划对实施具有良好的导向和规范作用。二类课程的规划和实施有待进一步提升。

从这些结论中，我们可以看出S区的9所初中学校在学校课程计划的制定与实施上比较到位，体现了学校具有较强的课程领导水平和能力。当然，也应看到，在一些局部问题上，还有进一步完善和发展的空间。

四、思考与建议

S区初中段9所学校在学校课程计划及围绕学校课程计划开展的课程实施活动取得了较为扎实、有序地推进，这9所学校虽然不能代表S区初中段学校的全部，但这些样本学校的选择还是具有一定的代表性，因此，这些学校所呈现的亮点是具有区域共性的。当然，从课程与教学调研中所采集的信息也让我们看到，因区域较大，学校基础各异，带来了发展的不平衡；同时，也有一些课程规划与实施层面尚有待进一步整体提升的空间，以下简要提出思考与建议。

1. 如何进一步加强对学校课程目标和课程结构的深度规划？

学校课程计划是学校课程的顶层设计系统，是学校课程实施的“蓝图”，其重要性毋庸置疑。从S区9所学校的课程计划来看，能从课程的“要素”角度进行系统规划，这是值得肯定之处。但运用学校课程计划观测工具进行分析后，我们发现，在课程目标和课程结构方面设置上的达成率较低。主要体现在：

（1）各校办学目标不同，但在课程结构上却有“趋同”倾向，导致学校的办学特色不够凸显；

（2）各类课程“各自为政”，系统设计不够，缺少为达成目标的协同设计；

（3）课程结构不能支撑学校课程目标的达成，课程结构与课程目标、课程内容还没有建立一致性、关联性的思考。

导致这种现象的主要原因是学校对如何从专业的“课程”视角来设计和规划课程目标与课程结构感到力不从心，课程设计能力明显不足。

建议：进一步提升以校长为核心的学校课程领导团队的课程领导力，通过各种研修、实战培训，结合本校实际，以学校课程计划的更新和完善作为下一步学校课程建设的主要抓手，通过完善学校课程计划，进一步明确学校近期的课程目标，制定与之相匹配的课程结构，使学校课程真正能满足学生的需求，为学生终身发展奠基。

2. 如何进一步加强探究型课程的设置、课时安排和有效实施？

探究型课程在上海二期课改构建的三类功能性课程中，具有重要的一席之地。但从全市来看，探究型课程缺位或实施不到位现象还是存在的，S区亦存在这种现象。从调研实证采集的信息来看，只有71%的学生参加了探究型课程的学习，也就是说有近三分之一的学生是没有参加这门课程的学习的。

其中的原因主要是学校没有很好地开设这门课程。调研了解到，部分学校是将探究型课程纳入社团活动，因社团活动不放在课时内开展，学生自愿组织，导致探究型课程因缺少必要的课时保证而难以落实到位。

另外，从开设探究型课程的学校来看，其实施状况也不容乐观。如“部分学校的探究型课程比较粗放，课堂教学的系统性不够，校本特性显示不足。对课程在学校整体教育中扮演什么角色、承担什么任务、与其他课程关系怎样、当前关键抓手是什么、核心课程目标是什么等问题尚没有整体思考、系统设计”。

建议：学校在完善学校课程计划的过程中，要对探究型课程的设置与实施做重点考虑，加强对探究型课程的科目和课时保证，在实施中加强对课程管理，以保障课程的常态有效实施。同时加大对探究型课程教师的培训力度，提高其专业知能和课堂教学实施能力。

3. 如何进一步缩小学校间差距，使处于不同发展阶段的学校都能因校制宜，促进学校的规范发展、特色发展？

从调研观察、问卷、访谈的信息来看，S区因地域广大，所辖的初中学段的学校较多等情况，客观上带来了学校间的差距逐步变大，已处于良性发展的学校发展的速度越来越快，而处于底部的学校发展越来越滞后，学校间发展的不平衡越来越凸显。若长此以往，这种情况得不到改观，必然会带来很多负面影响，如教育的公平问题、资源的配置问题。因此，这一问题的存在值得重视。建议：鼓励学校立足校本，激活对学校课程的创造力，因校制宜，在规范的基础上办学。同时凸显学校自身特色，走特色发展之路，让每一所学校都有值得骄傲之处，这样才能凝聚教师，凝聚学生，使学校的发展越来越具有活力。

4. 课程计划的要素评价：基于观测工具的学校课程计划诊断

J 校坚持轻负担、高质量、探索办高效能学校的理念，坚持教育要关注学生身心成长规律，把“按学生最佳发展期设课”作为规划学校课程的出发点，把“创最近发展区施教”作为实施学校课程的关键点，聚焦提升课程领导力的核心领域，历经十多年课程教学改革，取得了显著的办学成效。在继承和发展茶馆式教学的基础上，形成了后“茶馆式”教学。此项实践创新荣获教育部全国基础教育课程改革教学成果一等奖，其经验和做法在上海乃至全国都产生了积极的辐射效应，影响巨大。

基于学校计划观测工具（见附件 1《学校课程计划观测工具》），通过对学校课程与教学的全面调研（见附件 2《J 校学校课程计划》），对该校的课程设计、课程实施与课程评价做如下分析。

一、学校课程建设的亮点

1. 课程设计：以“大课程”理念整合学校的各项教育与教学活动，学校课程体系呈现出“按最佳发展期设课”的鲜明校本特色

该校课程计划不仅课程要素齐全，更重要的关注了课程要素之间的关联性思考，并针对学校实际，主动地“修订”与完善学校的课程体系。该校课程的建构有三个“亮点”。

（1）构建《新德育》双主体课程，使学校德育向校本化、课程化、体系化发展。学校以道德教育为主，通过“双主体”——学生、教师参与课程开发、建设、实践、评价的全过程，形成基础

型德育课程和拓展型、研究型德育课程，兼容心理、法制、政治等其他教育。《新德育》课程打破德育工作的"围墙"，成效显著。依据上海市"学业质量绿色指标"的评价，在德育课程的实施上该校调查结果显示，90％的学生喜欢学校的德育课程；86％的学生认为"品德与社会"、"思想品德"课的课堂教学方式发生了改变；80％的学生的道德品质外显为自觉行为。

(2) 把J区域N项活动、春秋游及形成传统的主题教育活动进行课程化整合。在基础课程学习以外，充分满足学生的兴趣爱好的发展，提供丰富的实践体验，创设有利于学生充分发展的课程生态。

(3) 丰富学校拓展型课程和研究型课程内容。将一些前沿的研究项目，如科学教育的"做中学"、现代技术应用的"IT"课程纳入拓展型、探究型课程范畴。特别在校本课程运作中，高度关注学生的主体地位与作用，形成了"一人一期望"的社团课程。

调研中的数据(见图2－20、图2－21)也表明：学生对学校的课程满意度高，其中开设的拓展型课程学生感到有兴趣的，比例为90.41％；参加探究型课程学习的比例为90.41％。

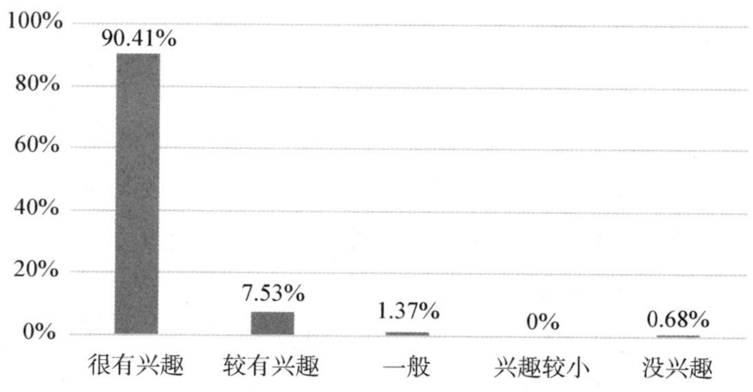

图2－20　你对学校开设的拓展型课程是否有兴趣?

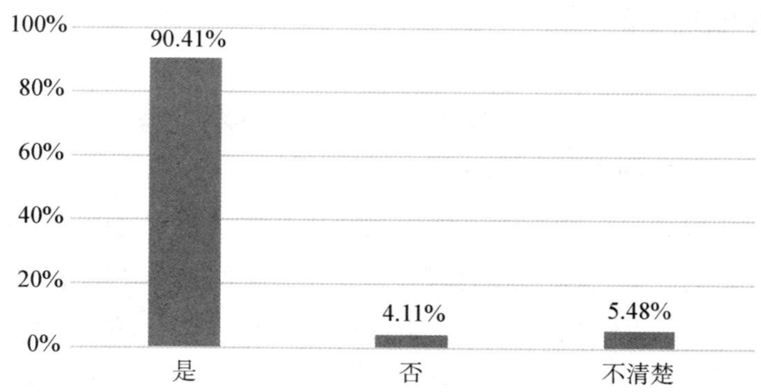

图2－21　你是否参加探究型课程的学习?

2. 课程实施："创最近发展区施教"，创造性地开展国家课程校本化实施，"后茶馆式"教学成为学校课程实施的主要方式

学校持续聚焦课堂教学改革，在"茶馆式"教学基础上，发展出"后茶馆式"教学。在教学改革实践中，以校长为核心的教师团队，通过提炼本校课堂教学存在的问题，抓住两个"关键干预因素"——学生自己能学会的教师不讲，关注学生的"相异构想"，改变传统的以教师为主，一讲到底的课堂教学结构，变成遵循学生认知规律，由教师帮助，让学生自己建构。

学校从引导一位教师、一堂课开始实践，逐步推向全校教师。过程中，广大教师归纳、研究教学方法，从典型的实践案例中提炼教学方式、策略、手段等，最后再回归教学实践，在实践中得到检验和修正，再提炼。最终形成了后茶馆式教学改革的"突破"——教学方式上，从"书中学"一种方式到"书中学""做中学"两种方式并举；教学方法上，从"读读"开始，到"读、练、听、议"等多种方法的选择；教学手段上，从"讲台"之上，延伸到"讲台"之下（信息技术应用）。

难能可贵的是，J 校从未停止探索教改的脚步，在成果获得国家基础教育教学成果奖之后，依旧矢志不渝，继续细化研究。近一年来，学校下移重心，重视激发每一位教师的改革动力，围绕"后茶馆式"教学课型、教学 N 种方法、教学微技术、微方法，继续探索、实践。如，数学学科提炼出三种基本课型：概念理解新知课、技能习得新知课、再现课。语文学科提炼出不同文体教学的 N 种方法，见如下案例。

案例 2－1：数学概念理解新知课（数学概念、公式、性质、法则和定理等）

——读-做、练、议、讲、结（独立先学、尝试练习、对话暴露、共同解疑）

环节一：学生自己读课本，或者给出问题让学生"做"。

【要点】

教师的设计必须依据"学生先学的引导性策略"，创设蕴含该概念的数学意义情境，激发学生的兴趣和探究欲望，调动起相关知识的储存，为阅读文本做好心理和基础准备。

环节二：学生独立完成练习，尝试应用概念、公式、性质、法则和定理等解决这些问题——"自我对话"、"暴露问题"。

【要点】

教师根据课程目标，教学目标，本班学生的学习特点和能力，精心设计练习题。以"学生

先学的完整性策略”和“以教学目标为依据设计问题策略”，不仅引导学生读通书面文字，还能反映和检测学生对概念、公式、性质等内在关系的理解程度。

关注内容维度和能力维度的完整，运用“变式”进行设计。

环节三：以小组为单位，讨论独立阅读和尝试解决练习中的问题和困惑——“同伴对话”、“相互解疑”。

【要点】

教师有重点地深入某些组，了解课堂生成与预设的联系，准备全班“议”的内容和问题。

关注每个组的交流情况，快速收集不同理解产生的问题和疑难，以及正确的思维方法，并能够归类和结构化。

环节四：全班对话，教师点拨。

【要点】

将小组讨论中没有解决的问题、疑难作为共同议论的资源。

组织学生发表意见，以及思考的依据和理由，教师点拨、提升学生难以说清的依据和方法。

环节五：课堂小结。

【要点】

师生共同完成知识系统建构。

案例 2-2：语文学科“后茶馆式”教学的 N 种方法

- 熟读想象·品析字词·设疑理解——诗词赏析课
- 记忆复苏·疑惑呈现·思维碰撞·人文滋补——文言文阅读新授课
- 研读感悟·抽丝剥茧·重点突破——现代文阅读课
- 围绕主要问题·发散学生思维——记叙文精读课
- 概略·荐优·指瑕·升格 ——作文讲评课的思路与方法

……

调研中的数据，可以佐证该校课堂教学改革的成效是非常显著的。在本次调研了 146 名学生，学生对课堂教学满意度高，比例高达 91%。教学中教师关注将知识、技能的学习与掌握与学生的生活实际紧密联系，并通过小组活动、自己探究、实验验证等多种方式，推进教学进程，受到学生的普遍喜爱。具体数据，如下。

- 学生对课堂教学满意度，为 91.1%；
- 课堂当堂听懂 90%及以上内容，为 72.6%；听懂 80%—90%的内容，为 23.97%；
- 教师尽量将所教内容与我们的生活实际相联系，“经常”为 83.56%，一般”为 13.01%；
- 教师在课上组织进行小组活动，“经常”为 87.67%；“一般”为 10.27%；
- 鼓励学生猜想并通过各种方法验证猜想或得到结论，“经常”为 92.47%，一般”为 6.85%；
- 教师在课堂上设置一些让我们独立思考的问题，“经常”为 95.89%；一般”为 2.47%；
- 经常到实验室、专用教室或图书馆、阅览室等开展教学活动，“经常”为 79.45%，一般”为 19.86%；

3. 课程评价：以“轻负担 高质量”为评价质量观，基于“绿色指标”，逐步建立起以校为本的质量保障体系

学校逐步建立起以校为本的质量保障体系，包括课程评价、教师教学评价和学生学习评价。在教师教学评价上，坚持“以学论教”。从学生学业进步，包括个体的进步、相对于目标的提高以及相对于一个群体的发展；学生对学科、对教师教学的兴趣；学生负担不太重等几个方面全面评价教师。加强教师的课程计划、教学小结、教案或案例，学生考勤评价记录等资料的积累。这些探索和取得的成效难能可贵。

（1）课程效果评价

基础型课程以修订教材、进行校本化实施为评价的主要方面。

针对学校课程（拓展型、探究型）进行全员评价，围绕申报、实施过程以及成果等方面展开全面评价。对受到学生好评的课程进行奖励。对存在问题，学生不欢迎的课程进行淘汰。

开展师生关系、学业负担、学生对教师教学的满意度等关键因素的调查，以持续准确了解学校教学与评价符合课程标准要求的程度，教师落实“基于课程标准的教学与评价”的能力，并以调查证据为基础，及时研究和采取有针对性的改进措施。

（2）教师教学评价

坚持“以学论教”。从学生学业进步，包括个体的进步、相对于目标的提高以及相对于一个群体的发展；学生对学科、对教师教学的兴趣；学生负担不太重等几个方面全面评价教师。加强教师的课程计划、教学小结、教案或案例，学生考勤评价记录等资料的积累。

（3）学生学习评价

认真规范使用《上海市学生成长记录册》，贯彻学生综合素质评价的要求，由教师通过观察、交流、学习过程中的情况记录，以及各种形式的问卷、多种形式的作业以及书面考核等对学生进行评价。评定一般分为优良、合格、需努力。学生之间进行交流与评论。评定同样分为优良、合格、需努力。

上海市的“绿色”学业指标评价数据显示：该校超过 90％的学生喜欢和非常喜欢学校生活，学习内驱力强。从 2007 年到 2012 年，学校自我纵向比较学业成绩不断提高，学生的睡眠时间增加、体育锻炼时间增加，学业压力不重。这些数据表明了该校在课程的设计、实施、管理和评价上所进行的创造性实践和探索是具有极高的实践价值，其辐射力从本区走向全上海，乃至全国。

二、 学校课程发展建议

J 校十余年来持续在课改道路上探索、实践，取得了令人瞩目的成效，调研中的诸多数据都足以证明这一点，得到了学生、家长和社会的极大认可和褒扬。教师活力不断被激发，学校的课改经验在各个层面也不断辐射，不仅仅实现了一所学校发展，更是带动了一大批学校、区域的课改探索，可以说 J 校的课改是一个样本，一个标杆，一面旗帜，更多的面上学校从中得到激励并找寻到自己的发展方向。“没有最好，只有更好”，处于高端、高位发展的 J 校，有自己的发展宏图。以下仅从调研的数据中提出后续发展可以关注之处。

1. 学校课程的顶层设计可以进一步加强对“课程结构”的整体建构，并进一步探索基于证据的学校课程计划的更新

从目前的学校课程计划来看，学校是按照课程功能（三类课程）与课程内容领域（四大领域）这两个维度来建构学校课程，其优势是符合上海市教委颁布的课程计划，但略显单薄，很难看到学校的课程个性和课程发展的独特方向。此外，学校课程计划是如何不断改进、完善的，还看不到清晰的路径和实施方式。这方面可以加大研究与实践的力度。

建议：(1)指向“培养目标”来系统化思考课程的整体布局。(2)课程结构可以从多个视角深入建构，多维、多层、多级推进，将课程的“图谱”细化，使之从一个结构图上能管窥到学校的课程系统，感受到聚焦课程目标的协同布局。(3)进一步探索基于证据的有效方式、方法，通过证据的积累、分析、判断，不断更新学校课程计划。

2. 进一步激发每位教师基于自身实践的探索，丰富“后茶馆式”教学的共性特征和个性特征

目前学校在后茶馆式教学的探索上取得了令人瞩目的成效，构建的后茶馆式教学的基本特征、操作方法和教学策略是在教师实践基础上，不断建构、梳理形成的，并得到了教师的

认可。后续的研究如何在这样的高起点上再发展是具有挑战性的。既然任何改革最终都将落脚到每一位教师的改变，激发每一位教师基于自身实践的探索，那么，通过引导教师建构具有教师个性特征的后茶馆式教学，进而不断提炼，丰富完善后茶馆式教学的共性特征，也许是一条可行的行动研究之路。

附件 1：学校课程计划观测工具

表 2－10　学校课程计划观测工具

<table>
<tr><th colspan="2">要素（选择涂黑）</th><th colspan="2">观测点/程度
(1→5：程度由低到高)</th><th>举例/说明</th></tr>
<tr><td rowspan="2">背景分析</td><td rowspan="2">■ 上海市相关规定梳理
■ 先前课程计划落实情况反思
■ 学校优势与不足分析</td><td>背景分析全面</td><td>5</td><td>从优势与经验、困难与问题、计划执行情况三方面，对本课程计划的背景进行横向和纵向分析，深入细致。</td></tr>
<tr><td>明确学校现实需要</td><td>5</td><td>提出三方面现实需要，如：“针对教学的检测、评价环节，提升教师对学科标准的把握，以及对学生发展需求的理解。……双向细目表，应用现代技术的数据采集与精细的学习分析，既是教育的技术问题，更是教育理念和教育智慧的问题。”</td></tr>
<tr><td rowspan="2">课程目标</td><td rowspan="2">■ 课程建设目标
■ 学生发展目标</td><td>学生发展目标体现三维要求</td><td>5</td><td>培育讲诚信、明责任、懂互惠，能够刻苦学习、快乐体验的学生，并形成具有自我教育力的学生团队。</td></tr>
<tr><td>目标设计反映学校现实需要</td><td>5</td><td>目标设计与学校确定的“坚持追求‘绿色’学业的办学目标，不仅关注学生的学业成绩，更关注每一位学生的全面发展、个性发展和终身发展”相一致。</td></tr>
<tr><td rowspan="4">课程结构</td><td rowspan="4">■ 课程体系
■ 课时安排
■ 专题教育</td><td>课程体系包含三类课程</td><td>5</td><td>包括基础型课程、拓展型课程和探究型课程。</td></tr>
<tr><td>课时安排符合市课程计划要求</td><td>4.5</td><td>周总课时量为 34 课时，符合教委课程计划，把 J 区域 N 项活动、春秋游及形成的传统主题教育活动课程化。总体来说，学校的拓展型、探究型课程课时数比市的计划有所增加。</td></tr>
<tr><td>专题教育内容安排明确</td><td>5</td><td>英语长廊、明星闪亮、健康等专题教育，科技、艺术、体育等社团，十分钟队会等有明确的内容安排。</td></tr>
<tr><td>充分利用校外资源</td><td>4.5</td><td>学校打破德育工作的“围墙”，整合资源，将基础型德育课程、校班会、心理课等其他教育资源相整合。</td></tr>
</table>

续　表

要素（选择涂黑）		观测点/程度（1→5：程度由低到高）		举例/说明
课程实施	■ 基础型课程要求 ■ 拓展型课程要求 ■ 研究型课程要求	实施要求体现课程理念	5	坚持追求“绿色”学业的办学目标，不仅关注学生的学业成绩，更关注每一位学生的全面发展、个性发展和终身发展。
		实施要求反映学校现实需要	5	调整与整合，是学校创造性地实施基础型课程以及学校课程改革研究与实践的重点。基础型课程调整主要按两个思路展开。一是依据“最佳发展期”采用“两个重心移位”的思路进行调整。二是把某些学科进行整合，变单科为综合课程。如综合社会课程、德育课程以及班主任参与心理健康教育等研究。
		课程实施操作要点明确	5	形成了后“茶馆式”教学，其核心为“议”；学生自己学得懂的或部分学生学得懂的教师不讲，尽可能暴露学生的潜意识，尤为关注“相异构想”的发现与解决。
课程评价	■ 学生学习评价 ■ 教师教学评价 ■ 课程效果评价	学习评价关注三维要求	5	按学生的学业质量、学生生活质量调查情况以及上海市学生素质综合评价标准，全面评价学生。
		评价方式指明操作要点	5	认真规范使用《上海市学生成长记录册》，贯彻学生综合素质评价的要求，由教师通过观察、交流、学习过程中的情况记录，以及各种形式的问卷、多种形式的作业以及书面考核等对学生进行评价。评定一般分为优良、合格、需努力。学生之间进行交流与评论。评定同样分为优良、合格、需努力。
保障措施	■ 规章制度 ■ 管理措施 ■ 资源利用 ■ 专业发展	保障措施针对学校现实需要	5	整合教育资源，增加投入，完善教学设备。开发学校的每一寸土地，使教育教学空间、设备效益最大化。
		保障措施指明操作要点	5	(1) 探索科学的评估体系，加强评价制度的完善，促进课程计划的实施。 (2) 加强“茶馆式”教研组和年级组的“主流”研修。 (3) 坚持开放办学，保证家长的知情权，接受家长、社会对学校的监督。乐于吸纳国内、市内以及本区教育同行的经验和意见。

附件 2: J 校学校课程计划

按最佳发展期设课 创最近发展区施教

——上海市 J 校 2014 学年课程计划

J 校前身是海防中学和江宁路第三小学,1998 年起由 J 区教育学院承办,成为九年一贯制学校,分中学部、小学部两个校区。从最初的 35 个班级发展到 39 个班,学生 1300 余名,教职工 120 余名。

办学十多年,学校的课程教学改革取得令人瞩目的成绩:2004 年 7 月 8 日起,解放日报先后五次以"轻负担"照样"高质量"为主题报道了学校加强素质教育、切实减轻学生过重课业负担的做法,引起中央领导的关注;2010 年底,聚焦课堂教学的"后茶馆式"教学研究,获得国家教育部首届基础教育改革课程教学成果一等奖;2014 年"'后茶馆式'教学——走向'轻负担高质量'的实践研究"获得国家级教学成果一等奖的殊荣。

学校还先后荣获"全国教育系统先进单位"、"上海市文明单位"、"上海市中小学行为规范示范学校"、"上海市普教系统德育先进集体"、"上海市艺术特色学校"、"上海市科技教育特色示范学校"、"上海市知识产权示范学校"、"全国中小学外语教研工作示范学校"、"上海市双语教学实验学校"、"上海市教育科研先进集体"和"少先队全国红旗大队"、"全国雏鹰大队"、"上海市中小学活力大队"、"上海市五四特色团组织先进集体"等称号。

学校是上海市教师教育暨师范生培养基地,校长领衔连续多届成为上海市名师、名校长培养基地,上海市德育实训基地,国家教育部影子校长培训基地,长三角名校长培训基地等。

一、 学校背景分析

学校经历十多年课程教学改革,坚持轻负担、高质量、探索办高效能学校的信念,取得的成绩得到了社会、家长广泛的肯定,也引起了教育界内部的关注,以及中央领导的重视。解放日报头版头条报道了我校课程改革"轻负担"照样"高质量",中共中央宣传部长刘云山、国务委员陈至立等领导都作了重要批示。按照中央领导的要求,中央教科所、上海市教育科学研究院分别派出调查组于2005年和2007年两次到学校深入调研，得出“这个学校提出了一个重大的教育问题”的结论。

学校的课程改革关注学生身心成长规律，以“按学生最佳发展期设课”为理念设置、规划和实施学校课程，在上海市，乃至全国产生了一定的影响。聚焦课堂改革的后“茶馆式”教学同样在全国引起极大反响，全国各地同行来校参观、学习，也吸引了国内外著名媒体、教育专家，报道、研究我校的课程教学改革。

学校以“校本化、课程化、系统化”为策略推进德育工作，针对基础型德育课程，拓展型、探究型德育课程，以及学科德育等各个方面，开展深入的研究和实践。

学校严格按照《上海市普通中小学课程方案》设计和实施学校课程计划。

（一）优势与经验

学校高度关注校长领导下的学校管理团队课程领导力的提升，同时，充分发挥教师在课程领导中的主体地位。不断聚集办学优势，提炼办学经验：

1. 坚持追求“绿色”学业的办学目标，不仅关注学生的学业成绩，更关注每一位学生的全面发展、个性发展和终身发展。国家教育部建立的中小学生学业质量分析、反馈与指导系统项目组研究和上海市的“绿色”学业指标评价数据显示：超过90%的学生喜欢和非常喜欢学校生活，学习内驱力强。从2007年到2012年，学校自我纵向比较学业成绩不断提高，学生的睡眠时间增加，体育锻炼时间增加，学业压力不重。九年级学生成绩全部合格，顺利毕业。同时，升入上海市、区示范性高中的学生保持70%～80%，其中进入市示范性高中学生达50%～60%。并且，跟踪数据表明：这些学生的学习动力强、学力强，后劲足，综合素质高，在高一级新的学习团队中成为学生领袖。

2. 学校拥有一支富有事业心和奉献精神的年轻教师队伍，平均年龄37.6岁（小学部35.5岁，初中部39.6岁），平均教龄14年，年龄、教龄结构趋向合理，进入成熟期。教师的学历超过上海市标准，初中部本科及以上100%，小学部本科及以上95.24%。中学高级教师19%，中学一级及小学高级教师61%。

各级各类教学评选、课题研究等获奖教师达四十多人次；近二十位教师成为上海市名师、名校长和德育实训基地学员；一位特级教师，八位区学科带头人，以及多位教育明星等区骨干教师，各学科都有区的兼职教研员。教师团队成为区域学科的示范：初中语文教研组成为区首批学科实训基地，初中语文、初中数学和小学英语学科被评为区名学科，综合理科组被评为区先进教研组，综合文科、体育等教研组获得教师专业发展和课程改革的专项荣誉。

学校的教师教育创新、开拓卓有成效,“教师专业化发展学校暨师范生实习基地”承担全区初中职初教师的培训任务,近三年共培训新教师近八十名。

3. 学生主要来自于学校附近社区、本区及周边区域,大部分家庭重视孩子发展,80%以上的家长具有大专及以上学历。学生有强烈的求知欲望,乐于参加各种学习实践活动,频频在各项市级、区级学科、科技、艺术和体育等竞赛中获奖。

4. 办学之初,经上级主管部门批准,学校调整了基础型课程,小学一年级不开数学必修课,坚持到今天。同时,开发的一批有影响的特色课程,如“做中学”、“新德育”等不断完善,对外辐射至部分省市。学校自主开发的拓展型、探究型课程形成系列,特别是充分尊重学生个体差异,高度发挥学生主体性的“双主体”红领巾社团课程,成为学生发展的肥沃土壤。

5. 学校以科研为先导,聚焦课堂,引领学校的课程教学改革,研究过程及成果成为学校改进的持续动力。几年来,学校承担联合国教科文组织、国家和市级教育教学课题研究,连续几年,在上海市教育科研成果评选中获奖。特别是2008年度上海市教委重点课题“提高义务教育阶段学生学业效能的研究”,其研究成果“后茶馆式”教学成为学校发展和研究的新的增长点。

6. 学校原有建筑面积10360平方米。在教育局关心、支持下,本学年起增加了2021平方米的建筑面积,小学部专用教室得到扩充。尽管场地小,但教学设备、设施齐全。近阶段学校正在引进电子图书馆等项目。

过去十多年,学校积极创设有利于学生充分发展的空间,克服困难,合理、科学设计校园时间,坚持组织学生长跑,保证每人每天一小时的体育锻炼;坚持每周一次全校性的学生自主组织的艺术表演“明星闪亮”活动。提供学生艺术、体育和科技等全方位的体验载体,保证学生全面发展的可能。

（二）困难与问题

1. 学校十多年探索,初步建立了九年一贯制学校的课程系统。但分在两处的校舍,是建设适合九年一贯制学校中小学各年龄发展阶段、相互促进、优势互补课程的阻碍。

2. 学校认为“轻负担,高质量”是系统工程,特别在课堂教学改革方面,以“后茶馆式”教学实现课堂转型,取得了突破。但社会上,包括家长在内的人群对“减负”的认识有很大误解,对学校推进形成了阻力,需要坚持宣传以提高社会认同度,形成“轻负担,高质量”的合力。

3. 在“后茶馆式”教学研究取得突破性成果的基础上，使优秀的教学方法坚持、传播和发展，需要深入课堂的精细层面，研究教学的每个环节，探索切实提高教学有效性的策略和方式，提炼切实可行的操作方法，甚至微技术、微方法，这样的研究还需假以时日。

4. 随着教师队伍的专业成长，缺乏后续发展激励的困难日益显现，特别是职称评审，面临符合条件的优秀教师与名额缺乏的严峻矛盾，抑制了教师的成长空间，非常不利处于不同成长、发展阶段教师积极性的提升。

5. 学校运动场地面积2764平方米，人均面积2.1平方米，远未达到教育部教计基字023号文件和1986年市政府批转市教育局、市体育局《关于进一步加强中小学体育工作的若干建议》规定的中学人均3.2平方米，小学人均2.2平方米体育活动场地的标准，以及中学要有250－400米、小学要有200米环形跑道的标准。而且，学生人数多，活动空间少，给校园安全、教学等带来很大的困难。

以上困难与问题，有的是环境、条件局限，还有的是发展过程中出现的。但学校有责任锐意进取突破，特别是教师专业发展的机制完善、提升是近阶段，甚至“十三五”需要特别关注的。

（三）计划执行情况

学校课程计划文本从2008学年起经历了五年，每学年修订都是对课程教学的完善和改进。回顾过去几年学校课程计划执行情况，从文本到实施的过程是全体教师理解办学思想的过程，也是不断凝聚学校文化的过程。教师能够把握课程计划的内涵，实践育人目标，有良好的行动力。

1. 经过多年规划、实践和修订，学校的学年课程计划文本比较全面、详细，要素齐全。每年相关职能部门根据实施成效，对学校课程与教学进行回顾与反馈，并修订，成为学校课程实施的有效指南。特别是2012年参加上海市教委“上海市提升中小学(幼儿园)课程领导力行动研究”项目，完成了“校本课程整体自我评价的实践探索”的研究，并发表于《学校课程计划编制实践指南》(华东师范大学出版社)，初步建立了学校课程计划的自我评价系统。

2. 教导处、学生处共同关注学校课程建设和实施，充分发挥跨学科资源，形成育人合力，在学生活动设计、校园文化规划等方面以“活动即课程”理念提升课程领导力。各学科教研组，聚焦课堂，不断总结学科建设经验，提炼策略，开展深入的教学研究和自我修炼，深化“教师即课程”的认识，以教师团队建设提升课程行动力。全体教师能够自觉突破学科育人难点，将专题教育及内容与学科教学密切融合，在学科教学进度设计中显性化，在课堂教学中无痕实施。

需要改进和加强最重要的方面：

1. 教师专业能力提升是无止境的，学校的“备课改进”行动，从理念到能力，暴露了部分教师教学设计存在的困难和问题，这几年还需循序渐进地推进，不断提升专业引领的力量，加强专业指导的力度。

2. 针对教学的检测、评价环节，提升教师对学科标准的把握，以及对学生发展需求的理解，是教师专业发展的有一个方面：双向细目表、应用现代技术的数据采集与精细的学习分析，既是教育的技术问题，更是教育理念和教育智慧的问题。

3. 课程整体评价与学校自我诊断、自我改进和自我发展的体系建立有着密切的相关性，是形成依靠自我力量可持续发展的现代学校的重要途径，因此，建立自我评估的机制任重而道远。

二、 学校课程目标

学校“十二五”发展规划的办学目标是：为每一个学生的全面发展、个性发展、终身发展奠定基础。

回顾学校发展历程，遵照《上海市普通中小学课程方案》的课程总目标和阶段目标，本年度确定以下目标作为发展方向：

（一） 学生培育目标

培育讲诚信、明责任、懂互惠，能够刻苦学习、快乐体验的学生，并形成具有自我教育力的学生团队。

（二） 教师发展目标

让所有教师都成为明师：明学生、明学科、明学理、明育人。让更多教师在课程实施中迸发实践智慧，成为课程领导力的主体。

（三） 课程建设目标

进一步探讨国家课程校本化实施的优化策略和方法。探索校本课程建设的深化，使学校开设的校本课程更加规范：不是编写教材，而是完善课程要素，从开发背景、课程目标，到实施方法以及评价方式等全面规范文本。

三、 课程设置

学校课程设置与课时安排

1. 课程体系架构

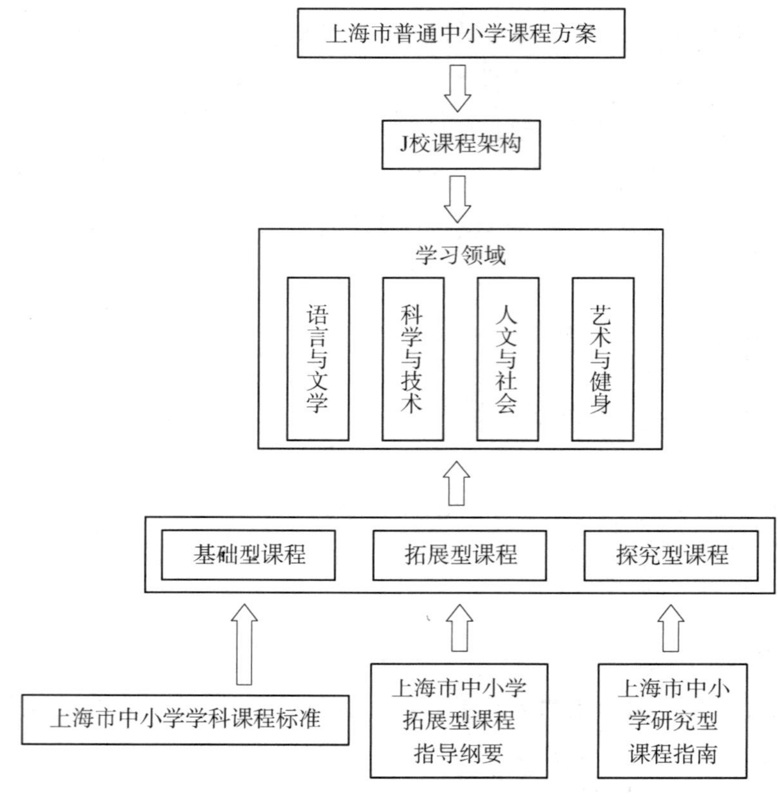

图 2－22　J 校课程体系架构

2. 课程设置与课时安排

经过教育研究人员和教师的反复研究、争论和论证，学校于 1998 年底制定了《J 区教育学院附属学校转制办学方案》。经过十多年课程教学改革的探索，“按最佳发展期设课”的理念在实践中不断丰富与完善，并取得了非常有效的成果。据此，学校以《上海市普通中小学课程方案》、《上海市中小学 2008 学年课程计划》为依据，坚持课程改革的方向，依据学校“十二五”学校课程系统，确定 2014 年度各年级课程设置与课时安排计划，见表 2－11、表 2－12。

表 2-11　小学部课程设置

课程	科目　周课时　年级	一	二	三	四	五	备注
基础型课程	语　文	9	9	6	6	6	一年级入学初，各学科设置 2 至 4 周的学习准备期
	数　学	0(3—3)	4	4	5	5	
	英　语	5(2+3)	2	4	5	5	
	自然	0(2—2)	0(2—2)	0(2—2)	0(2—2)	0(2—2)	
	做中学	2(0+2)	2(0+2)	2(0+2)	2(0+2)	2(0+2)	
	品德与社会	0(2—2)	0(2—2)	0(2—2)	3	3	
	新德育	2(0+2)	2(0+2)	2(0+2)			
	唱游/音乐	2/	2/	/2	/2	/2	
	美　术	2	2	2	1	1	
	体育与健身	3	3	3	3	3	
	信息科技			2			
	劳动技术				1	1	
	周课时数	25	26	27	28	28	
拓展型课程	兴趣活动（含体育活动）	5	4	4	4	4	学科拓展使用校本拓展资源，兴趣活动由学生自主选择
	校班团队活动	1	1	1	1	1	
	社区服务 社会实践	每学年 1 至 2 周		每学年 2 周			周末及假期以班级、小队为单位开展活动
	周课时数	6	5	5	5	5	
探究型课程		1	1	1	1	1	“游游”以 IT 为载体，进行项目研究
午会及专题教育		每天 15-20 分钟					
体育锻炼		每天一小时					包括开心一刻广播操、眼保健操、阳光健身跑等
周总课时量		32	32	33	34	34	每课时按 35 分钟计

说明：(1)坚持学习准备期的传统。

一年级入学初，设置 2～4 周的学习准备期，整合课程，围绕熟悉环境——“我喜欢新同学、新老师、新学校”，身份认同——“我是小学生”，行为规范——“学习习惯和行为”等内容，依托“新德育”以及所有的学科课程为学生提供充分的学习准备。

(2) 根据《上海市教育委员会关于小学阶段实施基于课程标准的教学与评价工作的意见(沪教委基〔2013〕59 号)》精神，不断探索、实践小学一、二年级“基于课程标准的教学与评价”工作，加强研究学生，提高以学生已有的知识与经验为基础，参照课程标准中的教学建议，精心设计与教学目标相匹配、适应学生年龄特征、难度适宜的学习活动的能力。围绕激发兴趣、培养习惯、丰富经历、探究体验和表达交流等要求，精心设计“学习准备期”和“快乐活动日”综合活动，提升起始年级课程设置与实施的质量。

表 2－12　初中部课程设置

<table>
<tr><th colspan="2">年级
周课时
课程　科目</th><th>六</th><th>七</th><th>八</th><th>九</th><th>备注</th></tr>
<tr><td rowspan="19">基础型课程</td><td>语　文</td><td>4</td><td>4</td><td>4</td><td>4</td><td rowspan="19">六年级科学课程从期中开始进行“做中学”课程项目教学研究．其中一节课为中午活动时间，用于学生自主实验</td></tr>
<tr><td>数　学</td><td>4</td><td>4</td><td>4</td><td>5</td></tr>
<tr><td>英　语</td><td>4</td><td>4</td><td>4</td><td>4</td></tr>
<tr><td>思想品德</td><td>0(1—1)</td><td>0(1—1)</td><td>0(2—2)</td><td>2</td></tr>
<tr><td>新德育</td><td>1(0＋1)</td><td>1(0＋1)</td><td>2(0＋2)</td><td></td></tr>
<tr><td>科　学</td><td>2</td><td>3</td><td></td><td></td></tr>
<tr><td>物　理</td><td></td><td></td><td>2</td><td>2</td></tr>
<tr><td>化　学</td><td></td><td></td><td></td><td>2</td></tr>
<tr><td>生命科学</td><td></td><td></td><td>2</td><td>0(1—1)</td></tr>
<tr><td>地　理</td><td>2</td><td>2</td><td></td><td></td></tr>
<tr><td>历　史</td><td></td><td>2</td><td>2</td><td></td></tr>
<tr><td>社　会</td><td></td><td></td><td>1(2—1)</td><td></td></tr>
<tr><td>音　乐</td><td>1</td><td>1</td><td></td><td></td></tr>
<tr><td>美　术</td><td>1</td><td>1</td><td></td><td></td></tr>
<tr><td>艺　术</td><td></td><td></td><td>2</td><td>2</td></tr>
<tr><td>体育与健身</td><td>3</td><td>3</td><td>3</td><td>3</td></tr>
<tr><td>劳动技术</td><td></td><td></td><td>1(2—1)</td><td></td></tr>
<tr><td>信息科技</td><td>2</td><td></td><td></td><td></td></tr>
<tr><td>周课时数</td><td>24(26—2)</td><td>25(26—1)</td><td>27</td><td>24(27—3)</td></tr>
<tr><td rowspan="5">拓展型课程</td><td>学科类、活动类（含体育活动）</td><td>5</td><td>5</td><td>4</td><td>7</td><td>学科拓展完成数学拓展部分及校本（语文、英语）课程，兴趣活动学生自主选修</td></tr>
<tr><td>校班团队活动</td><td>1</td><td>1</td><td>1</td><td>1</td><td></td></tr>
<tr><td>专题教育午间活动</td><td colspan="4">英语长廊、明星闪亮、健康教育、影片观摩（科技、史地、英语原版）、棋类、钢琴吧、十分钟队会等</td><td>中午时间</td></tr>
<tr><td>社区服务社会实践</td><td colspan="4">每学年 2 周</td><td>每学年 1－2 周（周末或假期）</td></tr>
<tr><td>周课时数</td><td>6</td><td>6</td><td>5</td><td>5(4＋1)</td><td>2 学科拓展，3 自主拓展，2 自修</td></tr>
</table>

续　表

科目　课程　周课时　年级	六	七	八	九	备注
探究型课程	2(做中学)＋2(IT)	1(人文)＋2(IT)	1(自选)＋1(实验)	2(理科实验)	
班务活动	每天10分钟				
体育锻炼	每天一小时				包括体育课、早锻炼、晚锻炼、长跑、广播操、眼保健操
自　修				2	
周总课时量	34	34	34	34	每课时按40分钟计

3. 课程设置与课时安排说明

学校的课程设置改革得到了上海市教委的支持和批准，其中数学课程改革得到教委基教处的同意。“做中学”课程接受了教委委托的儿童科学教育研究项目，本学期受区教育局委托在中学部进行“做中学”课程的研究。受市教委德育处委托，于2001学年开始酝酿、设计新德育课程教学实施方案，于2002学年起正式在小学部、初中部的起始年级逐年向上推进实施，分别集小学的思想品德、生活与劳动、社会、班队会等课程和初中的政治、班队会等课程于一体，依据国家和地方实施德育的纲要与标准，从学生的生活实际着眼，依据学生的品德发展需要设计与组织教学。

在依据国家、地方课程标准和计划的基础上，结合“最佳发展区理论”，根据学校十年实践的成果，为了既能达到课时的平衡又能提高学习的有效性，学校对课时设置作了如下调整：

- 基础型、拓展型和探究型课程

调整一：减少一年级数学课，以一节数学活动课代替三节基础型数学课；同时，增加英语活动课。

同一个学生学习同一门学科，要达成同一目标，在不同年龄阶段所花费的时间是不同的。所以，值得研究在什么年龄阶段适合学习什么学科、适合学习学科中的什么内容效益最高。这个问题涉及教育的各个年龄阶段，但限于种种原因，我们先在一年级进行试点。

一年级学生的基本特点是记忆力强，语言模仿力强，而逻辑思维不够。实践证明，数学概念的学习在不同的年龄，所需要的时间、效益差别很大。为使学习效益更高，学校计划减少数学基础型课程，增加英语课时。英语课时按照上海市课程方案规定的课时要求。

调整二：用大课程概念指导实施学校整合课程。

过去几年，推动了学校课程化的进程，把J区域N项活动、春秋游及形成传统的主题教育活动课程化。总体来说，学校的拓展型、探究型课程课时数比市的计划有所增加。学生在基础课程学习以外有充沛的精力与需求，满足自己的兴趣爱好，学校也为学生提供丰富的实践体验，创设有利于学生充分发展的校园生态。

调整三：将一些前沿的研究项目，如科学教育的“做中学”、现代技术应用的“IT”课程纳入拓展型、探究型课程范畴，增加了课时数。

• 德育：向校本化、课程化、体系化方向发展

以课程为载体，进行德育课程化的研究和开发。《上海市普通中小学课程方案》规定的中小学基础型德育课程“品德与社会”、“思想品德”的课程目标，是每个学生应当达成的。但与其他学科课程不同，我们学校的新德育课程遵循了课程规定的目标，但不拘泥于规定的教材。这有利于：

1. 提高时效性。教材编写、印刷等周期，使鲜活的现实材料过时，如“神七”上天，奥运会等发生在学生身边的事，可以以最快的时间进入课堂，作为教育的材料。

2. 增强实践性。学生的道德提升与他们的生活经历有关。一本教材难以涵盖千百万学生的生活经历，而用“身边的事，教育身边的人”是非常有效的，这是统一教材无法实现的。

3. 强化针对性。学生的品德形成中，差异比学科学习的差异更大，有道德基础、思想基础和生活经历不同。但如果对所有的道德问题，采用相同的课时数进行教育，犹如不同的人治疗、预防疾病都服用相同的药剂，针对性一定不强。

这些思考，促使我们不用固定的教材，从调查学生的道德需求开始，逐渐形成学校的新德育课程资源包，提高针对性、实践性和实效性。2001年开始改革，得到了市教委德育处，国务院联合调查组的高度评价。

学校打破德育工作的“围墙”，整合资源，将基础型德育课程、校班会、心理课等其他教育相整合。学校的德育课程被国家教育部德育课程标准研制组核心成员高德胜评价为“没有固定教材的课程，没有‘围墙’的课程，整体生命投入的课程，超前发展的课程”。

学校又从基础型课程研究推广到拓展型、探究型校本德育课程的探索，把学校的德育工

作纳入课程体系，使得学校的每一项工作都成为有意识、有目的的教育行为。使每位教师都明确育人的责任，不断完善、开展学科德育，开发隐性德育课程。通过教师的教育教学案例进行推进。几年来，学校逐步形成、完善了德育课程体系，特别是形成了有鲜明个性特征的校本德育课程“明星闪亮”，使学生在课程中，展现才艺，修养品德。

4. 学校整体活动安排及说明

◆ 学校一日时间安排(表 2－13、表 2－14)及说明

表 2－13　小学部作息时间

	时间	项目	备　注
上　午	8：00—8：15	学生进校	早到校的学生，由早护导教师组织体育锻炼、阅读等活动
	8：15—8：44	开心一刻、广播操	周一升旗仪式
	8：44—9：19	第一节课	
	9：31—10：06	第二节课	
	10：18—10：23	眼保健操	
	10：23—10：53	第三节课	
	11：05—11：40	第四节课	
中　午	11：50—12：20	午餐	
	12：10—12：40	自由活动	
	12：40—13：00	午会教育	十分钟团队会、红领巾广播、健康教育、阅读活动、明星闪亮等
下　午	13：00—13：35	第五节课	周二为校班会课
	13：47—13：52	眼保健操	
	13：52—14：27	第六节课	周五 14：30 放学
	14：39—15：14	拓展型、研究型课程	
	15：20—15：40	长跑(三～五年级)	15：15 一年级放学 15：20 二年级放学
	15：40	降旗、放学	周五 14：30 放学
	15：40—16：30	爱心班	

表 2－14　中学部作息时间

	时间	项目	备　注
上　午	7：30—8：00	学生进校	周二～五 7：30～8：00 各年级进行一次早锻炼；图书馆 7：10 开始为早到的学生服务
	8：00—8：20	广播操	周一升旗仪式
	8：20—9：00	第一节课	
	9：10—9：50	第二节课	
	10：00—10：05	眼保健操	
	10：05—10：45	第三节课	
	10：55—11：35	第四节课	
中　午	11：40—12：10	午餐	
	12：20—12：50	午间活动	英语长廊、明星闪亮、十分钟队会、主题教育、红领巾社团活动等
下　午	13：00—13：40	第五节课	
	13：50—13：55	眼保健操	
	13：55—14：35	第六节课	周五 14：30 六～八年级放学 九年级 14：30～15：30 体锻
	14：45—15：25	第七节课	
	15：30—15：50	长跑(六～八年级)	
	16：00	降旗、放学	
	16：00—16：15	卫生值日	图书馆为学生服务到 17：30

说明：

(1) 坚持关注学生的生活质量，制定科学的作息制度，保证学生的睡眠时间，学校的作息时间要符合市教委《上海市教育委员会关于做好本市中小学校科学安排作息时间工作的意见》和《关于进一步加强学校体育工作的指导意见》的精神，真正落实“健康第一”的思想。

(2) 为确保每天一小时的锻炼时间，克服学校场地小的困难，体育组要科学、合理编制学校操场、场地各年级锻炼时段，并根据情况及时调整，保证学生体育锻炼。

(3) 根据学生的年龄及不同发展需要，学校放学时间不同。低年级最早，然后是小学中高年级，最后是初中各年级。各有关教师要做好校门口执勤及安全指导，保证学生的安全。

(4) 按照市教委精神，取消晚托班。对有困难的家长、学生，学校以爱心班的形式提供服务，小学部的学生如果家长 17:00 还未来校接，由学校行政值班负责，直到学生被家长接回。中学部开放图书馆，由教师志愿者服务学生，直至学生全部离开。

- 各年级课程表设置要求

课程表是学校课程方案在各教学班的具体实施安排，具有制度意义。由年级组长及分管行政人员督促执行，班主任负责班级课程表的实施，出现困难和问题及时与教导处联系，保证教育教学有序。

◆ 一周主要活动安排(见表 2－15)及说明

表 2－15　一周活动安排

<table>
<tr><th>星期</th><th></th><th>一</th><th>二</th><th>三</th><th>四</th><th>五</th></tr>
<tr><td rowspan="6">活动</td><td>7：30～8：00</td><td></td><td colspan="4">早锻炼</td></tr>
<tr><td>中小学不同
见作息表</td><td>升旗仪式</td><td colspan="4">开心一刻、广播操</td></tr>
<tr><td>12：20～12：50</td><td>英语长廊
英语广场</td><td>红领巾社团等</td><td>健康教育
英语长廊</td><td>明星闪亮
英语长廊</td><td>英语长廊
十分钟队会</td></tr>
<tr><td>下午</td><td></td><td>开心活动日</td><td></td><td></td><td></td></tr>
<tr><td rowspan="2">中小学不同
见作息表</td><td>选择性拓展型、
探究型课程</td><td>校班会</td><td></td><td></td><td>选择性拓展型、
探究型课程</td></tr>
<tr><td colspan="4">长跑</td><td>体锻</td></tr>
</table>

◆ 拓展型、探究型(学校)课程安排及说明

(1) 学校高度重视学生的学习兴趣、学习能力和发展需求。几年来，组织教师、动员各种教育资源，整合为学习领域，精心开发百余门校本拓展型、探究型课程，以及学生自主开发的社团课程；

(2) 学校提供学生能够自主选择的课程，充分满足学生的需要。各年级组在开学初组织好学生了解课程、选择课程的工作，保证学校课程的正常运作；

◆ 学年主要活动安排(见表 2－16)及说明

表 2－16　学年主要活动表

月份	校园节	主题	活动	教学
九	民族精神教育月	民族精神代代传	教师节/重阳节(制作感恩卡)	
十	体育节、游戏节	健康、拼搏、快乐	运动会、游戏节	
十一	科技节	创新、环保、科技	科技节各大赛事和秋游实践活动等	

续　表

月份	校园节	主题	活动	教学
十二	主题班队会月	新年畅想	迎新年主题班队会 一年级快乐加入儿童团	
一				学习质量检测
二		热热闹闹过大年	元宵节慰问解放军	
三		三月春风暖人心	拥抱妈妈、校内外服务 爱心义卖等	
四	读书节	悦读——书香满园	读书系列活动、春游 二年级入队 八年级 14 岁生日	
五	艺术节	缤纷才艺我们秀	艺术节各大比赛和表演	
六		今天我为附校骄傲 明天附校为我自豪	九年级毕业典礼	学习质量检测
七、八		快乐假期	社会实践活动	

说明：以上校园节已经走向成熟，为广大学生所喜爱。但还需要深化活动内涵，精心设计活动项目，使学生在活动中感悟、发展。

四、 课程实施

（一） 课程实施要点

1. 充分理解基础型课程的设置依据和理念

调整与整合，是学校创造性地实施基础型课程，也是学校课程改革研究与实践的重点。基础型课程调整主要按两个思路展开。一是依据“最佳发展期”采用“两个重心移位”的思路进行调整。二是把某些学科进行整合，变单科为综合课程。如综合社会课程、德育课程以及班主任参与心理健康教育等研究。

调整——基于最佳发展期的思考

基于以学生的最佳发展期作为改革课程设置的战略思考，学校的课程设置，以“两个重心移位”的具体思路，提高课程设置的整体效益。

学校一、二年级的语文、英语、计算机等课程，不只是简单地作每周课时的增加，一年级数学课也不是因为课程的取消而将教学内容全部剔除。实践告诉我们：学生的学科素养在最佳发展期的框架内得到了长足的发展。

（1）关于语言类课程的教与学

小学低年级语言教学侧重于追求发展性目标，以多信息教学方法，探索用丰富多彩的活动组织教学，多元化多层面多渠道多数量的语言刺激（多信息）给予孩子更多接触语言、文字的机会，促进学习语言、运用语言能力的更快提高。

■ 在小学一年级加强语言学习。开设英语课，以口语为主，不教音标和语法，以后逐渐从听说过渡到听、说、读、写。经过几年的实践，学生的语言发展比当初预想的快。学生在英语学习方面的心理素质、英语思维的发展和听说等语言能力方面都大大超出同龄的孩子。据调查，家长对外语教学的满意率达99%。初中英语课堂根据课程标准的要求，在提高语法等知识的基础上，继续加强语言运用能力的提高。

■ 小学语文课时设置低年级多、高年级少。低年级强化识字教学，到二年级基本完成识字任务，同时增加阅读量。教学内容不细分，以综合的语言学习能力、语文交际能力培养为主，扩大学生的识字量，拓展阅读面，提高学生的信息接受能力。小学低年级语文教学继续加强拓展阅读面与扩大识字量的研究，并修改自编拓展读物，完善以落实阅读面的拓展；探索“以读书为主线，落实识字任务”的低年级语文课堂结构流程；研究“教给识字方法，培养识字能力”的识字教学方法；研究“引导边读边思，注重语感体验”阅读教学方法，让学生多识字，多阅读，多积累，打好基础。初中阶段要进一步挖掘文本所包含的人文精神、文化内涵，让文化的汁液顺着语言之河提升学生的语文素养。加强写作指导，提升学生的语言应用能力，形成“深刻与广博、启发与尊重、唤醒与体验、表达与创造、追问和反思”的语文学习方式。

■ 为加强学生对英语的学习与运用，开设并加强双语教学，作为英语课程改革的一部分。双语教学可以采用不同的层次进行：第一是关键词式的，即教师和学生在课堂教学中，只是对一些关键词使用英语，其他则使用汉语；第二是部分式的，即教师和学生部分用英语交流，部分用汉语交流；第三是全英式的，即教师全部用英语，学生也全部用英语，多方位地提高学生的语言运用能力。

（2）关于抽象思维类学科的教与学

■ 小学数学课程调整：1. 小学一年级不开设数学必修课，而开设以形象思维为主的英语数学活动课程，作为数学学习的过渡性课程，以有效地培养学生的“数感”、“空间感”和数学兴趣。2. 把一至四册教材结构进行调整，在二年级用一学年时间完成二学年的教学任务。措施是根据二年级学生的认知水平和学习能力适当减少循环次数和课时数。如认数，由原来的四段0～5、6～10、11～20和21～100合为两段即0～20和21～100。如0～100数的认识原课时数19，而调整后为8课时；10以内的加减法，原课时数为17，调整后为7课时。

3. 在三年级至五年级,对原5—10册教材中一系列内容进行删、并,提高单位课时的教学效率。空出的课时进行专题讲座,安排问题解决、开放性习题、数学应用等内容,使学生在数学学习上,学会数学的交流、解决问题的思想方法、解答开放性问题的方法,能解决一些生活中的数学问题。初中阶段要进一步让学生充分体会知识的发生、发展、形成和应用过程,使学生获得"数学化"体验,形成"再创造"的能力。

整合——基于课程化的思考

将思想品德课、班会、团队活动等内容整合,是将重大节日、纪念日主题与学校道德教育重点相结合,与团队教育的内容和要求相结合,与行为规范教育的要求相结合,以及与校园文化节的内容相结合,是探索德育途径的综合化过程,是聚合教育资源、提高德育教育有效性的好方式。任何学科教师与德育课教师一样,每时每刻都在影响着学生。因此,关注和理解这种整合的方式,对提高教育的有效性非常重要。

德育课程成为没有教材的课程,并不是将课程与教材完全处于一种虚无弱化的状态,不是绝对排斥国家的课程和教材,而是把国家的德育教材作为一种课程资源,在此基础上丰富、增加新的德育课程学习资源,进而开发、形成富有学校特色的课程主题和内容。

学校几年的实践,非常有效地整合了学校各类教育资源,将国家、地方的课程标准、教育的意图贯彻到位,如:两纲教育、法制教育、廉洁教育、环境教育等主题性教育要求。

■ 时空整合。在时间上学生学习由在校时间延续到周末或假期;在空间上既涉及校内又涉及校外;在教育主体上,既有学校教职工及学生,又有家长及社会其他人员。因此,"人人都是德育工作者"并非口号。在学校很多不同学科的教师,以不同的方式参与很多课程。如:"明星闪亮三十分"、"开心一刻"、"英语长廊"等,教师是指导者,是合作伙伴,是对手等等。这些都是非常重要的课程整合的契机,需要教师能够意识并把握。

■ 显性、隐性整合。这种整合既体现在德育课程中,更多的是体现在日常的基础型、拓展型、探究型课程中。但因为隐性,所以更需要教师自主发现、设计和把握,达到"天上不留痕迹,鸟儿却已飞过"的境界。

■ 跨学科整合。学校的很多活动与学科教学相比,涉及知识、方法和情感、态度,价值观更丰富。如学校组织的春秋游,包括组织看一场电影,需要不同学科的教师共同研究、开发,形成学校的综合课程。学校的春秋游,经过几年的实践,形成了以"爱国主义、民族精神教育"为主题的春游和以"科技教育"为主题的秋游,几个年级的实践不断完善春秋游跨学科学习的综合活动方案,见表2-17。

表 2－17　春秋游跨学科综合活动方案

主题	爱国主义、民族精神教育	科技教育
年级	春游	秋游
一	走进绿色的春天——探秘植物园	与动物交朋友——走进长风大洋海底世界
二	宋奶奶像前敬个礼——二年级入队活动	探索科技的奥秘——卢湾区青少年科技馆
三	做个快乐的小菜农——都市菜园采摘活动	探索科技的奥秘——走进上海科技馆
四	心香一瓣慰忠魂——祭奠淞沪抗战英烈们	追根溯源话上海——浦江游览
五	悠悠中华情——寻访嘉定孔庙文化	团队合作竞技赛——佘山定向越野
六	上海龙华烈士陵园、丹桂园实践基地	南汇国防园
七	淀山湖天池、陈云故居	宝山钢铁厂、森林公园
八	迈好青春第一步	公安博物馆、植物园
九	崇明森林公园	东方绿舟

2. 以“后茶馆式”教学改革课堂教学

高度关注当前学校课堂的现状，解决日常课堂教学的四个突出问题：①教师总体讲得太多，但大部分教师并没有认识到自己讲得太多。常常把教师的讲解作为学生习得的唯一途径。②学生的“潜意识”暴露不够，特别是“相异构想”没有显现出来，更没有得到解决。③许多教师不明白自己每个教学行为的价值取向何在。究竟为什么要提问？为什么要讨论？④教师对第一次教学中学生的差异问题没有有效的解决方法。

学校在总结全国优秀教学的基础上，加以继承和发展，形成了“后茶馆式”教学，其核心为“议”；学生自己学得懂的，或部分学生学得懂的教师不讲，尽可能暴露学生的潜意识，尤为关注“相异构想”的发现与解决。教学方法更加多样，从“读读、议议、练练、讲讲”到“读读、议议、练练、讲讲、做做”。教学形式更加灵活，不规定“读”、“议”、“练”、“讲”、“做”的用时、顺序和完整，只有一个原则，先学后教。教学的价值取向更加明确，以学生完成学业效能为导向来确定“读”、“议”、“练”、“讲”、“做”的取舍。

“后茶馆式”教学高度关注创设学生的“最近发展区”。“最近发展区”是苏联心理学家维果茨基提出的。它指儿童在有指导、有成人帮助的情况下所能达到的解决问题水平与在独立活动中所能达到的解决问题水平之间的差异，也就是两个邻近发展阶段之间的过渡状态。维果茨基强调教学不能走在儿童发展的后面，而应主动创设“最近发展区”，从而走在儿童发展的前面。“最近发展区”的形成、最近发展区域范围的大小和发展区域的潜在质量，决定于教师的创造和这种创造的质量。我们认为在课堂中要努力创设好“最近发展区”，要达到教学的三维目标，即知识技能目标、过程方法目标与情感价值取向的目标，要在促进学生有意义接受学习的同时，积极推进研究性学习。“最近发展区”的创设将有利于学生主体性的发展，有利于学生创造性的发挥。必须考虑以下问题：

(1) 学生的原有基础，包括知识、技能，包括对这门课的情感——兴趣。基础决定教学起点、坡度、密度、难度和预期目标。

(2) 采用什么教学策略？是“题海战术”，还是“精讲精练”？是灌输，还是启发？等等。

(3) 采用什么教学方法？是读、讲，还是议、练？启发式、讨论式的重要途径是设问，设问效益的核心，看它是否在学生的“最近发展区”内。

(4) 采用什么教学手段？是板书、投影、录像，还是多媒体？教学手段不是目的，它是为创造“最近发展区”服务的工具。

(5) 采用怎样的教学形式？学生的座位是“秧田形”排列，还是“马蹄形”排列？是封闭式，还是开放式？是大班，还是小班？是“长”课，还是“短”课？

(6) 教学必须遵循教育性原则，“学科德育”也是创造“最近发展区”所必需的。“学科德育”应该成为每位教师、每堂课的有意识的行为。“学科德育”不只是在教学内容上对某些材料的挖掘，更多的是教师自身的人格魅力和外部环境的构建。

所以，“后茶馆式”教学需要教师在具体教学情境中，根据学段、学科和课型特征创造性地运用。

3. 进一步规范、实施和发展拓展型、探究型课程

与成熟、完善的基础型课程系统相比，学校拓展型、探究型课程系统建设是长期的任务。按照八大学习领域，将学校组织开发与教师自主开发的拓展型、探究型课程分类，以形成一定的体系。在开设上，以规定课程与选择课程相结合。

在过去几年工作的基础上，要求进一步完善课程方案，规范操作，重量重质。

(1) 征求新学期工作时提出课程开设申报，学校将对课程背景、课程目标及课程内容以及完善的方面进行审议。

(2) 加强教学实施环节的监控，主要通过学生反馈来掌握情况，一方面是教学过程中的教学纪律、教学活动的开展，另一方面是课程开设的效果及学生的喜欢程度。

(3) 加强对学生评价的管理，这涉及到学生知识掌握、能力发展及态度与品质等方面的考核。

(4) 加强对课程结束环节的评估，主要是结束时应上交存档的资料，包括课程完整的目

标、内容、学生成果等。

对于规定学生学习的探究课程 IT 和科学教育课程“做中学”，已经完成了第一轮的研究和开发，进入新的研究系列与实施研究。

随着数字技术的发展，这些课程将越来越多地进入课堂、进入教学、进入学生的学习。要求将 IT 工具的应用与课程体系进行整合，旨在培养学生的编程意识、数据意识、程序操作意识、管理意识和信息技术上的基本技能，并且要关注学生在课程中学会小组协作式学习、学会交流沟通和实践式学习，帮助学生掌握“高级思维技能”和“学会学习技能”，充分挖掘和培养学生的创造力。学校继续在小学一、二年级开设 IT“游游”课，通过机器人“游游”这个脑具，在课堂中开展多层次、多样化的“开放式”活动，引导学生通过独立思考、动手操作、小组合作等活动来完成一定的任务，解决实际的问题，从而培养学生的求异思维、创新能力和合作精神。小学三年级开始到初中的 IT 课程，以学科或综合学科的专题来替代计算机的方法论学习，以学生为中心，按小组方式，运用信息技术解决一个问题、设计一个项目、作出一项决策。

中法合作“做中学”科学教育项目在小学部的研究开发卓有成效，形成了“做中学”的主题和内容系列，探讨“做中学”的课程理论，从实践中总结出符合“做中学”理念与实施原则的课堂教学环节、教师的引导策略和教学评价等。本学期开始计划在中学部开设“做中学”课程，需要研究与科学课程，以及教学时数、方法等方面的问题。

（二）课程实施策略

◆ 充分关注学生发展需求、社会发展需求以及学科体系的要求，在学校课程理念指导下，对国家课程计划作适当调整，形成学校的课程计划。

◆ 对基础型课程、拓展型课程和探究型课程的实施，根据学校课程建设的不同发展阶段，确定不同的目标要求。

◆ 加强学科建设，凝聚教研组、学科组，以及备课组的合作研究力量，不断修订和明确教学基本（包括教研、备课，教学过程、作业、辅导，以及考试测验等）要求，把握学科发展方向。

◆ 以校本研修为提高教师专业化成长的主要途径，以此促进课程建设，促进学生发展。

◆ 通过关注、研究教学的五个基本环节，提高教学的有效性，促进课程实施的优化。

◆ 以对学生评价的导向改进，引导课程设置、实施的优化。

五、课程评价

学校组织教师认真学习《上海市中小学生综合素质评价方案》，做好学生综合素质的评价。学校指导教师开展评价工作，做到公正与诚信，并加强民主监督，接受质询、投诉与举报，及时解决评价工作中出现的问题。

指导教师严格依据学科课程标准，按照学校规定的命题程序和要求进行命题，确保命题工作的适切性、科学性和规范性，提高命题质量。建立和健全教学质量分析、评价和反馈制度，对教学质量进行有效的全程监控；做好试题及教学质量资料的积累和分析研究，逐步建立起学校的试题档案库，完善科学的命题方式。

（一）课程效果评价

基础型课程以修订教材，进行校本化实施为评价的主要方面。

对学校课程（拓展型、探究型）进行全员评价，围绕申报、实施过程以及成果等方面全面展开。对受到学生好评的课程予以奖励。对存在问题，学生不欢迎的课程予以淘汰。

开展师生关系、学业负担、学生对教师教学的满意度等关键因素的调查，以持续准确了解学校教学与评价符合课程标准要求的程度，教师落实“基于课程标准的教学与评价”的能力，并以调查证据为基础，及时研究和采取有针对性的改进措施。

（二）教师教学评价

坚持“以学论教”。围绕学生学业进步，包括个体的进步、相对于目标的提高以及相对于一个群体的发展，学生对学科、对教师教学的兴趣，学生负担不太重等几个方面全面评价教师，加强教师的课程计划、教学小结、教案或案例、学生考勤评价记录等资料的积累。

（三）学生学习评价

认真规范使用《上海市学生成长记录册》，贯彻学生综合素质评价的要求，由教师通过观察、交流、学习过程中的情况记录，以及各种形式的问卷、多种形式的作业以及书面考核等对学生进行评价，评定一般分为优良、合格、需努力。学生之间进行交流与评论，评定同样分为优良、合格、需努力。

1. 以学生的学业质量，学生生活质量调查以及上海市学生素质综合评价标准，来全面评价学生，形成《初三优秀毕业生推荐入学方案》。

2. 教师考勤制度。

3. 学生考勤制度。

六、课程管理与保障

（一）探索科学的评估体系，加强评价制度的完善，促进课程计划的实施。

（二）加强“茶馆式”教研组和年级组的“主流”研修。

（三）坚持开放办学，保证家长的知情权，接受家长、社会对学校的监督。乐于吸纳国内、市内以及本区教育同行的经验和意见。

（四）整合教育资源，增加投入，完善教学设备。开发学校的每一寸土地，使教育教学空间、设备效益最大化。

（五）学校校长、常务副校长直接负责校本研修的推进和校本课程建设，继续探索有效实施的途径，让其成为学校课程计划执行的保障。

第三章

学校课程的图谱设计

让系统的图谱廓清课程的经纬

- 图谱设计，是学校课程设计的“施工图”，也是形成学校课程设计特色的“具象”，“高保真”地表达学校课程世界的各种关系，为真实世界的课程直观“建模”。
- 图谱设计，是思想设计的“映照”，也是规划设计的“写照”；既是信息时代课程表达的一种方式，也是读图时代课程呈现的一种表达。在当今教育技术发生极大革新的新形势下，课程的图谱技术已不是单纯的图样选择，而是图谱融入课程思想的形象代言。
- 图谱设计，姓“课程”，名“个性”，课程元素是图谱的“基因”，不能光为了美观而丢弃了本原；课程因子是图谱的“光环”，不能光为了形态而放弃了本色；个性表达是图谱的“风格”，不能光为了出奇而舍弃了共性；个性彰显是图谱的“名片”，不能光为了炫技而摒弃了原则。
- 图谱设计，是形象化的课程设计的“大手笔”。

1. 课程体系架构新视域：可视化的课程图谱

图，在现实中大量存在，甚至可以说有许多事物就是由图来表示的。图案，几乎成为生活的最大“幕布”。几乎是一眨眼的工夫，“读图时代”似飞人般撞进了社会生活和所有人的视线。图形成为快节奏生活的“佐料”，成为社会传播的新媒介，“读图”成为当下的“习惯”和“时尚”。

课程图谱是“读图时代”的产物，也是教育实践的新生事物。所谓“课程图谱”，是以学生为出发点，以育人目标为指引，通过课程元素的“纵向连贯”与“横向连结”，形成具有系统性、层次性、完整性的课程系统，并以图文融合的形式呈现课程系统的结构与实施路径的一种可视化工具。课程图谱，不是简单的课程＋图谱，而是浑然一体的课程架构的新思维、新思路、新思量，既是课程的图示化，也是图示课程的特色化。

一、课程图谱的价值追寻：提升课程领导力的再思索

1. 教育理念的物化

图谱、课程图谱，甚至教育图谱，缘何会这么快地进入人们尤其是教育人的视野，这与教育理念需要得到物化是有一定关联的。

近年来，“教育理念”这个词出现的频率极高，从事教育工作的人，几乎在“一夜之间”接受了它。的确，教育理念是教育的上位认知，也是左右教育质量的潜在元素。

不过，对教育理念的认知，也是一个漫长的过程。人们现在至少明白，把教育理念神化是没有多大价值的，把它虚化也是没有意义的。一种正确的教育理念，不仅具有理性思考的内涵，而且需要有能被感知的物化的外延。

而课程图谱正是教育理念物化的典型表现。这是因为：

第一，提出课程图谱，是建立在一定教育理念基础上的，教育理念在课程图谱的形成和发展中起到了催化作用，可以说，没有教育理念的灵魂，也就不会有课程图谱的实践样态。

第二，教育理念的可视化，需要物化的结构状态。再好的教育理念，如果缺少物化的环

节和过程，人们接受起来就会有浮萍之感，似乎不接地气。而课程图谱，让教育理念的物化成为可以看得到的东西。在以往的课程说明中，人们大多看到的是用大量文字集合起来的“语言堆砌”，而在现在的课程图谱中，不仅可以看到呈现方式的立体化、可视化，而且可以感知课程架构内蕴含的教育理念的物化的内蕴。课程图谱，就是用课程的元素、图谱的样式，让教育理念“开口说话”、“开窗看景”。

第三，教育理念的物化，也是教育发展到品质阶段的必然需求，而课程图谱的出现，正适应了这种品质要求和发展趋势。

2. 教育手段的更新

课程图谱的时兴，应当说是教育发展尤其是教育手段发展的一种必然现象，是与现代教育技术全面融入教育领域密切相关的。随着“读图时代”的到来，可视化及其技术不可或缺。可视化因其将数据、信息转化为一种形象化的视觉表达形式，充分利用了人们对可视模块快速识别的自然能力，以形象化的姿态接受大众的解读。

3. 课程领导的呼唤

课程领导，是指在课程建设领域，通过对课程理念的再深化、课程功能的再认识、课程设置的再架构、课程结构的再优化、课程实施的再推进，来实现课程的高瞻远瞩与脚踏实地。

近年来，教育工作者真切体会到提升课程领导力在学校课程建设和核心素养培育上的引领作用。提升课程领导力，是强化校长驾驭的课程领导能力，是优化教师掌握的课程执行力，是增加学校期望的课程影响力的一项工程，有着十分现实的意义和长远价值。

课程图谱的出现，与提升课程领导力的催化有着千丝万缕的关系。对课程领导力的研究与探索越深入，就越会发现课程对学校优质发展、教师专业发展和学生幸福成长的重要作用，以至于在课程的品质上显现办学的水准和程度。而课程图谱，就是课程领导力在课程建设上的“左右手”。

二、课程图谱的实践演绎：促进课程领导力的再跃升

1. 课程图谱的实用意义

课程图谱在教育界的走俏，不仅有着“读图时代”的背景因素，而且有其本身的内涵驱动，实用意义远高于象征取向，是“形似”与“神似”的完善结合。

正因为课程图谱的实用意义，在上海，课程图谱已越来越被教育行政部门、办学主体、教

育人所接纳、所热衷、所研究。上海的黄浦区、闵行区都启动了对课程图谱“布点式”和“全面推进式”的研究。这些探索和实践，一方面表明当下课程建设的不断深化，系统化、科学化、特色化学校课程建设成为当下课程开发与实施的永恒主题；另一方面表明课程图谱成为学校课程体系建设的一个新的“触点”和“生长点”，是学校课程实践的内生性需求。

大体而言，课程图谱的实用意义，不外乎这样几个方面：

第一，课程图谱，在很大程度上激发了教育行政部门、办学主体重新审视课程的热情，在课程建设理性认知和实践的深化上有实用意义；

第二，课程图谱，在一定程度上找到了用符合时代特征、借助现代技术提升课程品质的路径，在课程建设视角和多元的拓宽上有实用意义；

第三，课程图谱，在相对程度上回归了教育的本源和课程的本义，在课程建设的核心和要义的提升上有实用意义。

2. 课程图谱的实际作用

课程图谱受到青睐，是因为其实际作用真正被开发了出来，在实践中真正产生了效用。在国内最早开始探索课程图谱的上海中学，正是以破解创新人才早期培育难题的“智慧术”和国际视野下课程建设的“图谱汇”而方显示其优越与厚重、作用与影响，在实验探索与有效做法上不仅处于领先地位，而且引领了国际视野下创新人才早期培育与学校课程系统建设，促进了教育从大走向强。

该校形成以高选择性、现代性为重点的培育课程架构，借鉴 IB 等国际课程经验，按照学科群思想，构建纵向衔接、横向交叉的学校课程图谱。学校课程图谱分资优生德育课程子图谱、学习领域课程子图谱、优势潜能开发课程期望子图谱三大部分。2008 年形成第一版，之后又推出了 2010、2012、2014 三个提升版，与时俱进。

3. 课程图谱的实践导向

课程图谱，从表面上看，似乎是为课程结构的完善而打造，为课程的外显形态布局，但细细分析，不难体会到这其实是一种实践的导向。

优质的课程图谱，就是学校课程的一面旗帜，就是理念的一种向标，就是实施的一种导航；优质的课程图谱，就是育人的一种昭示，就是结构的一种明示，就是内涵的一种启示。如图 3－1 所示，就是一例。

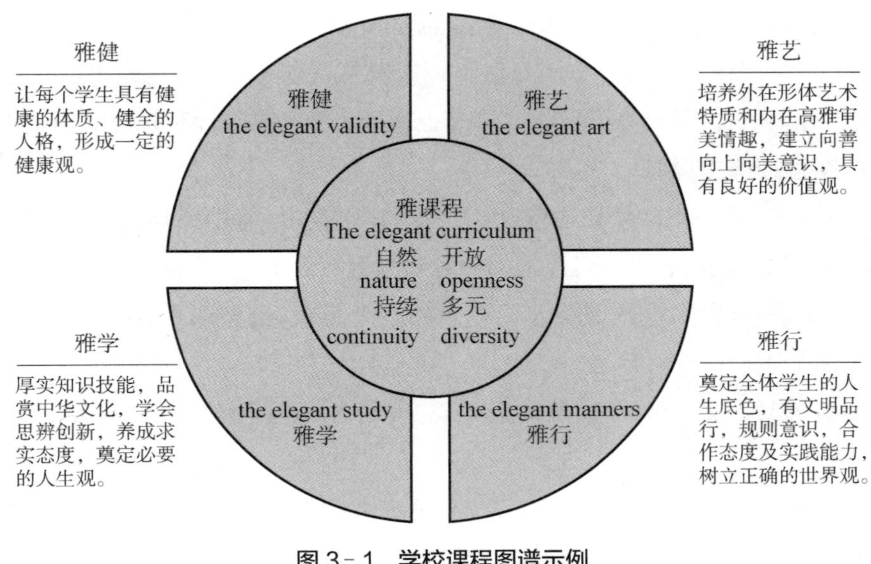

图 3－1　学校课程图谱示例

三、 课程图谱的内涵掂量：提升课程领导力的再深化

课程图谱，以课程为元素，以推动课程建设为主旨，有其自身的内在规定性，也有其与课程价值判断相关的繁衍性，这些对课程图谱走向品质化具有奠基意义。

1. 课程图谱的工具价值

作为课程建设的“利器”，课程图谱能被教育界认同，其工具性的价值显得尤为突出，因为图谱的本性和本貌，为课程的完美体现创造了“物质基础”。

在现代教育中，随着技术突飞猛进的发展，利用技术的便利、快捷和一目了然的特点，提升品质和效率，清晰面貌和轮廓，已成为一种常识和常态。

课程图谱的工具价值，既有受现代技术驱使的客观因素，也有受现代理念孵化的主观因素，当两者美妙地融合在一起时，就会以一种全新的形态展现出来，同时工具性的价值也会自然地呈现出来。

作为一种新技术工具，为了提升教育质量，促进教师在课程开发中的合作与最大化参与，提高学生的成绩，许多大学开始利用课程图谱进行教学、课程开发以及学生评价。

如悉尼大学提出了将课程图谱与电子档案袋作为一种新技术在音乐教师进行课程准备中运用。墨西哥一所特殊学校运用课程图谱帮助聋哑儿童发现自己潜能。

美国阿肯色州州立学校开展了课程图谱改进学校的作用及效果研究，相关研究证明，课程图谱在提升学生成绩与教师工作满意度方面有积极的影响，其特别的价值在于根据每个学区不同的课程需求提供极大的灵活性，同时也达到了教师参与课程建设的预期水平。

2. 课程图谱的衍生辐射

认知课程图谱，是一件有意义的事，因为在课程建设中，能用课程图谱的思路、概念、结构、表达形式去谋划，就代表了其对课程的理解和驾驭达到了一定程度。

由课程想到课程图谱，这是课程建设理念的一大飞跃，也是课程意识的一种觉醒，更是课程架构的一种创新。

课程图谱的思维，是一个开放性的思维，也是一个综合性的思维，更是一个前瞻性的思维。

如今，课程图谱，以一种顺其自然的方式，渐成共识的趋势，走进教育领域的“视角”，走进学校内核建设的“视野”，走进师生成长的“视线”。我们坚信未来课程图谱必将在提升学校课程的品质和能力、清晰学校课程的面貌和轮廓上，成为学校课程建设的一种常识和常态。

2. 课程图谱的系统思维：构建学校课程矩阵

教育综合改革正进入“深水区”，而课程改革是教育综合改革的重头戏。目前，提升课程领导力和指向课程建设核心地带的课程图谱，正以一个崭新的视角和样态，以“星火燎原”之势走进了学校课程顶层设计和实践的视域，受到了教育界的关注和青睐。

课程建设引入课程图谱，最大的亮点在于能以系统的思维来实现课程设置的科学、规范和有效。通过课程图谱这一载体，运用“系统观”来谋划课程，就使原来一些难解的老问题有了新的破解之路，犹如“柳暗花明”，使学校课程系统更具品质。

课程图谱并不是简单的课程＋图形，也不是一种浅表的课程外在包装，其必然有丰富的内涵，而课程图谱的内涵，是界定、影响课程图谱的“因子”。从某种意义上说，课程图谱是与教育宏观、课程中观和使用主体微观相联系的一种课程表达，对它的核心演绎，能让人更进一步了解其质地、关联和价值。

一、 课程图谱构建的三观布局

课程图谱，是课程的图示化，是对课程系统的各部分的联系与组织，要从宏观、中观和微观三个层面进行思考与布局。

宏观层面，主要思考课程的整体结构，处理好各类课程之间的关系，如国家课程、地方课程与学校课程，必修课与选修课，学科类与活动类，分科与综合等不同类型课程之间的关系。

中观层面，主要处理某种课程类型中各具体科目的构成与相互关系，比如必修课开设哪些科目、各科之间的关系等。

微观层面，主要思考学科内部的结构，重点关注每门课程（学科）的内容如何进行设计和编排。

对学校而言，在课程编制中要解决的最核心的问题是，如何在国家或地方对课程结构既定要求的前提下，立足于学校课程目标，形成具有学校特色的课程结构，这也是课程图谱的作为之地和生长空间。

二、 课程图谱为学校课程系统“穿针引线”

学校课程系统，是学校为达成育人目标而架构的基于学生在校学习时空的所有活动总和。而当我们用语言来描述这一系统时，往往会感到力不从心，甚至不知所云。即使能够描述这个系统，说者和听者脑中形成的也往往不是一回事。

1. 学校课程系统的“结构化”

学校课程系统，作为学校在一定时期内相对稳定的课程结构，理应在校长、教师、学生的头脑中烙下共同的“图景”。因此，如何建构学校课程系统，如何富有逻辑而又清晰地表达这一系统，课程图谱就是一个可视化的“穿针引线”的绝妙“工具”。

如果说，一门门课程是一个个街景的速写，那课程图谱就是一幅完整的课程生态地图，也是学校课程系统导航的“GPS”。它实现课程由无序到有序、由分散到整合、由点到面的系统配置、优化发展，体现出课程的整体性与层次性，这就是系统的力量。

2. 学校课程系统的“谱系化”

课程图谱的优势，在于凸显课程系统内在的逻辑性，串起课程系统中课程与课程之间的关联，引出课程广度、深度和梯度的协同感，对学校育人目标的有效达成具有至关重要的作用。有或没有“系统”的课程，是大不一样的，就如下图所示(图 3－2、图 3－3)，一个是杂乱无序，零敲碎打；一个是结构清晰，系统架构。

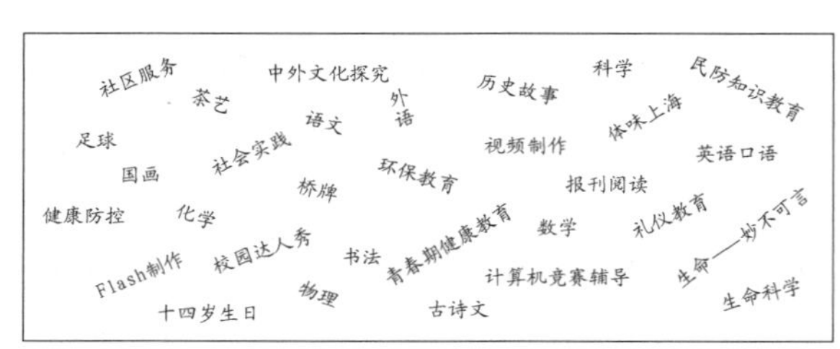

图 3－2　没有“系统”的学校课程

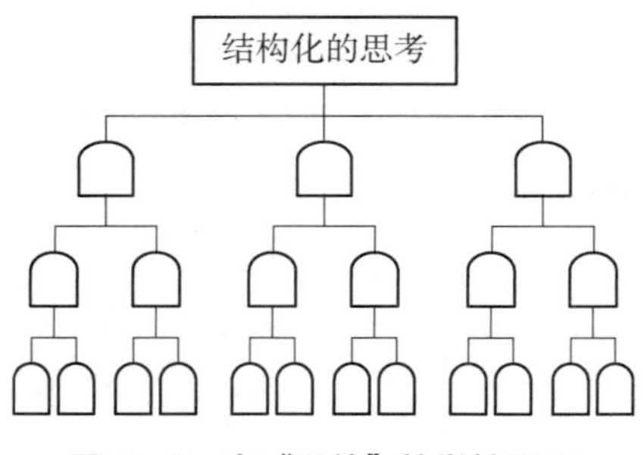

图 3－3　有“系统”的学校课程

三、 课程图谱为课程量体裁衣“架设经纬”

1. 课程图谱的“要件”

系统离不开“要素”、“连接”和“目标”，这同样适用于课程系统的构建。对于学校课程而言，思考课程图谱建构的主要维度和视角，也是基于学校课程系统的三个构成“要件”——基本“要素”、内部“连接”、系统“目标”，具体可细化为 12 个元素，进而构成学校课程图谱矩阵(图 3－4)。

模块/主题	科目/课程	课程群/领域	课程子系统
课时分配/科目比例	开设顺序	修习方式	课程类型
模块/主题目标	科目/课程目标	课程群/领域目标	育人总目标

图 3－4　学校课程图谱矩阵

这一矩阵的优势是实现了课程横向组合与纵向贯通，通过横向或纵向连接，将大量的碎片化课程，从独立的、松散的状态，组建成“有组织的整体”。这样形成的学校课程图谱，既互相关联，体现出结构性、联动性，又相互独立，体现出个体性、独特性。

2. 课程图谱的构成

如果将学校课程图谱矩阵进一步拆解，其构成是这样的：

（1）基本“要素”——模块/主题、科目/课程、课程群/领域、课程子系统。

其中，最小构成单位是“模块/主题”，然后逐级向上，由若干“模块或主题”组成“科目或课程”；若干“科目或课程”组成“课程群或学习领域”；若干“课程群或学习领域”组成学校“课程子系统”，最后若干“课程子系统”支撑起整个学校课程系统。

这些基本“要素”，把学校各种课程活动与内容衔接起来，形成有机的关联，犹如课程的“经纬线”，搭建出课程图谱的深层结构。

（2）内部“连接”——课时分配/科目比例、开设顺序、修习方式、课程类型。

课程图谱的内在“连接”主要通过“课时分配/科目比例”、“开设顺序”、“修习方式”、“课程类型”等，各种课程要素之间建立“连接”，形成了学校课程系统的内部有机关联（图 3－5）。有时候这种“连接”也未必一定要标注在课程图谱上，可以隐藏在背后的思考中。故下图“连接”这一“要件”用虚框来表示出来，而人们大多时候直观看到的是实框的“要素”与“目标”。

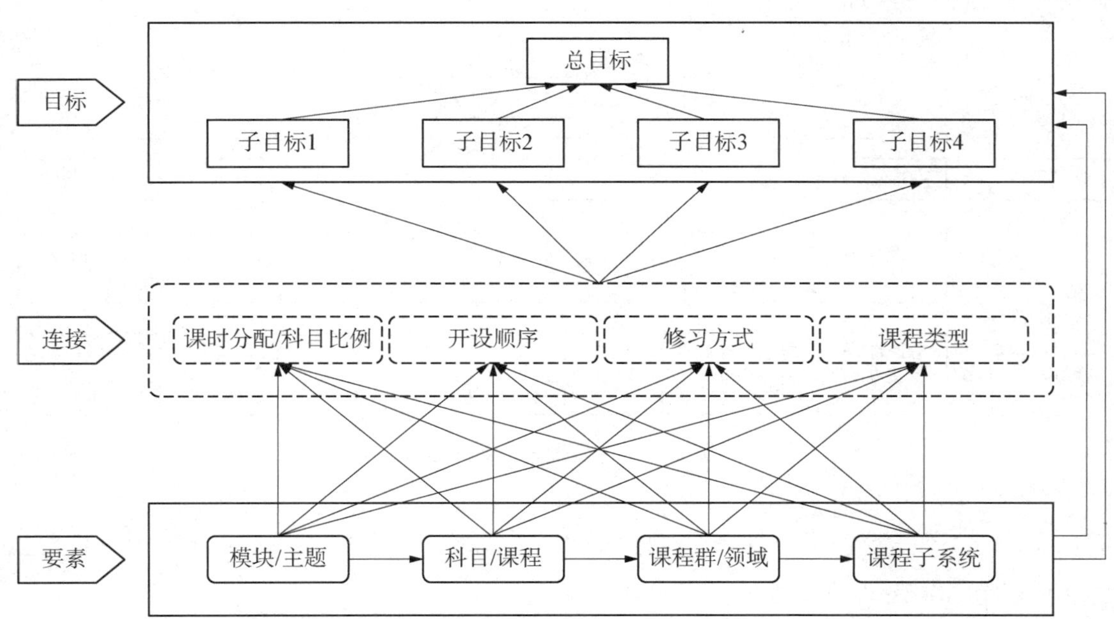

图 3－5　学校课程图谱“要件”关系图

① 通过“课时分配”、“开设顺序”建立模块内部、科目内部与课程内部之间的连接(如图3－6),“连接”重在“衔接”,强调事物头尾相互接连在一起。

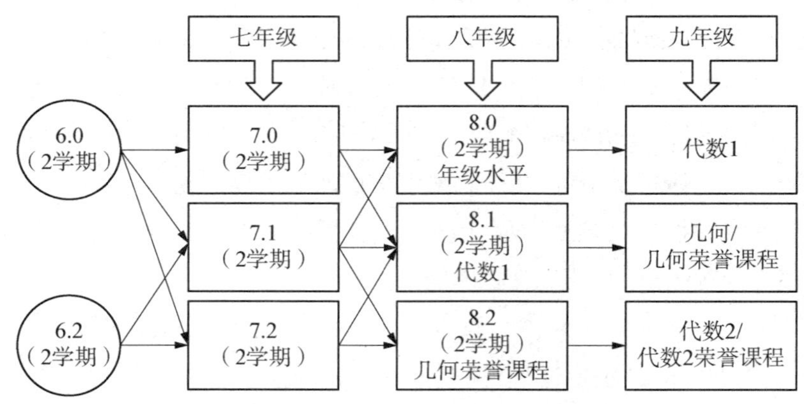

图3－6　数学课程图谱（美国加州克里滕登中学）

② 通过“科目比例”、“修习方式”建立课程之间的关联(如图3－7),“关联”重在“联系”,强调事物之间有密切联系。

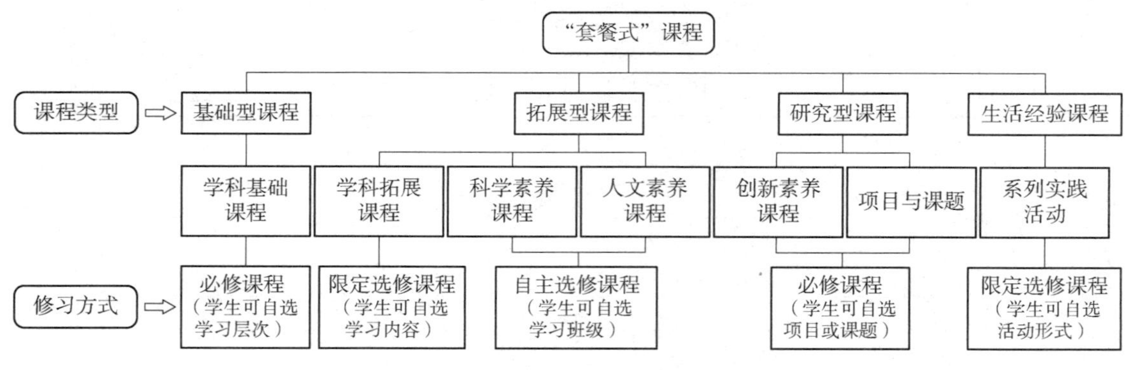

图3－7　“套餐式”课程图谱

③ 通过“课程类型”建立课程系统内部的联结,“联结”重在“结合”,强调有一种中间物质将几种事物结合、融合在一起。

(3) 系统“目标”——模块/主题目标、科目/课程目标、课程群/领域目标、育人总目标。

“目标”是系统中最不明显的部分,但却是最关键的决定因素。系统“目标”的构成,也是逐级而上的，从小目标到大目标。这些目标之间具有层次性、递进性和发展性，最终指向学校总的育人目标。

上面这12个元素，是构建课程图谱时要考虑的。当然，所有元素未必都直接呈现在一张课程图谱里。

3. 课程图谱的特征

横向来看，构成课程图谱的“要素”和“目标”，都是渐进发展的，由低到高，逐层递进，体现内部的逻辑性。

纵向来看，从“模块”到“课程体系”每一“列”，都是由“要素”“连接”到“目标”三个要件构成的有机体，是一个逐渐综合的过程。需要注意的是，“连接”中的四个元素，是没有先后顺序的，可以与上面的任何一个要素连接。比如“科目/课程”这一要素，其“连接”方式，可以是课程分配，也可以是各科目在总的课程系统中所占比例，还可以是采用某种修习方式(必修还是选修)，或者是课程类型(基础型、拓展型、研究型，分科、综合)等。

整体来看，学校课程图谱，凸显学校课程内部各构成要素及其相互关系，包括学科门类、各学科的比例关系、开设顺序、课时分配、修习方式等，使之“横看成岭侧成峰”，呈现课程系统之完善。

在课程图谱中，不乏一些具有思考深度的学校优秀案例。以上海中学本部课程总图谱为例(如图3-8)，其构建体现了“要素”、“连接”和“目标”这三个“要件”，并进行了具有层级的架构。

课程图谱的第一个层级，聚焦学校的育人目标“志、趣、能交融”，构建由德育课程图谱(指向“重立志”育人目标)、学习领域课程图谱(指向“重激趣”育人目标)与优势潜能开发课程期望图谱(指向“重潜能”)三个子图谱。三个子图谱既各有侧重，又相互联系。

课程图谱的第二个层级，从课程功能的角度，将课程划分为“基础”和“发展”两种类型，三个子图谱都分为基础型与发展型两部分。

课程图谱的第三个层级，从课程类型的角度，将课程划分为相应的类别。如德育课程分为认知、实践、体验、反思四类；学习领域的发展型课程分为“知识拓展、视野开阔、解析探究、应用实践”四类。

课程图谱的第四个层级，列举具体的科目名称或科目涉及的内容领域。如“创新实践服务——CPS课程”、“数学符号的起源和发展”等。

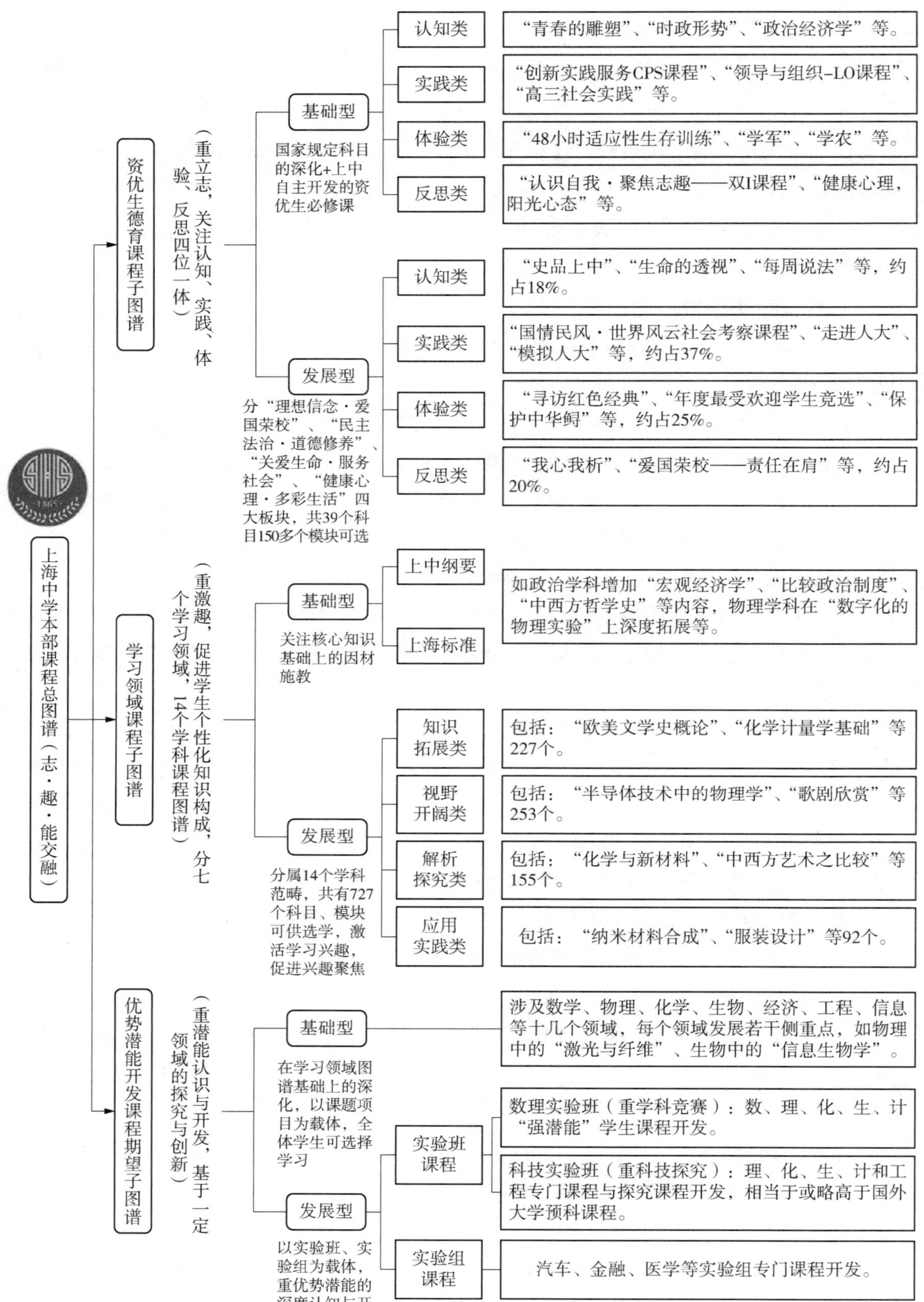

图 3－8　上海中学本部课程总图谱

四、 课程图谱为课程纵贯横通“深层演绎”

课程图谱的深层结构，从组织形态来看，主要有两种架构方式，一种是横向组织（水平组织），一种是纵向组织（垂直组织）。

1. 课程图谱“横向组织”的十种形态

课程的“横向组织”，也称“水平组织”，是指课程内容或学习经验相互之间的关系，关注横向的统整，强调打破学科之间的界限和传统的知识体系，以便让学生有机会更好地探索社会和个人最关心的问题，并主张用“大观念”、“广义概念”和“探究方法”作为课程内容组织的要素，使课程内容与学生校外经验有效地联系起来。Fogarty 提出的横向组织的十种形态（见图 3－9）在实践中被广为应用。

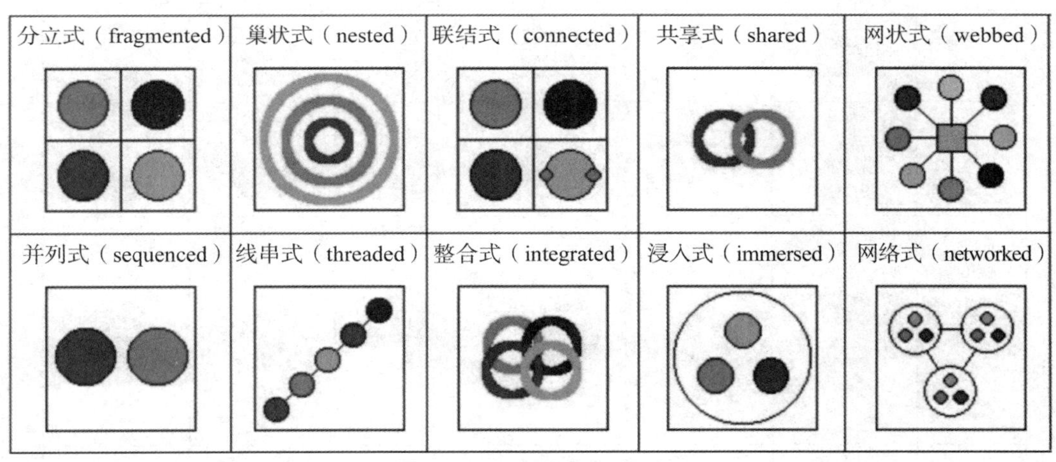

图 3－9　课程横向组织的十种形态

以清华附小“1＋X”课程整合为例，学校秉持“儿童站在学校正中央”，在指向核心素养的课程深度整合上，设计了“1＋X 课程”体系，既强调学科的独立性，又强调学科之间的整合，以主题统领的方式实现了学科内外相关知识、能力的有机融合，培养学生的核心素养。

“1”：指整合后的国家基础型课程。将原有国家课程中的各个学科分类整合，形成四大门类，即“品德与健康、语言与阅读、科学与技术、艺术与审美”。“X”：指个性化发展的拓展型课程。形成既遵循儿童在基础教育阶段的普遍认知特点，同时又体现“清华烙印”的校本课程及个性化拓展型课程。“+”不是简单的加法，而是促进“1”与“X”相辅相成，达成“1”和“X”平衡或增量或变量。“1”与“X”相结合，共同达成学校“十个一”的培养目标。

2. 课程图谱“纵向组织”的三种形态

课程的“纵向组织”，也称为“垂直组织”、“序列组织”，是指按照某些准则，以先后顺序排列课程内容，更关注课程内容或学习经验的顺序性、连续性、纵向关联。课程的“纵向组织”，又包括三种形态——“直线型课程”、“螺旋型课程”、“阶梯型课程”。

（1）直线型课程图谱。该类型图谱在课程内容的排列上，一般按照由浅入深，由易到难的原则，环环紧扣、直线推进，避免重复的排列方式，对解决课程内容逐渐增加与学生学习时间和精力有限的矛盾问题具有重要意义。

学期 年级	秋季1	秋季2	春季1	春季2	夏季1	夏季2
七	非洲	沙漠	日本地质构造	热带雨林	南极洲和极地沙漠	天气事件
八	大城市	河流	人口	经济活动	海岸	冰川
九 十	自然灾害	城市变化	海岸	热带雨林	沙漠	河流
十一	水&能量	尼日利亚	伯明翰	开发	气候变化	技能

图 3-10　地理学科直线型课程图谱

图 3-10 所示的课程图谱，采用了直线式的课程组织方式，课程的内容选取了城市问题、世界发展、环境问题、河流和危险等一些影响世界的重大问题，让学生了解社会、经济和物质力量以及塑造和改变我们生活的世界的过程，引导学生学习一些非常实用的新技能，如现代计算机制图（又称地理信息系统）、地图技能、解释照片、演讲、角色扮演和辩论技巧，并通

过撰写报告来提高读写能力，在交流时运用算术技能，在实地考察中体验一些所掌握的东西。

（2）螺旋型课程图谱。该类型图谱指在不同学段中，使课程内容重复出现，逐渐扩大内容的广度并加深内容难度的组织方式。其中，前面呈现的内容为后面内容的基础，后面内容是对前面内容的不断扩展和加深，层层递进螺旋上升。显而易见，螺旋式课程与儿童思维发展过程更相符，是依据学习的巩固性原则，采取螺旋上升的排列方式，为学习者提供了一套具有逻辑先后顺序的概念组合，目的是促进其认知能力的发展。

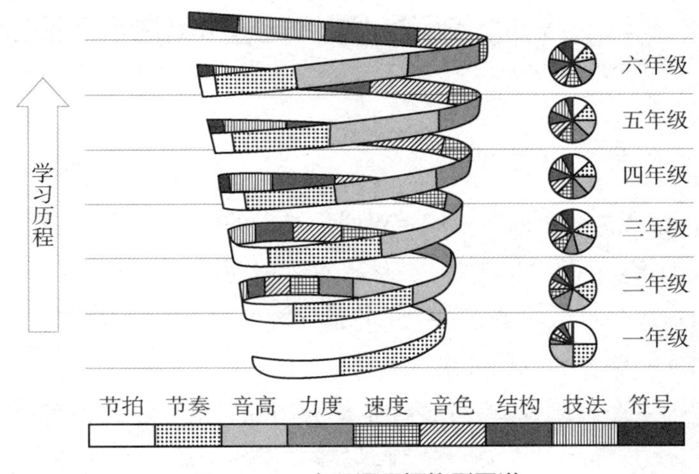

图 3－11　音乐课程螺旋型图谱

图 3－11 所示的是国外一所小学的音乐课程图谱，采取了螺旋递进的组织方式，在相邻的两个以上主题、单元、年级或阶段里安排主题相同但深度或广度不同的内容，以便让学生逐步深入学习。从图谱中可以看到，不但年级间的教学内容是递进的，同一年级各课程间的教学内容也是螺旋上升的，这种螺旋递进式课程较好体现了学生的成长成才规律。

（3）阶梯型课程图谱。该类型图谱是按照学生发展的动态水平层次和课程内容的难度高低，进行分解、梳理后，由简单到复杂，从低级到高级排列成一道波浪式上升的阶梯，从而在课程实施中帮助学生跃上一个又一个阶梯，一步步把预期的教育结果内化为学生的发展成果。

阶梯型课程强调各层次知识之间的横向与纵向相互联系，强调课程的广度、深度和进度与学生的发展水平之间的适切性，课程内容多层级的安排与学生发展个别差异之间的适切性，有助于学生的能动发展。如上海市黄浦区卢湾第二中心小学构建的“阶梯式智慧型”课程，该校根据学生年龄特征及智慧成长规律，从“有理想学做人、有智慧会学习、有能力勤探究、有个性能发展、有情趣懂生活”等方面落实阶梯式智慧型课程目标，构建了阶梯式智慧型课程图谱。

3. 课程图谱的谱系架构：渗透学校课程肌理

近年来，课程图谱正大步跨入区域或学校课程建设的“核心视域”，成为学校顶层设计的“课程利器”。课程图谱，是以学生为出发点，以育人目标为指引，通过课程元素的“纵向连贯”与“横向连结”，形成具有系统性、层次性、完整性的课程系统，并以图文融合的形式，呈现课程系统的结构与实施路径的一种可视化工具。

如果将教育视为一个旅程，应该有一些简单易用的工具为学校课程建设提供指南和指明方向，课程图谱就是这样一种工具。绘制课程图谱，是一件有意义的事，因为在课程建设中，能用课程图谱的思路、概念、结构、表达形式去谋划，就代表了其对课程的认知、理解、设计和实践达到了一定高度和深度。课程图谱显现出来的状态往往能反映课程现状，优质的课程图谱，因渗透了“课程肌理”，融入了“可视化表达”，在内容传递上更为舒展，在逻辑体系上更为严谨，在表情达意上更为生动，在传播接纳上更为亲民，在视觉享受上更为愉悦，是学校课程专业化设计的一种昭示。

一、课程图谱的“核心特性”

课程图谱的“系统思维”和“多姿样态”，展现了课程建设走向品质化、学术味、实效性的特点，而这正是撬动课程优化的“支点”。

下面是一所学校制作的课程图谱，从中我们不难领会此中蕴含的课程“韵味”——一幅基于在地文化“散发着草根味儿”的“百草园”课程画卷，如图 3 - 12。

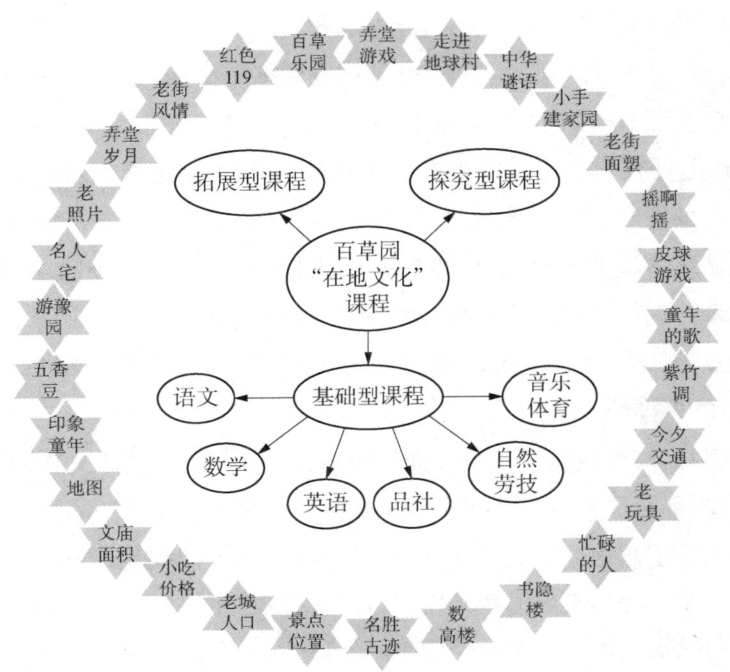

图 3－12　百草园“在地文化”课程图谱

显然，一个有品质的课程图谱，都具有核心价值、内涵底蕴和外显特征。而形成这种优势或特点的是课程图谱蕴含的核心法则，其实就是主导课程图谱的关键特征。核心法则，是课程图谱的内在“舵心”，也是课程系统构建要坚守的底线标准。

1. **课程图谱的整体性**

课程图谱的整体性，表现在这样几个方面：一是具有整体教育的内蕴，就是把制作课程图谱作为学校整体育人的课程指南，根据教育的属性判断课程的价值，根据教育的本质构建课程的布局，根据教育的意义建立课程的联系。从教育学出发的课程图谱，应当深深地打上教育学的烙印。二是有整体育人的视野，就是把制作课程图谱视作“课程站位”和“育人定位”的融合，着眼于育人，着手于课程，在全面育人上夯实地基，在过程育人上坚定方向，在前瞻育人上收获未来，通过课程的整体设计，更突出整体育人的主旨。三是有整体课程的意识，就是把制作课程图谱视作一次全方位构建系统课程的探索，不是把一门门课程简单地相加，而是通过整体观、系统论将各门课程有机地串连起来，在整体课程的共同“旗帜”下实现课程间的要素“集合”。

2. **课程图谱的均衡性**

课程图谱的均衡性，可从以下几个方面考量：一是基于教育方针全面落实的均衡性要求,实现德智体美劳“五育”的平衡与互补。学校课程系统,其实就是“五育”系统及其付诸实践,把握这个大方向,是实现均衡的前提,也是体现均衡的必需。二是着眼于全体学生共同成长的均衡,从有利于每一位学生的成长出发,不放弃一位学生,也尽可能地不让一位学生掉队,在课程构架上具有均衡、公平、普惠教育的内涵,坚持这个原则,是使课程图谱具有更多地关照全体学生的意味。三是体现全体学生共同成长与每位学生个性发展的均衡,在普遍与独特上找到课程落实的出处,让学生在共同成长中各取所需。四是在差异性与层次性上坚守规律的均衡。课程内容的选择和组织要建立在认知科学、心理学等基础上,符合青少年身心发展的特点,着眼于不同基础、不同方向和不同层次学生发展的需要。

3. 课程图谱的多样性

课程图谱的多样性,可从以下几个方面加以考虑:一是社会对人才需求的多元化,不仅表现为数量的多少,而且关系到门类的齐全,甚至还有人才的规格和品质方面的需求,课程图谱制作时将社会需求作为其中的一个因素,在客观上起到为人才培养的多元化提供课程途径。二是不同学生对课程需求的多元化,需要提供与之相适应的课程,而课程图谱的多样性,集中表现为聚焦、满足不同学生的个性学习,因此除了全体学生的共同基础外,满足不同学生的个性需求,事实上对课程图谱有着更多的期待。三是课程门类的丰富,为多样化课程释放空间,也使课程图谱的多样性得到体现。

4. 课程图谱的选择性

课程图谱的选择性,在很大程度上由以下这些因素决定:一是教育“以人为本”的理念的融通。制作课程图谱,坚持以人的发展为本,坚持人的发展的唯一性,就能释放较大的自由空间,提供给学习者选择的可能。二是“因材施教”教育原则的催发。课程图谱的选择性,源于“因材施教”的教育法则,如头脑中缺少这根弦,满足于大一统的灌输,那就很难有选择性的作为,甚至会产生选择性是造成混乱的原因的错误判断。三是对求异思维的宽容。选择,是一种判断,是一种取舍,是一种掂量,课程图谱的选择性,强调多向选择、多维选择、多元选择。

5. 课程图谱的独特性

要使课程图谱产生独特性,以下几个方面是必须有所涉及的:一是课程图谱的立意比一般来得高,独树一帜,就是高举大旗的,有高的定位,有远的前方。二是课程图谱的丰富性比一般来得强,蕴藏厚实,不仅结构完善,而且关联契合,“横看成岭侧成峰”。三是课程图谱的个性比一般来得浓烈,骨感强烈,不仅性格鲜明,而且标新立异,给人深刻印象。

6. 课程图谱的适切性

影响课程图谱适切性的因素,分析起来,不外乎这样几种:一是符合时代需求和社会发展趋势，能搭准脉搏，贴近人、自然、社会的“相交圈”。二是满足人的成长和发展需求，有自我革新、自我生长、自我扬弃的活跃因子，能贴近人的成熟、成功、成就的轨迹。三是与教育现实有着密不可分的贴近感，课程的有用性往往就是针对性。

二、课程图谱的“组织形态”

课程图谱，既是学校面貌的“画像”，也是学校课程的“画布”，纵横交织，把经线和纬线有机地“织”在一起，实现课程从无序到有序、从分散到整合、从点到面的系统关联。课程图谱的构建，要遵循课程的要素和逻辑，通过纵向组织或横向组织，抑或纵横交织组合，勾勒出课程内部的深层结构和形态。

1. “横向组织”：编织课程经线

课程图谱的“横向组织”，是课程要素之间横向的连接，从而使课程内容或学习经历之间发生关联。这符合现代课程观，体现了课程越丰满，交叉点就越多，建构的关联也越多，随之意义也就越深刻。横向组织，从学科界限明确与否的角度来看，包括“单一学科”、“跨学科”和“超学科”等横向组织形态，如图 3－13 所示。

单一学科横向组织，是单一学科内的重新组合、拓宽、加深(如图 3－13－A)，如将同一学科相关内容加以整合，设计为较大的学习单元，这种形态形似“鸟巢”。

跨学科横向组织，是学科间的统整，以“主题”为中心，通过相关主题使多学科教学内容相互配合，或者针对共同主题，使多学科教学内容交叉融合(如图 3－13－B)。这种课程组织，学科边界依然清晰，常以一种主题为中心，时下流行的“大主题”的课程整合，就是此种形态。

超学科横向组织，是以与学生生活经验相关的“问题/议题”或“能力”为中心(如图 3－13－C)，将与之相关的各学科的知识、经验、活动等组织起来，以达成一定的学习目标。这种课程不考虑学科的分界，时下流行的“大观念”的课程整合，就是这种组织形态。

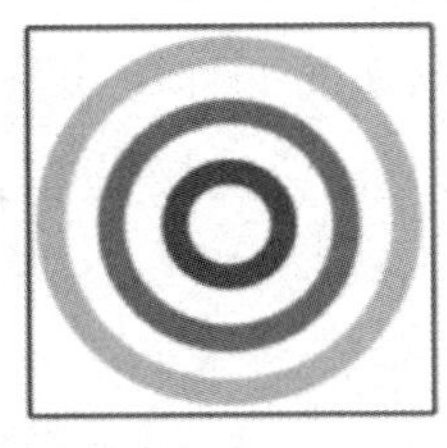

图 3－13－A

图 3－13－B

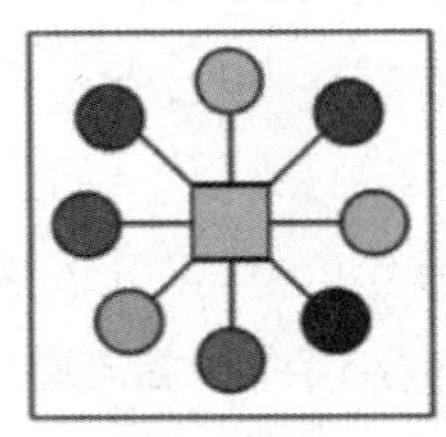

图 3－13－C

图 3－13　学科横向组织的常见模式

以小学三年级“水世界”为主题的课程图谱为例，如图3－14，这是一个横向组织的课程形态。该课程融入了六个学习领域，其中，语言文学领域，设计了用语言文字来表达水的概念和用法；艺术与人文领域，设计了与水有关的歌谣、绘画、舞蹈、舞台剧；数学学习领域，设计了比较水的重量等相关的学习活动；社会领域，包括户外的探究自来水厂活动，使学生有实际的体验等。这六个领域的内容设计，都紧扣“水世界”这一主题来展开，既体现了每一学习领域内学科的各自特征与属性，又通过学习领域间的横向联系与相互配合，拓展了教学的宽度与容量，使学生能从不同维度、不同视角进行探索，进而对“水世界”有了更加全面、立体、深入的理解和体验。

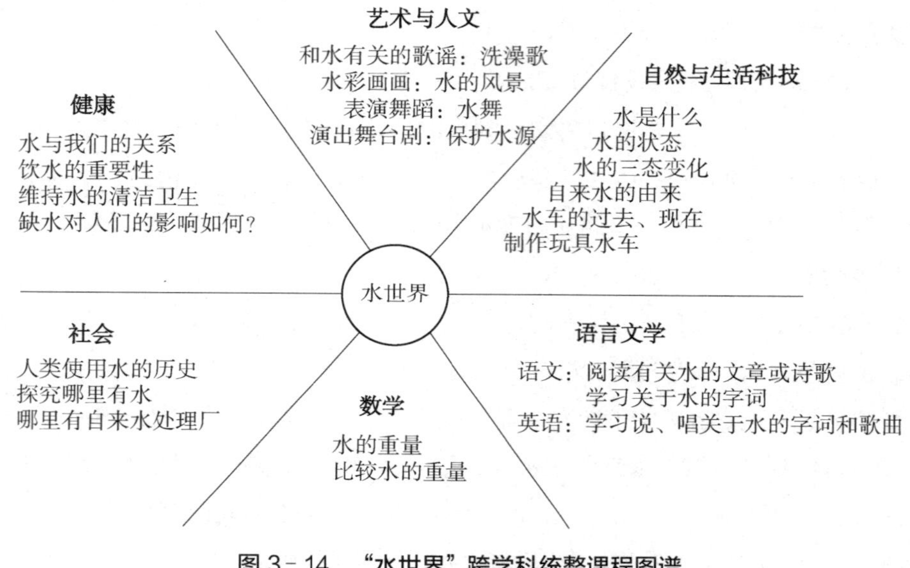

图3－14　“水世界”跨学科统整课程图谱

“水世界”课程图谱，是一个非常典型的跨学科横向组织的形态，呈现了一个由多领域课程构成的横向连结。围绕共同的主题“水世界”，以丰富的生活题材和多维的学习领域来连结并统整学习内容，融合各种学科知识，形成多领域共建的有意义的课程单元，打破了传统的壁垒森严的学科界限。经过横向整合，建立课程之间的联系要比单纯接受单个知识或单门课程更具重生价值，提升了学习的意义、效率和深度指向。

2. “纵向组织”：编织课程纬线

纵向组织，关注课程内容或学习经验的先后顺序，强调学科知识的组织要贴近学生身心发展规律，以最大限度地促进学生学习，具有鲜明的顺序性、连续性和关联性的特点。

其中,“顺序性”指的是“有前才有后”,前面的课程内容是后续内容的基石,后续内容要在前面基础上难度加深、内容加广。“连续性”指的是课程内容在不同学习阶段的发展性重复,而不是简单地反复。“关联性”指的是课程内容要在知识与技能层面形成递进式的前后关联。课程图谱的纵向组织呈现直线式课程、螺旋式课程和阶梯式课程三种形态。

(1) 直线式课程形态。其在课程内容的编排上,依照由浅入深、由易到难的原则,呈现环环相扣、直线推动的形态。直线式课程相对于其他课程形态,更具有精致集约的特征,可以最大限度地在有限时间内学习更多的课程内容。

在国外,小学普遍使用尤里卡数学(Eureka Math)课程图谱,如图 3－15 所示,其课程内容包括“数字与操作”、“测量、数据和图形”“分数与小数”三大板块,其课程内容在整个小学阶段呈现直线分布形态,每个年级大约 6—8 个模块,每个模块内容的学习时长根据内容多少来确定,内容也是直线推进,少则 5 课时,多则 40 课时(板块的长短显示学习的时长)。比如,“数字与操作”的学习,一年级是 100 以内的数字加减(4 个模块),二年级是更大数字的加减以及运用加减法解决土地的计算问题(4 个模块);三年级是乘除法(2 个模块),四年级是运用乘除法测量(3 个模块)。每一模块的学习,还包括自主学习课和小组合作课。尤里卡数学课程图谱,不仅仅呈现了数学学习的课程内容和先后顺序,更重在引导数学教学如何实施,即帮助学生精通数学,运用数学知识来解决实际问题,并理解解决问题背后的数学原理。

(2) 螺旋式课程形态。顾名思义,是课程内容以一个固定点开始向外逐圈旋绕的螺旋式上升的组织方式而形成的、常采用学期(单元)单位的螺旋、学年单位的螺旋和学段单位的螺旋,因此课程内容层层递进,内容逐步加深、加广、加难,这与儿童思维的发展和认知能力的发展规律相符合。

螺旋式课程形态的典范是蒙台梭利课程。以美国明尼苏达州拉玛琳学校的蒙台梭利课程图谱为例,如图 3－16 所示,学校课程呈现了这样一些特点:课程都是相互关联的、课程从具体走向抽象、课程从全局出发,不断深化。从中,我们看到学校的课程被划分为单独的科目,包括数学、语言艺术、外语、历史、艺术、日常生活技能等科目,这些科目主题在每个学段是需要重新探索学习的,呈现螺旋式上升发展的趋势。每个科目给定的主题只考虑一个特定的年级水平。在低年级,课程是简单而具体的,到中年级和高年级,多次重新引入这些课程主题,但是抽象程度和复杂程度有所提升。

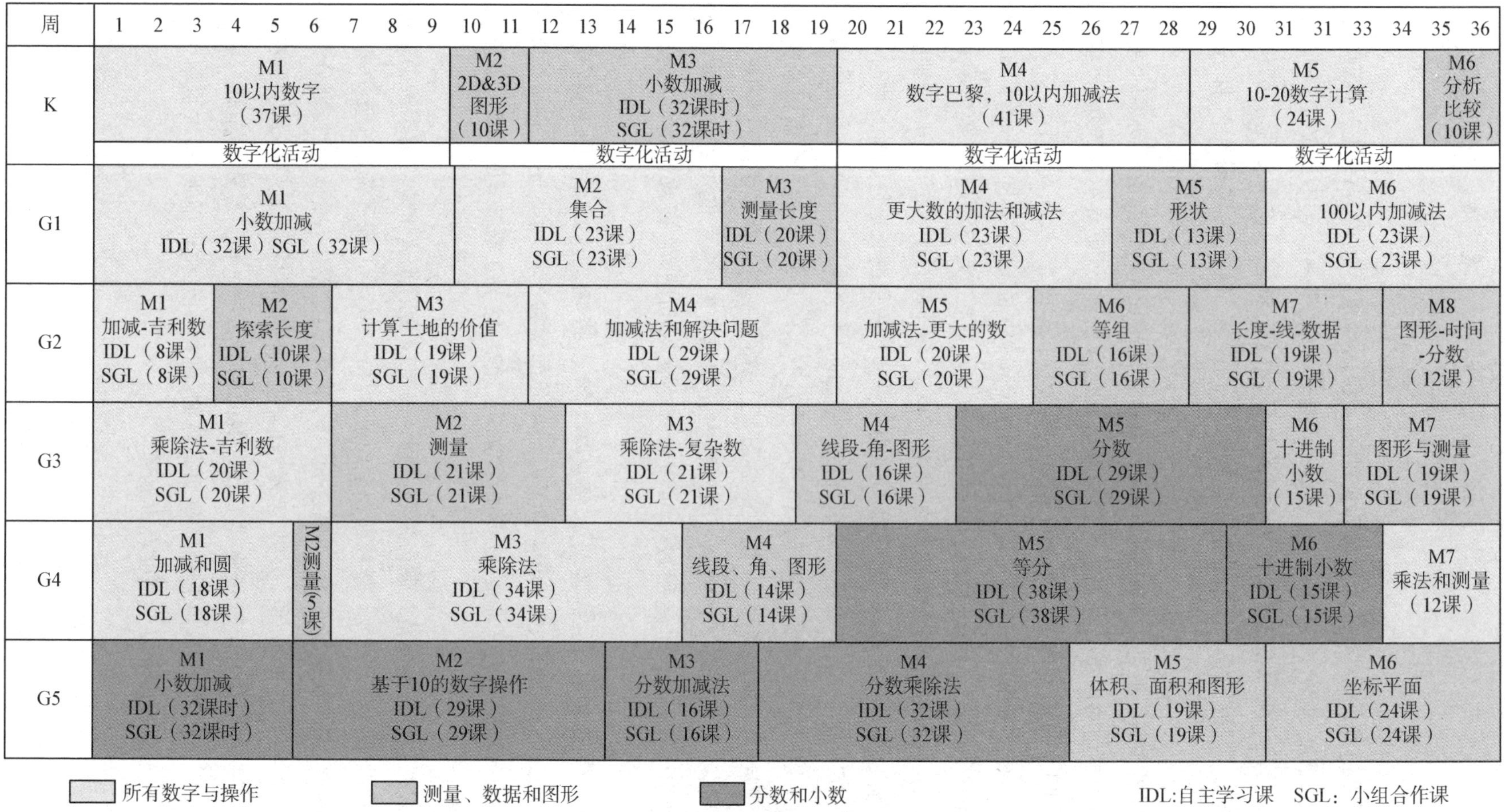

周：1 2 3 4 5 6 7 8 9 10 11 12 13 14 15 16 17 18 19 20 21 22 23 24 25 26 27 28 29 30 31 31 33 34 35 36

周								
K	M1 10以内数字（37课）	M2 2D&3D图形（10课）	M3 小数加减 IDL（32课时）SGL（32课时）	M4 数字巴黎，10以内加减法（41课）	M5 10-20数字计算（24课）	M6 分析比较（10课）		
	数字化活动	数字化活动		数字化活动	数字化活动			
G1	M1 小数加减 IDL（32课）SGL（32课）	M2 集合 IDL（23课）SGL（23课）	M3 测量长度 IDL（20课）SGL（20课）	M4 更大数的加法和减法 IDL（23课）SGL（23课）	M5 形状 IDL（13课）SGL（13课）	M6 100以内加减法 IDL（23课）SGL（23课）		
G2	M1 加减-吉利数 IDL（8课）SGL（8课）	M2 探索长度 IDL（10课）SGL（10课）	M3 计算土地的价值 IDL（19课）SGL（19课）	M4 加减法和解决问题 IDL（29课）SGL（29课）	M5 加减法-更大的数 IDL（20课）SGL（20课）	M6 等组 IDL（16课）SGL（16课）	M7 长度-线-数据 IDL（19课）SGL（19课）	M8 图形-时间-分数（12课）
G3	M1 乘除法-吉利数 IDL（20课）SGL（20课）	M2 测量 IDL（21课）SGL（21课）	M3 乘除法-复杂数 IDL（21课）SGL（21课）	M4 线段-角-图形 IDL（16课）SGL（16课）	M5 分数 IDL（29课）SGL（29课）	M6 十进制小数（15课）	M7 图形与测量 IDL（19课）SGL（19课）	
G4	M1 加减和圆 IDL（18课）SGL（18课）	M2测量（5课）	M3 乘除法 IDL（34课）SGL（34课）	M4 线段、角、图形 IDL（14课）SGL（14课）	M5 等分 IDL（38课）SGL（38课）	M6 十进制小数 IDL（15课）SGL（15课）	M7 乘法和测量（12课）	
G5	M1 小数加减 IDL（32课时）SGL（32课时）	M2 基于10的数字操作 IDL（29课）SGL（29课）	M3 分数加减法 IDL（16课）SGL（16课）	M4 分数乘除法 IDL（32课）SGL（32课）	M5 体积、面积和图形 IDL（19课）SGL（19课）	M6 坐标平面 IDL（24课）SGL（24课）		

所有数字与操作　　测量、数据和图形　　分数和小数　　IDL:自主学习课　SGL：小组合作课

图 3-15　尤里卡小学数学课程图谱

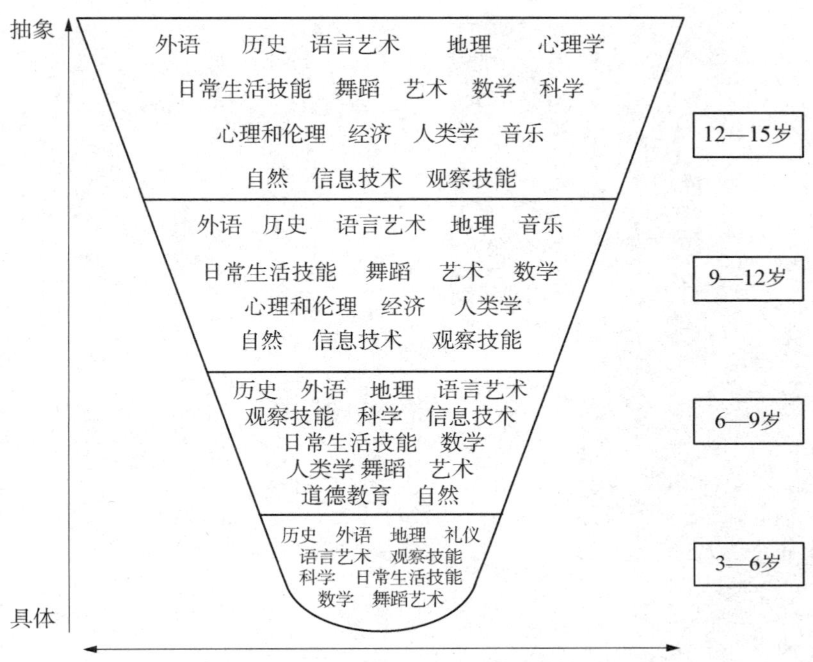

图 3－16　明尼苏达州拉玛琳学校的蒙台梭利课程图谱

(3) 阶梯式课程形态。犹如登山之阶梯，其课程组织遵循从低到高、从简到繁的阶梯式上升规律。阶梯式课程强调课程的深度和进度要与学生发展水平相匹配，与学生发展个体差异相适切。

以上海市卢湾第二中心小学的阶梯式智慧型课程图谱为例，如图 3－17 所示，该校从语言、视觉创想、数字游戏、音乐旋律、运动文化、人际交往、探索自然和成就自我这八大维度，横向构成八大系列。纵向上，把每个系列的课程架构了三个阶梯——初阶、中阶和高阶，分别面向一、二年级，三、四年级和五年级的学生，形成阶梯式课程。每一系列都根据课程难度和小学生身心发展规律，“从知识与技能、过程与方法、情感态度与价值观三个维度，按照能力的复杂程度和品质的内化程度，形成阶梯式目标”，搭建了具有递进关系的课程阶梯，并确保每个阶梯对应的每种智能类型、每个系列中，学生都有若干种课程可供选择，极大地满足了每位学生自主“配餐”的课程需求。

<table>
<tr><td></td><td></td><td>口语交际
（五年级）
新寓言
Scrabble
（中级）
金话筒星当家
新闻播报
外教英语
（五年级）
国际音标</td><td>黑白画
摄影小记者
电脑动画
奇妙的想象
（高级）</td><td>金贝贝学
贸易</td><td>快乐123
（高级）
弦乐
（高级）</td><td>小精灵舞蹈
（高级）
围棋
（五年级）
篮球（高级）</td><td>我们
共同
的世
界</td><td>电子
世界
(高级)</td><td>头脑风暴（高级）</td><td>博物馆日</td></tr>
<tr><td></td><td>口语交际
（三、四年级）
六朝清谈
Scrabble
（初级）
金话筒星当家
新闻小记者
外教英语
（三、四年级）</td><td>疯狂电影
摄影小记者
奇妙的想象
（中级）
手中的精灵
（中级）
电脑动画（中
）级书法</td><td>生活中的
数学
机器人
金贝贝学
经济</td><td>快乐123
初级
弦乐
中级
爵士鼓</td><td>小精灵舞蹈
（中级）
围棋
（三、四年级）
篮球（中级）</td><td>中华
百家姓
环游中国</td><td>电子
世界
(中级)</td><td colspan="2">心灵避风港
头脑风暴
（中级）</td><td>博物馆日</td></tr>
<tr><td>口语交际
（一、二年级）
童话王国
卡通故事
英语儿歌
外教英语
（一、二年级）</td><td>创意象形字
奇妙的想象
手中的精灵
（初级）
银海拾贝
硬笔书法
十字绣</td><td>思维训练
（一、二年级）
学做小当家</td><td>快乐大舞台
弦乐
（初级）</td><td>小精灵舞蹈
（初级）
围棋
（一、二年级）
篮球（初级）</td><td>礼仪
FOLLOW ME</td><td>生物万象</td><td colspan="3">心灵鸡汤
头脑风暴
（初级）</td><td>博物馆日</td></tr>
<tr><td>语言</td><td>视觉</td><td>数字</td><td>音乐</td><td>运动</td><td>人际</td><td>自然</td><td colspan="3">自我</td><td></td></tr>
</table>

图 3－17 上海卢湾二中心小学阶梯式智慧型课程图谱

3. 纵横交织：编制课程全景

上述的课程横向组织和纵向组织，构成了课程图谱的丰富的课程形式与样态。当然，二者并非对立，在实践中往往是有机结合。一个好的课程图谱，一定是运用“系统观”来谋划课程，将独立的、松散的碎片化课程通过纵向组织和横向组织，编织成一幅“横看成岭侧成峰”的课程全景。因此，纵横交织的组织方式在学校课程图谱建构中运用也是最普遍的。

以上海市上海中学为例，学校历经 150 年办学征程，近十年来，一直把课程图谱作为全力推进和发展学校的关键抓手，从 1.0 版到 2.0 版、3.0 版的迭代更新，以国际视野来建设学校课程的“图谱汇”。如前文中图 3－8 所示，展示了上海中学本部课程总图谱，清晰反映其国际视野和课程的发展性。

上海中学的课程图谱，聚焦“志、趣、能交融”的育人目标，以选择性和现代性为原则，构建了与之匹配的“德育课程”、“学习领域课程”和“潜能开发课程”三个课程子图谱。为了充分尊重学生“差异”，每一个子图谱纵向分解为“基础型＋发展型”两个课程层级，体现课程的“纵向衔接有序”。横向分解为“认知”、“实践”、“体验”、“反思”四种类型的课程，体现课程内容的“横向贯通交融”。

应该说，上海中学课程图谱很好地回应了学校课程体系构建要回答的三个基本问题：学校课程要培养什么样的人？需提供哪些课程内容来支撑育人目标的达成？怎样组织这些课程内容和学习经历？这一课程总图谱，以纵横交织的编织方式凸显了学校课程体系的高度与深度、广度与厚度，呈现了课程图谱的系统之美、特色与品质。

课程图谱已成为当下课程体系构建的一个新的“触点”和“生长点”，是学校课程内生性发展的实践需求。在学校从特色课程逐步走向特色办学的过程中，课程图谱彰显出来的学校课程体系的系统化、特色化、个性化，将成为学校办学的强有力表达，需要不断在创生中持续探索与突破。

4. 课程图谱的复盘迭代：助推学校课程升级

构建课程图谱是一个不断深化认识、接近课程理想愿景的过程，不可能一步到位，需要不断“复盘”审视，以求得准确；需要逐轮“迭代”，以获得提升。从某种意义上说，这道功夫，足见思维，足够分量，足有价值。

“复盘”，是对课程图谱的“检验”，保证“产品”尽可能达标、合格，为实施提供方向性保障，需要系统检测；“迭代”，是对课程图谱的“升级”，保证“产品”尽可能优质、前瞻，为落地实施提供质量性护航，需要换代提升。两者存在着互补、依存的关系，是完成课程图谱的后道工序。

课程图谱的复盘，是 360°的复盘，即以全方位、全过程、多角度的思维，从建构之初的原点出发，对已成型的课程图谱，进行从原点到终点的 360°的审视，来检测这样的课程体系是否经得起推敲、是否能引领学校的课程方向、是否与学校的课程发展阶段相匹配、是否经得住课程实践的检验等。因此，主动复盘就是自我审视的第一步。只有通过复盘，进行梳理、检验、修正，才能完善下一步，周而复始，不断向上迭代。

一、静态分析：基于规准与逻辑

课程图谱本质上是构建课程系统，对系统分析有效的方法就是把它分解拆开，进而逐步分析、理解，找到可能存在的问题。

静态分析，是将整体拆分为部分，再逐一地聚焦在各个部分上，由大到小，逐步观察它的结构、功能和联系。它有助于全面地思考问题，有助于找到问题后，找到解决的着力点，有助于做到对任何问题都能胸有成竹。

1. 全面对照：是否符合“相关规准”？

要从“规准”层面，对课程图谱做第一步的考问和判定。即寻找参照系进行对照，可参照已颁布的课程方案、课程标准、课程计划等课程文本和行政文件，作出判定。如果发现“硬伤”或“违规”，是零容忍的，务必要坚决改正。可考虑的视角如下：

① 是否符合国家教育方针与教育政策？

② 是否符合已颁发的课程方案？

③ 是否符合已颁发的学科课程标准？

④ 是否符合已颁发的市级层面的学校课程计划？

⑤ 是否符合已颁发的相关课程与教学的要求？

⑥ 是否符合国家和省、市已颁发的与教育相关的指导文件？

2. 大局考量：是否符合“教育价值”？

要从“大局”层面，对课程图谱做第二步的考问和判定。即所构建的课程图谱，是否具有专业性，是否具有教育性？可深入探究的视角：

① 是否能按照促进学生个性发展需要和社会对多样化人才的需求架构“课程图谱”？

② 课程设计是否基于学校办学理念，所架构的课程结构是否能凸显育人目标的达成？

③ 课程内容是否符合已经确定的课程目标？是否面向全体学生？是否考虑到学生差异？

④ 课程内容的排列顺序是否基于心理学、教育学等原理？是否符合学生身心发展特征？

⑤ 课程设置是否联系社会实际，联系学生的生活世界？

⑥ 课程是否具有弹性和适切性？是否具有丰富性、选择性和递进性？

"全面对照"和"大局考量",都是从基于"相关规准"的视角,对课程图谱进行价值判断。

3. 逻辑自洽:是否符合"课程逻辑"?

要从课程的逻辑层面,对课程图谱做第三步的考问和判定,即从通法通则、结构等方面,看课程的构建是否与课程基本的逻辑相符合,是否能"自圆其说"。可以考虑如下两个方面:

(1)基本判定:是否符合基本的"通法通则"?

要从"通则通法"层面,对课程图谱做考问和判定。即所构建的课程图谱,是否具备一个"好图谱"的基本要素?是否符合建构的基本法则?对这些方面考问和判定,是谋求课程图谱改进的基础。需要思考的一些核心问题有:

① 能否构建适切的课程体系以最大限度地实现学校育人目标?

② 能否在课程体系构建中,聚焦学生成长发展,提升学生的核心素养?

③ 能否提供多样化、高选择性的课程,以满足学生多维度的学习需求和学习兴趣?

④ 能否找准学校课程发展的生长点,呈现学校课程变革的路线?

⑤ 能否通过课程实施和评价佐证课程系统的合理性与良性运行?

(2)关键分解:课程是否走向"结构化"?

要遵从"课程逻辑"来思考,这是对课程图谱复盘最关键的一环,通过分类、分解、分层,把注意力聚焦在课程图谱的内部结构和组成上,以全面地了解图谱的构成和组成要素是否逻辑自洽,是否缜密周全,是否分解到位。需要思考这样一些问题:

① 为什么要把课程从"这个"维度进行分类?

② 从"这个"维度进行分类后,课程图谱的框架是否稳固和完整?

③ 课程框架中的下一层级是否能支撑上一层级?

④ 上下层级之间的"类"与"类"之间是什么关系?是并行关系、递进关系,还是什么关系?

⑤ 同一层级的"类"与"类"之间是否存在重叠、交叉或遗漏,是否符合 MECE 原则?

⑥ 如果有重叠、交叉或遗漏等逻辑问题,应该怎样调整?

当然,这种对课程逻辑的思考不是漫无目的发散,而是以解决问题为导向。要始终思考如何分解才能更加有效地去分析问题、解决问题,更快地抵达问题的根源。同时也不是随意拆解,而是通过结构化的方式,更加精确地细化和聚焦。

二、动态分析：基于过程与证据

如果说静态分析，是对图谱文本本身进行分析与查找问题，那么动态分析，则是对课程图谱在课程实施中和实施后暴露的问题和不足，进行信息采集和分析。动态分析，是按照时间先后、步骤先后来分段，然后将需要调整的部分进行优化。其核心是研究课程图谱的整个生命周期和运行机制，包括阶段、流程、活动、步骤、方法、排序等，以全面了解课程图谱在不同阶段表现出来的状态特征。

如果说静态分析主要考虑层级之间的逻辑，解决的是“What”和“Why”，那么动态分析主要考虑环节之间的顺序与关系，解决的是“How”。静态分析主要使用逻辑图，动态分析主要使用流程图。

表 3-1 静态分析与动态分析比较

	静态分析	动态分析
研究核心	分类、分解、分层	阶段、步骤、方法
主要差异	考虑层级之间的逻辑	考虑环节之间的顺序和状态
解决的问题	What、Why	How
采取形式	逻辑图/树状图	流程图
应用阶段	课程图谱设计后	课程图谱实施中

1. 基于“过程”的动态分析

用“流程图”进行动态分析。首先通过流程线和时间线，先梳理清楚课程图谱的各类课程及子课程在实施过程中是如何交互和协同的；其次聚焦到这些课程的具体实施环节和步骤，进行更加细化的流程拆解；再次针对每个流程再去思考如何采集证据，如何分析与优化。

在动态分析的过程中，为了使分析更具有指向性，按照课程实施的“前、中、后”三个主要阶段，每个阶段要核查的核心问题是不同的，如表 3-2 所示。通过这些问题，要思考并回答课程的组成、要素与结构，以前是怎样的、现在是怎样的、有何变化以及变化的原因与逻辑。

表 3-2　基于“过程”的动态分析各阶段核查清单

三大阶段	核查的核心问题
实施前	① 课程图谱是否和学校育人目标具有一致性？ ② 课程图谱的结构是否基于规准与逻辑？ ③ 课程图谱是否得到了学校上下各层面的认同和支持？ ④ 教师的专业素养是否胜任开发“课程图谱”中的课程？
实施中	① 学生对开设课程是否感兴趣？满意度如何？ ② 课程范围和难度是否符合学生的需要与水平？ ③ 不同类型的课程所占的比重是否合理？ ④ 在实施中是否强调了某些课程，而淡化了另外一些课程？ ⑤ 课程资源能否支持“课程图谱”中的课程所需？ ⑥ 课程图谱在实施中是否可行？可行性占比有多少？ ⑦ 实施中出现了什么问题？应该在哪些方面做出改进？
实施后	① 课程图谱中的结构和分类是否合理？ ② 这些课程是否真正反映了学校的教育哲学？ ③ 课程图谱实施后有没有达到预期的育人目标？ ④ 课程图谱中的课程是否全部、真实开设？ ⑤ 课程图谱是否真正被学生、教师接受？ ⑥ 课程图谱是否正在产生或能够产生预期的结果？ ⑦ 课程图谱有哪些成效与不足？

2. 基于“证据”的动态分析

寻找已经实施的课程证据，是检验、佐证课程图谱是否可行最有说服力的利器，也是后续课程图谱迭代升级的重要依据。基于证据对课程图谱进行动态分析，是为了改进，这将有利于促进学校自觉地追求和实现课程育人目标，推动学校课程设计、改进和完善。

需要强调的是，对课程图谱证据的采集，不是在构建好以后，而是在启动构建之初，就有意识地、持续地采集相关真实证据，并纳入课程图谱制作的前、中、后阶段。只有全面、全程的数据，才有比较的意义和价值，才能看出是否有变化，以及这些变化与图谱有怎样的关联度，进而为课程图谱的迭代升级提供准确的事实判断。

为提高检测的实践效度，证据的采集，要多主体、多渠道、多角度。如表 3-3，展示了信息采集的方法。可以通过调查问卷、座谈、个别访谈、观察、听课与查阅文本等多种方式，倾听课程专家的意见、家长的意见、社区的意见。最重要的是，要倾听学生和教师的反馈意见，了解学生对课程的满意度，因为教师和学生直接参与课程实施，最了解课程的实际状况和利弊。

表 3-3　基于“证据”的信息采集主体、内容与方式

多元主体	采集内容	采集方式
学生	教育需求；出席率和参与率； 学生作品；对课程的满意度；	学生问卷调查；课堂观察； 与学生的谈话；
教师	科目方案；教学计划；教案； 教学反思；意见和建议；	专题座谈；专题教研活动； 听课；评课；
同伴教师	听课笔记；教研活动记录； 教研活动后的评价和反馈；	专题展示活动；专题教研活动； 专题座谈；听课；评课；
家长	意见和建议；	家长的听课和反馈； 家委会建议；
社区	意见和建议；	交流；书面文件；
课程专家	改进建议；	专题展示活动；专题教研活动；听课；评课；
教育部门	课程与教学视导的意见和建议； 督导的意见和建议；	课程计划；科目方案；听课；

信息采集后，要整理、甄别、判定。信息，并不是证据，要分析哪些是可以作为证据用来对课程图谱的可行性进行佐证的；哪些是质性资料，哪些是定量资料；哪些资料前后部分可以互相印证，或无法相互印证，要发现其中的问题，最后形成结论和发展建议。为了便于整理，可以按时间分类、主题分类、主体分类，也可根据实际需要来分类。

三、课程图谱的复盘“方法论”

课程图谱的复盘，旨在归纳可复用的“方法论”。“复盘”只是手段，根本的目的是通过“复盘”，逐步完善图谱架构背后的系统思维。如果说以往我们是强调“经验”的总结，关注的是“怎么做”，是实施和操作的一整套举措或模式，它往往具有情境性，难以复用。这也是许多好学校的课程图谱，无法直接拿到另一所学校使用的原因。现在我们转向关注“方法”的归纳，聚焦的是“怎么想”，是关于系统构架的内在逻辑、思考视角与执行流程，是任何一所学校都可迁移和复用的，即面临一个新的课程问题，“方法论”能够帮助理清课程建构的思路和底层逻辑，引导我们建立“为什么”、“做什么”、“怎么做”的系统链。如以下这样一些常见问题：

- 当时有何感受？
- 当时如何寻求帮助？

- 当时如何解决问题(冲突)?
- 从中学到了什么?、
- 这些经历产生了怎样的影响?
- 它是如何帮助我/我们成长的?

对上述问题的思考与复盘,帮助我们努力地向上提炼、归纳与升华,形成可复用、可辐射的方法论,这就是复盘的真正价值。那么,如何在完善课程图谱的历程中,归纳出可复盘的“方法论”呢?可以尝试从向内和向外这样两个维度切入。

1. 向内复盘

向内复盘,将课程系统构建的经验、操作进行记录、归纳和多维度复盘。比如:

① 当时是如何思考、设计和实施的?

② 有哪些可以优化的地方?

③ 它们可以如何整合起来?

基于学校的真实课程状况,对这些问题再思考,将有助于在不断寻求、反思实践中清晰课程的“何为”、“如何为”、“如何更好为”的空间,为课程图谱的迭代做好准备。比如,学校当时遇到了什么困难,背后问题的根源是什么?如何解决这一问题的?问题解决后获得的经验是什么?

2. 向外复盘

向外复盘,即不断扩大课程思考的外延,吸取新方法、新路径、新策略,不断迭代升级。比如:

① 可以创造什么场景或情境去试验它?

② 可以如何优化使其操作层面更有可能性?

③ 如果它和某个点或线建立联结,将会怎样?

当然,也可以在这样的思考之上,继续向下深挖、细化、发问,以上面的“如果它和某个点或线建立联结,将会怎么样”为例:

① 如果与上位课程融合,会怎么样?

② 如果与办学理念融合,会怎么样?

③ 如果与传统基础融合,会怎么样?

④ 如果与发展趋势融合,会怎么样?

⑤ 如果与信息技术融合,会怎么样?

经历这样的反思,不断拓展系统思维的联结点,破解课程问题将变得越来越游刃有余。

以华师松江实验中学的“原创音乐剧课程”为例，来展现该学校是如何在十余年中经历了从“无中生有、有中生新、新中生优、优中生特”的课程迭代之路的。学校从 2006 年第一部校园原创音乐剧《美丽地平线》诞生，到 2017 年第七部音乐剧《在云间等你》，原创音乐剧走过了十余年，课程的实践硕果累累。

说起华实初中的“原创音乐剧课程”的起源，还有一段奇缘：在学校起承转合之际，与学校的一位音乐奇人一次不经意的谈话，让时任校长萌发了做校园原创音乐剧的想法，并提出“一部音乐剧，一种新德育；一部音乐剧，一种新追求”的课程理念。在随后十多年的音乐剧课程化的探索中，课程经历如下的升级：

① 课程理念升级：从“一部音乐剧，一种新德育；一部音乐剧，一种新追求”到“通过学生参与音乐剧课程的经历、体验，实现‘让学生更好地适应未来’”。

② 课程目标升级：从“关注个体”到“关注个体社会化”，再到“关注社会责任化”三个阶段。

③ 课程系统升级：从“零散的课程”到“一点三阶四维”音乐剧课程群的构建，如图 3－18：“一点”即培养全面发展的人；“三阶”指向三类课程，即基础型、拓展型和探究型课程；“四维”指向音乐剧的四个元素，即“创、编、排、演”。“一点三阶四维”音乐剧课程群，即将一部音乐剧的创编排演全过程融入到基础型、拓展型和探究型课程之中，终极目标是指向核心素养的培育。

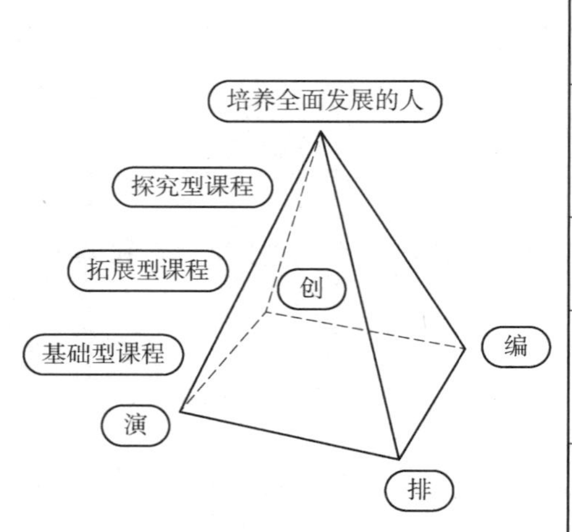

音乐剧课程群	基础	拓展	探究	核心素养
创	语文、艺术 自然科学 人文科学	剧本创作 服装道具制作 舞台背景设计	一部新的音乐剧创编排演全过程	人文底蕴 科学精神 学会学习 健康生活 责任担当 实践创新
编	人文科学 体育与健身	剧本写作 音乐填词编曲		
排	体育与健身 信息技术	剧本排练 舞蹈排练 摄影与图像		
演	语文 英语 艺术	朗诵与台词 演唱与乐器表演 舞蹈与形体表演		

图 3－18　“一点三阶四维”音乐剧课程群

④ 课程实施策略升级：从“有序进行项目开发”，到“全员参与课程实施”、“深度开发音乐剧资源”。

这一案例，展现了向内、向外复盘进而升级的课程实例：学校从萌生音乐剧课程的想法，到确定课程理念，升级课程目标，再到升级课程体系，完善课程实施策略与方法，展现了课程实践者是如何面对问题，解决问题，顺应外界课程要求的变化，寻找自身课程更新的契机，将其转化为内生的课程发展动力。每一次课程的复盘，都是为解决上一轮课程中的问题，经历了复现和反思的整个历程。

可见，对课程图谱的主动复盘，其实就是深度思考的过程，探求课程图谱背后的课程原理和课程逻辑；就是寻找证据的过程，探问课程图谱在实施过程中，有哪些证据能佐证经验或教训。通过复盘，这些都会浮出水面。这一过程，将进一步明确课程图谱更新升级的方向。

如果说，课改是一艘前进在风浪上的航船，那么课程就是学校航船前进的方向，而课程复盘就是学校课程系统的“乘风破浪”，是不断向前的内生动力，也是提升学校课程领导之道的积极行动。

第四章

学校课程的教学设计

让精准的教学展现课程的魅力

- 教学设计，是学校课程设计的实施“引擎”，也是实现学校课程设计目标的衡量指标，在课程设计的“最后一公里”中身价倍增。
- 教学设计，是对课程的思想设计的“落实”，是对课程的规划设计的“落位”。
- 教学设计，让学校课程设计既能托底，也能高攀；检验的是教学的经纬是否完整和贴切。
- 教学设计，注重教育思想的转化，由“教”转向“学”；注重教学理念的物化，由“技”转向“术”；注重教学方法的转化，由“灌”转向“疏”。

1. 以学定教的底层逻辑：指向“学”的核心要素

自上世纪 90 年代中期，我国基础教育掀起以“学法指导”为热潮的课堂教学变革，“以学定教”是便是其中的学法之一。“以学定教”打破了传统课堂“以教定学”的范式，这是具有开创意义的一项学与教方式的革新。虽然，仅仅是“教”与“学”两个字位置的调换，但彰显的却是一种教学理念的变化，是一种新的学与教关系的重建。

作为一种关注学生和学习的全新的教学主张，“以学定教”使课堂的焦点逐渐由教师、教学转向学生和学习。当时，对“以学定教”界定比较全面的是“以学生的身心发展素质为基础，以科学的学习规律为依据，以科学的学习方法为纲要，以发展思维、提高学习能力为主线，以素质充分发展为目标，以高效的学习思路为设计蓝图，遵循相应的教学原则，让学生在积极主动的学习活动中，建立合理的知识结构，获得科学高效的学习方法，形成较强的学习能力，养成良好的思维品质，促进身心素质和谐发展”。

进入 21 世纪，随着认知心理学、脑科学、学习理论的发展，人们对“以学定教”的认识有了更深刻、更全面的理解和把握，并赋予课改新的内涵与要求。“以学定教”中“学”指什么？“教”指什么？学与教的关系是怎样的？如何在课堂教学中处理好“以学定教”？这是在当下课改背景下与课程视野中要思考和探索的。

一、“以学定教”的核心要素及其体现的课程思想

以往，对“学”的理解，诸如前面的界定中所言，主要包括这些要素：“学生的身心发展”、“学习规律”、“学习方法”、“学习能力”、“学习思路”、“学习活动”。这些要素几乎涵盖了“学”的方方面面，从“学生”到“学习”，从“方法”到“能力”，从“思路”到“活动”，可谓考虑周备。对“教”的理解，一般主要从教学目标、教学方法、教学内容、教学环境等角度进行思考。

然而，在课程实施层面，“学”所包含的以上诸多要素又很难一一落实。原因就在于，在诸多要素中，缺少统领、整合的核心要素，因而也就很难构建起学与教的整体框架。因此，要达成新课程的课程目标，构成“学”的核心要素要能彰显“学”的关键特征，要具有牵一发而动全身之功能。通过对一线教学的观察与研究，笔者认为，“学”的核心要素主要包括“学习者

特征”、“学习内容”和“学习经历”这三个方面。抓住这三个要素，大体可以把握“学”的精髓和要义了。

1. 学习者特征分析

联合国教科文组织认为，学习者是提高教育质量的关键，应当把学习者置于教学过程的核心位置。因此，了解学习者的特征是开展教学首先要思考的。同时，在教学中还要对学习者的特征作出相应的反应。

对学习者特征的分析，其主要目的是了解学习者学习的准备状态，包括学习者在进行新的学习时，已有的知识、技能、情感水平和心理发展对新的学习的适合性，以确定新的学习的出发点。分析学习者特征一般可从三个方面入手，一是了解学习者的一般特征，主要是指学习者的心理、生理和社会的特点。二是了解学习者的起点，主要是分析学习者对所要学习的学科内容是否已经具备相关的知识与技能储备，以及对学习内容的态度如何。三是了解学习者的学习需要，主要是分析学生在学习过程中力求通过努力而达到的学业目标。

（1）学习者的一般特征分析

学习者的一般特征分析包括学习者在进行新的学习时，已有的知识、技能、情感水平和心理发展对新学习的适合度。心理学表明，每个学习者都充满求知欲，都有一种成就心理。教师备课时，如果能从学习者的心理发展水平出发，激发学习者求知的欲望、探索的情趣、攻坚的意志，使学习者形成一种积极的学习动机，就会使教学向预定目标发展。比如，小学生活泼好动、好奇心强，抽象思维能力差，形象思维能力强，厌烦那些枯燥、艰涩、难懂的概念，喜欢动手操作。教师应该高度重视并充分利用学生的这种积极的心理因素，根据不同的教学内容，设计出能够引发学生好奇心和求知欲的导语与操作内容导入新课、进行新知识的传授，以备学生的接受与掌握。

（2）学习起点分析

学习起点分析包括学生的预备技能、目标技能和学习态度。预备技能是学生在开始新的学习之前，已经掌握的知识与技能。目标技能是在教学目标中规定学生必须掌握的知识和技能。教师在课前准备中，通过分析学生以前学习过的内容、查阅考试成绩，或与学生、班主任及其他任课教师谈话等方式，获得学生掌握预备技能和目标技能情况。

对学习者特征的分析有助于从多元角度考虑学习者的多样性和不同的学习需要，认识到学习者是具有不同能力水平、学习方式和个性的个体。这也是满足学生“个性化学习”需求的教育发展的必然趋势。

(3) 学习者的学习需要分析

学习需要是指学习者学习方面目前的状况与所期望达到的状况之间的差距,也就是学习者目前水平与期望学习者达到的水平之间的差距,如图 4－1 所示。

图 4－1 学习需要分析图

对学习者的学习需要进行分析,即从学生现有的实际水平与我们期望的目标水平之间存在的差距来确定教学起点与教学终点,设计合适的教学目标,这直接关系到教学的有效性。对学习需要(差距)估计得太高,则可能导致课时教学目标过高,超过了一般学生的能力,并且导致学生产生畏难心理。对学习需要(差距)估计得太低,则会在学生已掌握的内容上或教学活动上浪费时间和精力,并可能导致学生产生厌学心理。确定合适的教学起点就是使课堂教学活动始于学生的"现有发展区"。

有效教学首先要估量学生对某一主题已经知道了什么,理解的程度如何,找到差距和解决的方法。学生的前理解很多来自生活经验形成的概念,有些是错误的,有些是不完善的,教学就要让学生把生活中的概念转变为科学的概念,让错误的或不完善的理解转变为正确的或完善的理解。

2. 学习内容分析

课程改革真正对学生产生明显作用的都是那些直接涉及学习内容的改革。学习内容分析以学生的学习结果为起点,并以学习起点为终点,这是一个逆向分析过程。即学习内容分析从学习需要分析所确定的总的教学目标开始,通过反复提出"学生要掌握这一水平的技能,需要预先获得哪些更简单的技能"这样的问题,并一一回答,一直分析到学生已具有的初始能力为止。

学习内容分析是根据总的教学目标,来规定学习内容的范围和深度,并揭示出学习内容中各个组成部分之间的联系,以实现教学效果的最优化。即解决"学什么"和"怎样学"的问题。对学习内容的分析,一般通过这样一些问题来思考学习内容的选择与确立,如学习内容与学生的生活经验或学习经验有何关系?学习内容如何能配合学科(或学习领域)的课程?教师如何根据学生的已有知识确定学习内容?教师希望学生发展的是哪些方面的知识或能力?有哪种知识或能力是基于这个学习内容的?在何种状况下,学生的知识迁移可能做得更好？通过这样的思考，目的是从学生学习现状与所确定的教学目标之间的差距中，确立教学的起点和学习的内容范围，这也是从学生的角度对学习内容的预分析。

3. 学习风格的分析

学习风格是学生感知不同刺激并对不同刺激做出反应而产生影响的所有心理特性，是学生持续一贯的带有个性特征的学习方式，是学习策略和学习倾向的综合。不同的学生拥有不同的学习风格，不同的学习风格在整体上反映了学习者的个性类型特征，在备课中，教师应针对学生学习风格特征，有针对性地选择教学策略，通过匹配教学策略与有意失配教学策略，有效地促进学生的发展。

例如，对场独立性的学生，培养与之匹配的注意策略时，应该根据学习材料让学生自己设计附加问题，自我提问，自我回答问题，达到自我控制与引导注意力的目的；而对场依存性的学生就需要教师通过个别指导，给学生设计附加问题，通过外部控制方式引导学生的注意力。根据学习风格选择矫正策略时，应注意让场独立性的学生参加小组学习或合作学习，让场依存性的学生学会自我控制，养成独立思维、自觉学习的习惯。教师在具体操作时，可以采用测定学习风格的量表来分析学生的学习风格从而帮助学生选择适宜的学习策略。

4. 学习经历分析

美国学者L·迪·芬克在《创造有意义的学习经历——综合性大学设计原则》中首次明确提出了“教学应为学生创造有意义的学习经历”的教学观。创设“有意义的学习经历”，将对学生产生“影响”，使学生因学习而出现“变化”。他认为“有意义的学习经历”具有过程和结果两个维度，这两个维度各有两个特点，见表4-1。

表4-1　有意义的学习经历的两个维度

过程	结果及影响
投入： 学生投入到学习中去	**意义的持续变化：** 课堂给学生带来了有意义的变化，这种变化在课程结束后，甚至在学生毕业后还将继续下去。
活力： 课堂里充满活力	**生活价值：** 学生所学的东西在课程结束后还将在他们的生活中具有价值，它们将提示学生生活的价值，使他们做好进入不同社会群体或进入工作领域的准备。

“有意义的学习经历”的价值取向是：学习不只关注获取知识的多少，更关注培养能力的多少；学生在学习过程中是否有参与表达的机会，通过教师的组织学习，学生是否对所学的知识真正感兴趣；学习的想象力有没有拓展，在规定的时间内，是否掌握了获得知识的过程

和方法。

因此,“有意义的学习经历”的创设需要考虑学习内容的生活化、社会化,需要考虑实践能力和创新能力的应用,需要考虑基础知识和思维的应用。

二、“以学定教”的实践路径及策略

“以学定教”要求从学生的需求出发,从学生“学”的实情出发,使“教”为“学”服务,并引发教学上的一系列回应,这充分体现了新一轮课改“以学生为主体”、“以学生的发展为本”的理念,也是对传统“以教定学”的教学方式的颠覆。如何在教学实践中,有效落实“以学定教”,我认为以下实践路径是可以尝试的。

1. 要了解学生已有知识以作为教学的切入点

例如,要通过诊断式前测,寻找适当的数据分析方法,来收集学生对学习内容的不同理解,找出学生的已有知识和误解,并以此作为教学的切入点,而不是盲目地按照规定的教学内容来设计教学,从而提升教学的实效。

2. 要了解学生在学习新知中可能产生的难点和障碍

教师应针对这些困难适当调整学习内容,选择适合学生特点的教学方法,从而突出重点,突破难点。学生常会受直观或既有知识的影响,对于某些学科内容抱有错误的观念或不全面的理解,这种情况在课堂中常被忽略。在考虑某个学习内容是否有价值时,需要看看所确定的学习内容是否针对了这些被忽略的地方。

3. 要设想学生提出的问题,并设计好解决方案

同一个问题,不同的学生有不同的解决方案,教师要根据学生思维水平划分几个层次,预测每个层次的学生可能提出的解决问题的方案,以便在课堂上有目的地引导学生进行交流,使课堂教学更为流畅。

4. 要结合学生可能出现的错误备课,采取有效措施保障教学步骤的顺利进行

当然,教师不仅要“备错”和“排除”,还要教给学生查找错误产生的原因以及排除方法。这样,学生也会由于学到了排除错误的“招术”而惊喜,从而丰富他们的实践经验。

5. 要分析学生学习知识的形成过程,为学生提供更为丰富的学习经历、学习机会和学习经验

这是教师制定学生能力目标的基础,脱离了这个基础,课堂教学就会回到灌输知识的老路上去。亲身经历、主动体验而不是简单传递、被动接受,教学中要为学生提供丰富的学习

经历，如，通过设计与实际生活相关联的问题，使学生有创造体验和处理现实问题的机会。

6. 要根据学的需要，设计教的过程和教的策略

也就是说在明确“要到哪里去”后，解决“怎么到那里去”的问题。对教学策略的考虑一般包括教学组织策略、教学内容传递策略和教学资源管理策略。在教学设计视野中，教学策略是保证教学目标实现的有效途径和方法，必须作为教学设计的重点。

“以学定教”是“过程”，这个过程须有灵活、有效的方法，并付诸实施，才能达到让学生在每一个教学或教育过程中不断发展、提高的目的。

2. 教学设计的系统思考：关注“六维”影响要素

在教学设计及其改进的基本思路中，必须关注重要影响要素，包括政策层面、课程资源层面、教学活动的两种对象层面以及教学环境层面等。一个成功的教学设计过程，就是对这些要素科学研究过程的反映。

教学设计及其质量的影响因素是多方面的，按照一般的认识，主要包括对课程的理解能力、对教学内容的掌握能力、对课程资源的开发利用能力、对教学方法与技术的运用能力，以及将这些能力转化为教学设计的表现能力，具体来讲，要关注六维影响要素。

一、解读课程标准

新课程借鉴了国际上通行的“标准取向”或“标准驱动”的改革策略，当负载着新的期望、反映着时代精神和新的发展要求的课程标准推行的时候，如何理解课程标准、确立课程标准意识，进而依照课程标准去开展教学活动，这对广大教师的教学提出了新的挑战，同时也为创造性的教学提供了更广阔的空间。

课程标准是国家课程的基本纲领性文件，是国家对基础教育课程的基本规范和质量要求。课程标准对本学科的课程目标、各个知识模块教学目标以及教学建议进行了非常精辟的阐释，如果能细细研读，对实现各个知识模块之间的沟通与整合，对教学设计都将起到事半功倍的效果，可为即将展开的教学活动奠定坚实的基础。因此，教学设计大可不必匆匆从备教材开始，而是要从研读课程标准开始，这样才能居高临下。

解读课程标准首先要了解课程标准的构成。各学科课程标准一般都包含这些部分：课程定位、课程理念、课程设计思路、课程目标、课程设置、课程内容和要求以及实施建议。教学设计中，要对这些内容有细致的了解。特别是在做学期教学计划时，更要对各个学段的内容和要求仔细研读，整体把握这门学科在基础教育阶段的总体部署。在对某一主题或单元的教学设计中，则要重点把握学习要求和活动建议。因为各学科课程标准因都具有鲜明的学科属性和具体的学科内容和要求，所以以下撷取课程标准中的一些关键词进行解读，为教学设计做好奠基。

（一）课程理念

尽管各学科的教学内容和教学形式有所不同，但各学科教学的共同价值却是一致的，即通过各学科丰富的育人资源，促进学生的全面发展、学生个性的健康发展和可持续发展。

在教学设计中，始终要把“课程理念”这种意识自觉地贯穿于教学设计的全过程，有了这种意识，才能在教学目标的制定、教学环节的设计、教学内容的选择、教学形式的组织等方面自觉以新理念为指导，才能把课程理念内化为可操作的教学行为，使课堂教学能传递出新课程、新课堂的清新气息。

但这些理念能否有效贯彻，关键还在于每一位教师是否真正把这些理念咀嚼、理解、消化、内化为自己的教学思想，并以此来指导自己的课堂教学实践，在实践中贯彻课改精神。

在教学设计中，我们也应客观地看到期望在一节课中完美地体现课改的所有新理念是很难做到的，也是不切合实际的。教学设计并不是把课改的所有新理念简单地相加，生搬硬套地贴上“标签”，而是应根据这节课的教学实际有选择地突出新理念中的几点，并能有效地贯彻到教学实施过程中，这样的教学设计才是真实的，才是有意义的。“没有最好的教学设计，只有最适合的教学设计。”在教学设计中学会了选择，才能抓住课改新理念的精髓。

（二）学科素养

“素养”一词，在各学科的课程标准中都有所提及，也是各学科课程理念中的一个重要概念。如，语文课程标准中提到的“语文素养”、数学课程标准中提到的“数学素养”等，这些学科素养都清晰地阐明了本门学科的价值和功能。如何理解“素养”的内涵，这需要教师结合学科的特点、内涵来解读。

随着双新课程的推进，各学科课程标准都基于学科本质凝练了学科核心素养，对知识与技能、过程与方法、情感态度和价值观三维目标进行了整合。以核心素养为本，推进学科课程深层次的改革。

以“语文素养”为例，语文课标中是这样描述的：语文学科核心素养是学生在积极的语言实践活动中积累与构建起来，体现在真实的语言知识与语言能力，思维方法与思维品质，情感、态度与价值观方面的综合体现。主要包括“语言建构与运用”、“思维发展与提升”、“审美鉴赏与创造”、“文化传承与理解”四个方面。

教学设计中，如何把学科核心素养落地，转化为教学目标，是要着力解决的问题，也是难点问题。首先应从“教学目标”的分析入手，将“核心素养”的思想理念融入课堂教学目标，实现“核心素养—课程目标—教学目标”的转化与分解，根据不同的学科不同的内容，指明学习主体“要到哪里去”和“如何到哪里去”的问题，将课堂教学引入更深的层面。

（三）教材

教学设计要在深刻理解课程标准的基础上，解读教材，吃透教材，超越教材。

解读教材的一个关键因素是掌握教材的特点。教材特点在一定程度上决定着备课的结构、教学活动的组织和教学方法的选择。不同教材的特点要选择不同形式的教法。因此，教师在研读教材的过程中，特别要理出教材的特点，才有助于根据教学目标有针对性地选择恰当科学的教学方法。

吃透教材，是对教材深层次的理解和感悟。吃透教材要做到吃透教材编写者的意图、目的；吃透教材主要线索，把握知识点之间的纵横联系；吃透教材的重点、难点和训练点；吃透教材内容的深度、广度和密度；吃透教材的德育因素等。

超越教材，是对教材的再创造、再组织，体现了新的教材观。“教材无非是个例子”，叶老先生的话早就点明了教材只是用来教的媒介和手段，而不是教学的全部内容，即教学要“用教材教”，而不要仅是“教教材”。如果教师只是一味地接受和照搬教材，没有自己对教材的深入理解和思考，就不会用好教材，不过是充当了教材的“传声筒”。

（四）学习方式

课程标准中，对学生的学习方式给予特别的关注，提出完善学生的学习方式。倡导“自主探究、实践体验、合作交流的学习方式与接受性学习方式进行有机结合”，实现学习方式的多样化。显然，对待传统接受式学习方式，新课程没有简单地用“破”和“立”的观点来对待，而是用“继承”和“发展”的眼光，在“继承”中有“发展”，赋予接受学习以新的内涵，即“有意义接受学习”，并与自主探究、实践体验、合作交流的学习方式相结合，从而使学习由传承性学习走向创新性学习，使学生由知识的被动接受者转为知识的主动建构者。

在教学设计中，我们要注意的是引导学生进行合作学习，并不在于追求“沸沸扬扬”的形式，更不能简单套用，而要把握合作学习的真正要义和精髓。究竟需要不需要合作？如何合作？教师在教学设计中要有明确的把握。同时要多设计“体验性学习”，通过活动、游戏和情境，让学生获得新的感受和认识，并把它们运用到现实生活中。

以上，仅仅对课程标准的一些关键词，或者说是核心概念，作了一些个性化的解读。在教学设计中，教师还要结合具体的教学实际，对课程标准作更细致的探讨和研究。

二、 分析教学内容

教学内容是指为实现教学目标，要求学生掌握的知识、形成的技能和体验的学习经历的总和。对教学内容的分析是指根据教学目标所确定的终点行为，对学生所需掌握的知识与技能等学习内容进行分析并揭示出学习内容中各个组成部分之间的联系，为有效教学提供内容方面的准备。通俗地说，教学内容分析为教学目标的确立提供依据，所要解决的是学生“学什么”的问题；为教学策略的制定提供依据，即“如何学”的问题；保证教学中不遗漏重要的内容和任务为教学资源的开发提供内容依据。

对教师的教学设计的一项调查表明，教师将近 90％的时间用在教学过程方法的选择和教学内容的分析上。尤其对中学教师而言，因教学内容的难度加深，教师在教学设计中更重视对教材的分析，几乎一半的备课时间用在了分析教材上。可见，对教学内容的分析在教学设计中具有举足轻重的地位。那么，如何分析教学内容呢？本节主要从确定教学内容的范围和内容间的关系、教学重点和难点以及教学内容的顺序这几个方面来展开。

（一） 确定教学内容的范围

确定教学内容的范围就是确定单元或课时教学时涉及的教学内容，包括基本的事实、概念、定理、方法和知识点等。通常是先对教学中的有关信息进行归类，把实现教学目标所需学习的知识归纳成若干方面，从而确定教学内容的范围。

有的教师往往认为教学内容就是教材内容，在教学中没有必要确定教学内容的范围，只要把教材内容全部一股脑地搬到课堂上就可以了。应该说，这种做法还是普遍存在的。不可否认，长期以来，我们的教学的确是把教材作为教学的圣经，教学中更是生怕遗漏教材上的内容，因此，教学内容几乎就是教材内容的代名词。新课程使我们对教材有了新的理解，从“教教材”到“用教材”的教材观的转变，意味着不能把教学内容和教材内容简单地划等号。教材不过是教学的媒介、手段和载体。教材内容是学科教材专家等精心选择架构的内容体系，应该作为教学内容的重要组成部分，但却不能说它是教学内容的全部。教学内容需要教师根据学生认知、心理和原有的学习基础等具体情况，进行有针对性的选择和组织。

教师通过这样一些问题来思考教学内容的选择与确立：

“学生学习这条规则需先掌握哪些概念？”

“教这一概念的教学要求是什么？是‘记忆’，是‘运用’，还是‘发现’？”

“学习者要学会解这道题，必须掌握推论过程中哪些具体的步骤？”

进行这样的思考，目的是从学生学习现状与所确定的教学目标之间的差距中，确立教学的起点和学习的内容范围，这是从学生的角度对教学内容的预分析。除此，确定教学内容的范围还要考虑课程标准和教材的相应要求，在此不再赘述。

有教师在分析《揭示化学反应速率和化学平衡之谜》的教学内容时（见表 4－2），通过对学生学情的分析，把本章的教学内容限定在学生初步学习化学反应速率和化学平衡的一些相关概念，但不涉及相关的化学计算，主要进行定性研究。待学生在高二分科后选修化学时，再从化学平衡常数、转化率等方面初步进行定量认识，并掌握平衡移动原理在工业生产中的运用。

表 4－2 《揭示化学反应速率和化学平衡之谜》的教学内容

教学内容	学习水平			说明
	Ⅰ	Ⅱ	Ⅲ	
化学反应速率	B	B	B	1. 学习水平中“Ⅰ”代表知识与技能的学习水平，“Ⅱ”代表过程与方法的学习水平，“Ⅲ”代表情感态度与价值观的学习水平。 2. 学习水平以 A、B、C 表示，分别代表知道/感受/体验/、理解/认识/感悟/、掌握/运用/形成。
影响化学反应速率的因素	B			
可逆反应，化学平衡状态	B			
影响化学平衡的因素	B			
勒夏特列原理	B			
化学平衡原理的应用	B			

（二）梳理教学内容之间的关系

教学内容是有一定的层次和结构的。教学内容的内在联系有两种基本形式，一是序列联系，即学习内容各组成部分是按某种次序排列的，如时间次序、从简单到复杂的次序；二是部分与整体的联系，即学习内容的一部分是另一部分的构成要素。

要使真实的任务体现教学目标，则需要对教学内容做深入分析，确定知识点，明确所需学习的知识内容间的结构关系，揭示学习内容各部分之间的联系的过程。这样在设计后面的学习任务时，才能很好地涵盖教学目标中所包含的多个知识点。

如何梳理教学内容之间的关系？一般多会根据学科的知识体系与内在逻辑结构，遵循着由整体到部分、由一般到个别、由简单到复杂的顺序，对知识点进行分析，使教学内容具有一定的系统性或整体性。

分析教学内容之间的联系，我们一般采用图解分析法。这种方法用图表和符号的形式，简洁明了、提纲挈领，使分析者容易觉察内容的残缺或多余部分以及相互联系中的割裂现象，多用于认知领域教学内容的分析。

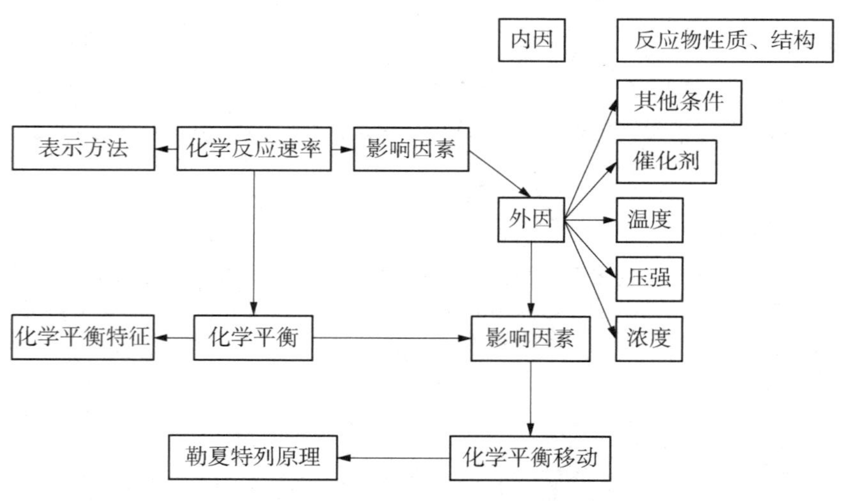

图 4－2 《揭示化学反应速率和化学平衡之谜》单元知识结构图

如图 4－2 所示，这个结构图清晰地显示了化学反应速率与化学平衡虽然是两个不同的概念，然而两者之间存在内在关系：一方面平衡的概念包含着速率的因素，另一方面平衡的移动总是由某一反应方向反应速率改变引起的，有利于深刻理解各类平衡的本质——平衡移动原理，并在此基础上为后续各类平衡的教学奠定基础。

分析教学内容之间的联系，也常采用解释结构模型法（Interpretative Structural Modeling Method，简称 ISM 分析法），它是利用两两相关的原则将零散的知识点（既可以是概念或原理，也可以是某项技能的基本组成部分）用一条或者多条主线串联起来，使学习内容更系统化、结构化。运用 ISM 分析法的步骤是：(1)抽取知识因子，把教学内容分解或者整合为众多的知识点。(2)确定知识点之间的直接关系，如在学习内容 A 之前必须先掌握内容 B，或者说学习了其中的一个知识点就会延伸到第二个知识点，根据 B 和 A 的这种直接关系作出目标矩阵。(2)利用目标矩阵作出关系图，即知识体系。这种方法在分析教学目标时也可以使用。ISM 分析法便于教师实施分层教学，有利于落实"以学生发展为本"的教育理念，也就是对于不同程度的学生可提出不同层次的要求，基础差的只需要其掌握第一、第二层次的知识点，而对于那些基础较好，就可以提出较高要求，让其掌握较高层次、较复杂的知识点。

（三）确定教学重点、难点

教学重点，是指对全体学生学习和理解起重要作用的部分。教学难点是指大部分学生难于理解掌握和运用的知识、复杂的技能和生疏的技巧等不易理解或掌握有困难的部分。教学重点、难点的确定不仅要围绕教学目标进行，还要考虑教学内容和学生实际。根据不同学段学生的实际来处理教学内容。

在教学设计中，教师要弄清教学内容中哪些是主要部分，哪些是次要部分，哪些是重点知识。这样，才能达到突出重点的目的。一般来说，教材中最基本、最关键的概念、理论和方法就是教学的重点。因为这些内容在教材中有着举足轻重的地位，有着承上启下、牵一发而动全身的功效。需要注意的是，教材的重点必然是教学的重点，而教学重点不仅仅是指教材重点。

教学难点决定了教学内容的深度，也就是单元或课时的知识深浅和技能复杂程度。一般把教材中抽象的、复杂的、容易混淆或容易发生误解的知识看作是教材中的难点。

案例 4-1　"相似多边形的性质和判定"的教学难点的确立与突破

学情分析：

学生还未学三角函数，对对应角和对应边的关系的探究只能通过度量，而量出的结果常常有出入。

教学难点的确定：

探究“相似多边形的对应角相等，对应边的比相等”这一结论的过程。

教学难点的突破：

借助不同比例尺的两幅地图，研究两幅地图上几个城市围成的多边形间的关系，使学生在已有的知识和经验（地理学科中的相关知识）基础上，研究有趣的、具有现实意义的问题，有利于学生真正理解相似多边形的性质，使难点得以突破。

从上面这一案例，我们看到教学难点的产生来自于学生已有的知识基础、生活经验方面的不足，这使学生产生学习认知上的困难，从而形成教学难点。其实，教学难点的产生还有其他原因，如，还可能来自于教师，由于教师缺乏对教材的深入钻研，又没有从学生的实际出发讲授知识，造成了教学中的许多“补漏”现象，从而产生了教学难点。

（四）确定教学内容的顺序

前面讲过，教学内容间的联系体现了学科本身内容的逻辑结构。那么，在确定教学内容以后，教学内容采用什么样的顺序来呈现就是随后而来的问题了。从逻辑结构考虑，一般采用归纳式和演绎式两种方式。

“归纳式”，即先呈现事实，分析事实并提取某些结论，从个别结论中抽取共同的本质特征，最后归纳得出具有一般意义的结论。

案例 4-2 “元素周期律中的有关规则”教学顺序

1. 从卤化物与卤素单质反应现象中，得出活泼性 Cl2>Br2>I2。
2. 抽象出卤素性质的递变顺序。
3. 得出元素周期律中的有关规则。

“演绎式”，即先呈现概括性的规则、概念或理论，然后进行精细化处理，验证、分析并理解规则、概念或理论包含的内容，最后达到对知识的全面理解和把握。

案例 4－3　“物质的量”教学顺序

1. 呈现物质的量概念，分析概念的内涵，理解概念包含的各部分内容。

2. 通过练习深化对有关内容的理解，最后达到对整个概念的全面把握。

以上对如何分析教学内容做了概要的介绍。当教师通过以上步骤或方法对教学内容进行分析以后，可以自问这些问题，来评估一下自己对教学内容的分析是否合理和有效。

- 所选择的教学内容是否为实现教学目标所必需？还需要补充什么？
- 哪些教学内容与教学目标无关，是否该删除？
- 学生已掌握了哪些内容？教学从哪里开始？
- 教学内容与学科逻辑结构的关系如何？
- 教学内容顺序是否符合学生的认知发展和心理发展？
- 教学内容的呈现顺序是否符合教学实际？

三、研究课程资源

随着新一轮基础教育课程改革的推进，课程资源这一概念逐渐进入人们的视野。课程资源作为课程目标实现的重要载体，对课程目标的顺利完成具有举足轻重的作用。没有课程资源的广泛支持，再美好的课程改革设想也很难变成中小学的实际教育成果。

（一）课程资源的内涵和分类

1. 课程资源的内涵

以往受传统课程资源观的影响，人们将课程资源仅仅局限于一本教科书、一块黑板和一支粉笔等，这种认识使课程资源处于一种封闭、单一的状态，极大地束缚了课程目标的实现。现在，随着新课程理念的普及与推广，大家逐渐认识到课程资源的内涵是如此丰富，以至于无所不在，无时不有。

广义“课程资源”指有利于实现课程目标的因素和条件的总和，包括一切物质条件、科学技术、自然资源、社会与人文资源。狭义的“课程资源”仅指形成课程的直接因素来源，如教学资源和各种可以获得并能被利用于促进“教与学”活动过程的内容。

2. 课程资源的分类

依据不同的标准，国内一些研究者将课程资源划分为不同的类型，见表 4 - 3。按功能分，主要有素材性和条件性资源，按来源分，有校内和校外资源，以及网络课程资源，其他还有自然和社会资源，隐性和显性资源以及原生性、内生性和外生性资源等。

表 4 - 3　课程资源分类表

分类标准	课程资源分类			
功能	素材性	条件性		
来源	校内课程资源	校外课程资源	网络课程资源	
性质	自然课程资源	社会课程资源		
物理特性和呈现方式	文字资源	实物资源	活动资源	信息化资源
存在方式	显性课程资源	隐性课程资源		
制约因素	原生性资源	内生性资源	外生性资源	

虽然上述对课程资源的划分标准有别，采用方法各异，但却为我们理解课程资源的内涵提供了有益的启示。基于以上认识，倘若我们把课程资源比作一个生态系统的话，就会清晰地勾勒出课程资源系统的结构框架。这一系统主要包括人、材料、工具、设施、活动等五种基本要素，其中有些是在自然环境和社会环境中天然的、可直接利用的资源，有些是为实现一定的教育或教学目的而特意创设出来的资源。人的思想观念、行为方式，材料的物理化学特性，工具的功能形态，设施的形状、大小、颜色、用途，活动的场所、方式等构成了极为丰富多样的、可作为课程发展所用的资源形态。这一课程资源系统的各个要素之间不断进行着信息和能量的转换，从而使资源处于动态生成之中，不断生发出多种多样的资源形态。尽管世间万物都可作为课程资源，但只有进入课程领域的资源才是现实的课程资源。

（二）课程资源的有效开发和应用

课程资源无所不包，其中，最主要的也是最常见的课程资源包括教材、教师、学生、学校、社区资源、网络资源以及动态生成的资源等。在教学设计中，根据需要对这些资源的合理开发和利用将会极大地提升课堂教学的效果。

1. 开发教材资源

新的课程观认为教材是为教师完成教学目标提供的范例。既然是“范例”，教师就有对其进行选择、补充、调整的权利，真正体现“用教材去教，而不是教教材”。在教学设计程中，教师要对教材资源进行二度开发，结合学生现有的知识、技能、思维水平、学习心理等实际，灵活地、创造性地使用教材。

2. 开发教师自身资源

教师是重要的课程资源。我们常听到一些学生议论：某某老师的歌唱得真好，某某老师的画真棒，某某老师的前滚翻动作真优美，某某老师的下水作文真感人……其实，这些老师都充分地利用自身这个课程资源。不仅如此，其他课程资源能否发挥作用，发挥得好坏，关键也在教师这一资源。在教学设计中，教师要充分把个人专长与教学内容有机融合到一起。

3. 开发学生资源

学生也是一种十分重要的、富有活性的课程资源。以往人们常常忽略把学生作为课程资源来看待。其实，学生的生活体验、个体知识、思维方式等都是课程、教材开发与实施中的重要的素材性资源。

案例 4-4　“公民的储蓄”一课的学生资源的开发

教师预先布置学生根据所学知识撰写一份“投资规划”报告，一周后在课堂展示研究成果，形式不限。

一周后，学生展示成果的形式相当精彩丰富，不少小组制作了精美的演示文件，图文并茂地展现自己的研究内容。

他们阐述了家庭投资的多元化，一些研究甚至突破了教材的内容，除教材中分析的储蓄、股票、债券和保险投资形式外，还提到了可以投资房产，购买彩票，炒外汇，买黄金，投资古玩、钱币、邮票和珠宝，等等。

这些学生在自主学习、合作学习过程中，形成的知识与经验不但成为课堂教学的有效资源，也为课堂教学开启了新的生长点。

4. 开发学校资源

学校是社会的一个有机组成部分，从某种意义上来说，一所学校就是一个小社会，里面有无穷的资源等着教师去开发。比如，实验室、电脑房、植物角、多媒体教室、图书馆，这些都是学校重要的课程资源。在教学设计中，教师要把学校的课程资源盘点一下，充分加以利用。

案例 4－5　探究课“多彩的植物世界”

一位老师在上探究课“多彩的植物世界”时，想到了校园里栽种的五颜六色的花。她把学生们带到了校园里，去观察、发现植物的特点和变化。

学生们开心极了，有的伸出小手轻轻抚摸；有的拿起手中的笔抓紧记录；有的提着植物上下仔细对比；有的聚精会神数花瓣和叶片数；有的用直尺测量植物茎、叶长度……平时不起眼的小植物，在探究课上成了孩子们的宝，他们抓住一切可观察的资源，细致地进行着观测。

5. 开发社区资源

社区蕴藏着丰富的资源，能够弥补校内课程资源的不足，在学校课程开发中应好好利用。社区资源不仅包括物质资源，如公园、影剧院、文化宫、图书馆、体育场等；还包括人力资源，如社区的专家学者、企业界人士、离退休人员、学生家长等。尤其要重视学生家长这一资源。学生家长具有不同的工作背景和专长，具有各种课程的优势，一般也非常愿意为学校教育助一臂之力。在教学设计中，教师要善于挖掘社区中的课程资源，引导学生把自己生活成长的环境作为学习的场所，有效地利用上海社会科普基地这些丰富的课程资源，既拓展了学习的空间，也有助于把课程与生活紧密地联系起来。

6. 开发网络资源

网络资源目前已经成为教师教学设计中撷取有用资源的重要途径。大量的音频、视频、动画、文本、图形等素材资源和可检索的文献图书都可以从网络上搜寻到。教学设计中，教师可以根据教学需要从网络中寻找有价值的课程与教学资源加以开发和利用来丰富课堂教学。

案例 4－6　《太阳》一课网络资源的利用

师生利用“浩瀚宇宙”专题学科网站进行知识的纵向拓展，组织学生浏览、查阅相关的图文资源，了解了太阳除了“大小、温度、与地球间的距离”以外的其他特点，极大地丰富了教学内容，加深了学生的理解。

7. 开发动态生成的课程资源

课程资源不仅来自那些已经物化的资料和条件，教学过程中动态生成的易被人忽略的具有潜在教育价值的教学事件，也是重要的课程资源。此种课程资源常常是一些不起眼的小事，比如，在课堂上学生突然抢话说；学生的质疑、兴奋；甚至是学生犯的“错误”，这些都是动态生成的课程资源。这些宝贵的动态课程资源如能够得到充分的发掘和利用，不仅可以拓展我们开发课程资源的领域，也会使我们的课堂教学过程更富有生机和活力。因此，教学设计中，教师要尽可能去预测学生可能会出现的学习难点和问题，做好引导的准备。这样在教学中才能及时捕捉这些转瞬即逝的动态课程资源，将其有效并巧妙地运用于教学活动中。

以上只是对常用的课程资源如何开发作了简要的描述。其实，教学设计中可开发和利用的课程资源远不止这些，只要有主动发掘课程资源的意识，因时制宜、因地制宜，生活的空间有多大，课程资源开发的空间就会有多大。

四、 剖析学生基础

剖析学生基础，就是备学生。有人说，黄沙如海，找不到绝对相似的两颗沙粒；绿叶如云，寻不见完全雷同的一双叶片。那么也可以说，人海茫茫，教海无边，我们既找不到两个完全相似的学生，也不会找到能适合任何学生的一种教学方式方法。这就需要教师在教学设计时，应考虑到学生有知识经验和智力的差异，还有学习态度、习惯、信心、兴趣等非智力上的差异，以便找到因材施教的科学依据。

备学生，一般包括三个要素：学习需要分析、学生特征分析和学习内容分析。这些分析可以为后续教学内容的选择、教学方法的设计、教学评价的实施打下基础(详见本章 116－120 页)。

五、了解教学环境

教学环境是教学活动的一个基本要素，与教学质量有着密切的关系。

（一）教学环境的内涵和作用

教学环境是教学活动过程中，对师生认知、情感和行为产生直接或间接影响的各种因素的总和，直接作用于学科教学活动并对其产生重要影响。教学环境主要包括物理环境和心理环境两种。

课堂物理环境，包括课堂的布置、设备和材料、教室里的师生数量、座位的排列方式等。课堂中的物理环境能够影响师生的学习行为和态度。

课堂心理环境，是指在课堂教学中影响学生学习的氛围和师生互动的人际关系，它是师生参与整个课堂教学活动的心理保证。课堂教学气氛，作为课堂教学过程中学生集体的情绪倾向，它一旦产生，便能作为一种相对独立的心理环境因素，反过来作用于学生的课堂学习的行为，并影响整个课堂教学的实际效果。课堂心理环境融洽还是沉闷，活跃还是冷漠，主动还是被动，都将对整个课堂教学过程产生积极或者消极的影响。

（二）良好教学环境的创设

1. 创设良好的师生活动的物理环境

根据教学需要，改变学生座位形式。例如，教师在讲解时，学生座位的安排应当采取纵列式以使学生都能看到教师的讲解。而在讨论时，学生座位采取圆桌式安排则有利于学生的参与和交流。这实际上是改变了课堂中教师和学生、学生和学生相互之间的身体活动关系，会促动师生以一种新的方式进行交流。

此外，各类实验装置、仪器，各种教具和各种图表，各种电教设备等的有效使用都会直接影响学科课堂教学的质量。

2. 要建立和谐、民主的师生关系

教师应当充分尊重学生，要充分运用“亲其师而信其道”的心理效应，强化师爱的作用。教师对学生的吸引力是建立在师生间相互尊重与合作的基础之上的。只有当学生感觉到自己受到尊重时，才会在教学过程中采取积极的合作态度。要允许学生发表不同看法，激活学生的思维，发挥学生的想象力和创造力。总之，优化课堂心理环境，建立良好的师生关系，教

师应采取积极主动的行为。

3. 创设轻松、愉悦的课堂教学气氛环境

轻松愉悦的课堂气氛，为有效组织和实施课堂教学，提供了一个有效的良性的“场氛围”。教学设计中，教师要从学生的心理特征、个性特征出发，用适宜的教学方法和策略，如角色转换、合作互动、问题情境、分层施教等策略，诱导、激励学生积极主动地参与学习过程，并在学习过程中学会学习。通过各种手段解放学生的眼、脑、手、嘴和空间、时间，让学生独立观察，自己动脑思考，动手操作，动口表达，自主发现问题，质疑问难。只有这样，才能使学生自始至终保持心旷神怡的心境和浓厚的兴趣，进入“书山有路勤为径，学海无涯乐作舟”的最佳境界。

4. 尝试预设课堂教学活动中的即时情境

课堂教学过程中的即时情境，是教学活动中在教学内容、师生的态度与心境、教与学的体验、师生交互等课堂教学环境因素作用下，所产生的一些偶发的、短时存在的情绪、情感状态。这种教学过程中的即时情境虽然短暂，但却是构成课堂教学环境的经常性因素。课堂教学实践证明，积极的即时情境有可能会将课堂教学环境导向师生所期望的理想状态。教学设计中，教师要对可能出现的即时情境进行预设，对教学过程中出现的各种消极的偶发事件，设想一下如何运用自己的教学机智化解其中的消级因素，以防止这些消极因素对正常教学气氛的干扰。

5. 要及时有效地调控课堂教学的活动内容与教学策略

教师的教学设计是对课堂教学过程的一个预设计，在具体的课堂教学实施的活动过程中，各种因素会随着教学活动的进行而不断地产生新的变化。因此，教师在这样一个变化着的动态过程中，为了达到创造和保持良好的课堂教学环境氛围的目标，就需要在教学设计中，对平时教学活动过程中学生的情绪表现、活动表现、问题反应表现等方面进行捕捉，根据这些反馈信息，适时灵活地调整教学内容和教学策略，并能够引导和指导学生调整自己的学习行为，使教师和学生在教学信息的反馈与交流过程中，互相感染和互相影响，将课堂教学引向成功的彼岸。

六、 认识教师自我

了解自我并利用好自己的长处，是备好课和上好课的重要因素，也是有效形成教师教学特色和风格的基础。所以，教师自己同样是影响教学设计的一个基本要素。

（一）认识教师自身的特征

教师自身的特征是在教学设计中制约教学设计的主观条件。教师在教学中表现出来的不同特征，主要包括教育教学观念、教育与学习理论知识的储备、语言表达能力、教学研究能力、媒体应用能力、教学经验与教学风格等方面。很显然，教师在考虑教学设计时必须充分研究这些因素。

如，从教学方法这个角度来看，每个教师都有自己的特点：

有的以“活”取胜，“活”既表现为课堂气氛活跃、学生积极主动，也表现在教学方式和手段多样。

有的以“博”取胜，“博”就是指教师知识面广、教学经验丰富，教学时常常旁征博引、居高临下、深入浅出、寓教于乐，对教材中的难点能轻而易举地加以解决。不少有经验的老教师就具备这些特征。

有的以“语言”取胜，教学语言的形象优美、活泼风趣、条理清晰，具有一定的吸引力和感染力，在教学中能发挥意想不到的作用。

有的以“板书”取胜，规范、新颖、安排巧妙的板书，能帮助学生掌握教学重点，对所学知识一目了然，并利于理解、记忆和做课堂笔记，对日后复习也有益处。

此外，还有“教态”之长、“实验”之长、“运用现代化教育手段”之长等。总之，每位教师的素质和能力是不尽相同的，往往是长于此则短于彼，巧于彼而拙于此。这就要求教师在选择教法时，要扬长避短，就实避虚，以实现教学效果的最优化。事实上，如果一个教师采用的教法与他个性特点相适应，那么这种方法便能充分显示其优势。因此，在教学设计中知己知彼，恰当选择教法，是上好课的突破口。

（二）积极进取，扬长避短，提高自身业务素质

教师教学设计除了备教材、备学生，更要备自己。备教材、备学生是为了上好课，而备自己，不断加强自身素质的“修炼”，则是为了把课上得更好。教师应该既是一个教学者，又是一个研究者——研究教材，研究学生，更要研究自己，了解自身的长处与短处。研究自己的结果，一方面在教学中充分利用、展现自己的长处；另一方面不断为自己“充电”，提高业务素质。

1. 发展教师自我提问能力

自我提问能力是教师对自己的职业活动和日常生活进行自我观察、自我监控、自我调节、自我评价后提出一系列的问题的能力。发展教师自我提问能力，可以促进教师自我反思

能力的提高，从而促进教师自身专业化成长。

案例 4-7　《守财奴》教后的自我提问

一位教师在上完《守财奴》一课后，认为有三个需要面对的问题：

1. 对于提幼稚问题的学生怎么办？
2. 对于感情容易冲动的学生怎么办？
3. 对于鉴赏能力弱的学生怎么办？

教学是力图面向全体学生的教学，但对一些特殊的学生，还需要寻求一些特殊的方法。这几类学生数量都极少，尤其是后两种，但既然存在，就需要解决。

2. 提升教师的自我监控能力

在教师的素质结构中，有一种素质可以称之为才华，即教师的教育能力。而教师教育能力的核心成分则是教师的自我监控能力，它表现为教师在教育活动中的“知其然，知其所以然”的品质。如果说一个优秀教师的成功过程就是教育活动加反思，那么这种反思就是自我监控能力。

案例 4-8　一种改变教师行为的策略——“课堂教学改进计划”的制定与实施

制定“课堂教学改进计划”的基础是个人反思。反思是一种通过提高自我觉察水平来促进能力发展的途径。反思的结果是改进的目标。“课堂教学改进计划”主要由如下几方面构成：教学优势与不足的分析、改进目标与改进措施、日常改进记录。“课堂教学改进计划”的重点在于分析自己课堂教学的优势与不足，此外，还包括教材研究、教学设计、教学过程和方法以及自己的职业态度与能力等。

“课堂教学改进计划”的实施使教师的反思意识和反思能力明显提高。其实，每一位教师都可以根据自身的优势和不足，制定适合自己的改进计划，寻求改进策略，在反思中逐步提高。

3. 促进教师自身教学行为的有效性

教学是否有效主要看教师如何优化地组织和实施教学，以有效地达成和实现既定的教学任务和目的。有效的教学行为应体现五种意识：对象意识——教学应促进所有学生学习；情境意识——创设和维护良好的学习环境；目标意识——促进学生树立正确的价值观；自主意识——培养学生自主学习的能力；裁判意识——评价学生的学习。教学中教师行为是丰富的，也是多种多样的，其中如下几种行为是得到公认的促成有效教学的关键行为，教师要促进自身积极向这些行为转变。

(1) 清晰授课。清晰授课就是教师清楚地讲授、解释教学内容，从而使学生达到正确的理解、牢固的掌握和顺利的应用或迁移。

(2) 多样化教学。这一关键行为是指多样地或灵活地呈现课时内容。丰富教学的最有效方法之一是提问题，许多不同类型的问题，如果把它们与课时节奏和序列结合起来，就可以产生出富有意义的多样化教学。多样化教学的另一方面是对学习材料、设备、展示方式以及教室空间等的运用。

(3) 任务导向。这一关键行为是指把多少课堂时间用于完成教学任务。有效的课程设计是根据学生的特点把课程目标具体细化为教学目标，根据学生的认知水平对教学内容进行规划，目的在于使学生获得有效学习和应用知识的有益体验。

(4) 引导学生投入学习过程。引导学生投入学习过程这一关键行为，致力于增加学生投入学习的时间。

(5) 确保学生的成功率。教师的任务导向和学生投入率与学生成功率密切相关。中高水平成功率的教学能提高学生的成就，这是因为教师讲到了较多的处于学生当前理解水平的内容。有效教学的一个关键行为就是，组织和安排能产生中高水平成功率的教学，并向学生提出超越给定信息的挑战。

4. 提升教师自我效能感

教师的自我教学效能感是教师对自己教学能力高低的判断及对自己教学效果好坏的认识和评价。自我效能感高的教师，认为通过自己的努力可以解决学生在学业上遇到的难题，并达到一定的教学目的。而自我效能感低的教师，对于自己的教学能力和学生的发展持悲观的态度，他们不相信通过自己的努力能够取得成功。提升自我效能感一种最基本、最重要的途径就是总结教育实践的成功经验。因为成功性的操作经验是最有效的、最有影响力的自我效能信念的信息源。因此,积极尝试新的教学方法、教学策略和教学技术,进行教学改革,积累成功的经验,教师的自信心会不断加强,自我效能感就会不断提高。

5. 不断超越自我，逐步形成自己的教学风格

教学风格是教师在教学艺术上成熟的重要标志,是教师在教学实践中经过严格历练而得以升华的。教师形成自己的教学风格,是其职业能力水平的标志。评价一个教师是否已经成熟,最重要的一点,是看他在教学艺术上是否已形成了自己独特的教学风格。每一位教师都希望形成自己的教学风格,这其中的形成过程就是教师不断更新自己的教育思想、教育观念、教学方法,不断提高自己教学技能技巧的发展创新过程,只有不断地学习、丰富自我、超越自我,形成个性、形成特色,才可能形成教学风格,进而达到更高的艺术境界。

3. 教学设计的工作流程：导航基本教学环节

教学设计整体质量的保障取决于其所有组成部分工作的质量,所以对教学设计流程的管理,是改进教学设计和实现有效的关键。对教学设计流程的考察,其实是和课堂教学的整个流程相对应的。为此,关注主要教学环节的改进,是教学设计质量和实效的保障。

一、教学目标的制定

（一）教学目标的内涵

教学目标是对学习者通过教学后应该表现出来的可见行为的具体明确的表述。它是教学活动的出发点和归宿,是教学活动的指南,是教学评价的依据。也就是说,作为教学的“纲”,它保障了教学过程中师生活动具有明确的共同指向,从而达到“纲”举“目”张。从整体上看,教学目标有着不同的层次,同时,又有不同的领域划分。

教学目标一般包括单元教学目标和课时教学目标,但仅仅这样描述还不能清楚地看出教学目标在整个教育目标系统中所占的位置。我们不妨把教学目标置于大的教育目标体系中来看一看。从教育目标体系的分类层次上看,教育目标一般包括教学目标、学校教育目

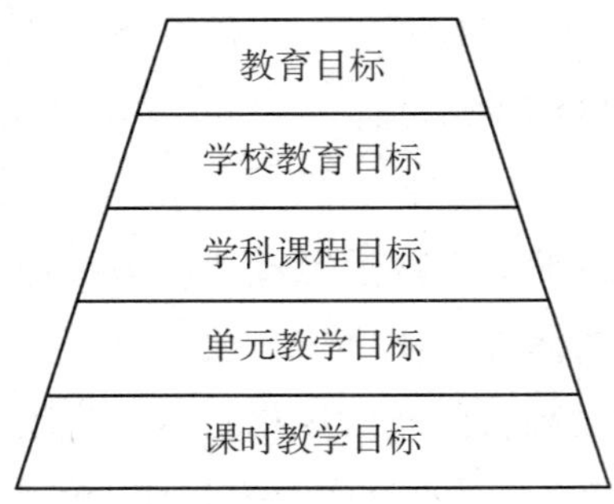

图 4－3　教育目标分类层次图

标、学科课程目标、单元教学目标和课时教学目标等多个层次（如图 4－3），这些目标通过从一般到特殊逐级地具体化，形成一个多层级的目标体系。其中，教学目标设计要符合课程目标的要求。课程目标是教育目标和学校培养目标的体现，课程目标只有转化为教学目标并通过这一级目标的实施得以实现。因此，教学目标要依据课程目标来设计，是课程目标的详细化和具体化。在具体标设计时，必须考虑到目标体系的横向的和纵向的联系。要满足上位目标对下位目标的要求，充分实现各层次目标的连续性和递进性。

从领域上看，教学目标可划为认知领域的目标、情感领域的目标、动作技能领域的目标等。新课程的教学目标大体分为知识与能力、过程与方法、情感态度与价值观三个维度。之所以将“过程与方法”单独列出来，主要是为了改善过去这方面的薄弱之处。但必须注意的是，“过程与方法”同其他两个类别不在同一个层次，所以在阐述这方面的教学目标时，应考虑到过程与方法本身会包容知识与能力、情感态度与价值观。在涉及三维目标时，既不能将三维目标简单叠加，也不能将整体目标机械分割，而要在分析教学内容、学生状态和学生可能发展的基础上有机地统整三维目标。

（二）制定教学目标的基本原则

1. 制定教学目标常出现的问题和不足

一位教师在执教“硫酸”一节时，把教学目标确定为“掌握浓硫酸的物理性质和化学性质，了解硫酸的用途”。很显然，这个目标只注重了知识技能目标，而缺少对学生认识过程与方法的培养、对学生情感态度与价值观的思考。另外“掌握……性质”中的“掌握”，不能直接观察和测量，一般情况下必须描述学生具有这种能力行为表现的例子，才能使“掌握”变成可以观察和测量的目标。

实际教学中，教师在制定教学目标时出现的问题远不止上面这些，我们把常见的问题稍作梳理，归纳如下：

（1）照搬照抄课程标准或者教材的目标，没有根据学生实际将课程标准和教材要求转化为可行的教学目标。

（2）从“应试”的角度确定教学目标，即考什么就以什么作为目标。

（3）用一册教材、一章节或单元的“教学目标”代替一节课的“教学目标”。

（4）没有阐述教学预期结果，而是在教学过程中把教学程序或活动安排作为教学目标。如，“进行理解性阅读，理解课文第一部分和第二部分第一层”。

（5）教学目标的指向是教师，对教师要做的事情进行陈述，而没有把学生作为主体并陈述期望学生发生什么变化。

（6）列举要达到的各种目标，但没有具体说明希望学生如何达到这些目标。

（7）局限在认知方面的目标，忽视了过程与方法、情感态度和价值观方面的目标，较少关注学生在学习过程中的经历、感受、体验。

（8）教学目标过于笼统和空泛，无法观察、测量和评价。如“了解……”、“理解……”、“感知……”不能将学生的活动外显出来，无具体的质和量的规定，很难测量。

（9）过分强调“行为目标”的可见性、可测量性，而忽视隐性目标对学生发展的促进。

还是结合上面的“硫酸”一课教学目标存在的问题，我们可以把教学目标做这样的修改：

案例 4－9　“硫酸”教学目标

1. 能用氧化还原反应概念分析浓 H_2SO_4 的氧化性，能举出三个表现出硫酸强氧化性的实例，并熟练写出化学方程式。

2. 通过设计实验、动手实验、观察实验等，了解科学探究的基本方法，体验实验在化学学习中的重要作用。

3. 初步理解“现象与本质”、“量变与质变”的辩证关系，树立辩证唯物主义世界观。

这一教学目标的设计就比较明确，便于课堂教学的实际操作，有质与量的规定，体现出过程性特点和由浅入深的阶段性特点，对具体学习内容、学习过程、学习结果都有明确的指向。

2. 制定教学目标遵循的基本原则

（1）课程标准、教材的重点和难点以及学生的学习现状是制定教学目标的出发点。

学科课程标准是制定教学目标的根本依据。课程标准中的“课程目标”规定了教学要完成的基本目标和任务，并对具体学段的课程目标进行分阶段说明。教学目标应当是阶段课程目标的具体化。这样，教学目标的制定才能确保从学科课程标准中找到依据。

教材的重点、难点是制定教学目标的重要依据。教学的重难点是什么，学生要掌握什么，要训练什么，要达到什么程度，要根据教材内容来确定教学目标。

学生的学习现状是制定教学目标的必要依据。只有适合学生的教学，才可能成为最好的教学。因此教学目标的制定要建立在学生原有的学习基础上，包括学生的心理、生理状况和学生的知识、能力基础，进而提出新的可以达到的学习目标。

(2) 三维目标要并重、整合，基础目标与发展目标要并举

教学目标关系到在具体实施教学前必须明确"要到哪里去"的问题。新课程提出了课堂教学的三维目标，从"知识与能力""过程与方法""情感态度与价值观"三个维度进行整体设计，这是课堂教学的创新点，它使素质教育在课堂教学中的落实有了重要的抓手和坚实的操作性基础。

其中，"知识与能力"是指事实、概念、原理、规律等知识和观察、阅读、计算、调查等能力；"过程与方法"是指认知的过程和方法、科学探究的过程和方法、人际交往的过程和方法，特别强调在过程中获得和应用知识、学习和运用方法；"情感态度与价值观"，包括对己、对人、对自然及其相互关系的情感、态度、价值判断以及做事应具有的科学态度、科学精神。因此，在制定教学目标时，一定要全面考虑上述三个维度，确定具体可行、三维整合的教学目标。当然，在具体的每节课中，教学目标应有不同的侧重点。

确立基础与发展并举的教学目标。既要有保底目标，也要有拓展提高的目标。"以学生的发展为本"的教育理念，要求我们在制定教学目标时要把全体学生作为行为主体，关注每一位学生的发展。教学目标既不能太高，也不能太低，对一般学生，教学目标只要呈现出一般要求即可，对基础好的学生，教学目标就应当提出稍高一点的要求。

案例 4-10　《从百草园到三味书屋》第一课时教学目标

1. 能熟读第二自然段，50%以上的同学当堂课背出。
2. 能分析第二自然段中季节景色、方位、动静的变化，理解修辞手法的运用。

3. 热爱大自然、热爱生活的感情有所增强。

这一课时的教学目标表述了学生应该达到的最低行为水平标准，绝大多数学生是应该能达到的，但没有考虑到优生的要求。对第一项目标可做这样的修改：

1. 能熟读第二自然段，50％以上的同学当堂课背出；20％的同学能用‘不必说……不必说……单是……就……’的句式口头描述景物。

这样，该课时教学目标就形成了既有底线又有较高要求的层次性格局，满足不同水平学生的学习需求。

3. 要凸显学科特点，体现学科特殊的教育功能

我们经常看到不少教学目标缺失了学科特点，把学科内容边缘化，即从教学目标上看不出这是哪门学科的教学目标。如，语文与思想品德学科的教学目标，往往都会有对学生人生、价值观的思想教育要求，这就要求教学目标的制定要体现学科特点，否则很可能把语文课变成思想品德课了。因此，在制定教学目标时，必须要有学科意识，不同的学科还可根据学科的一些特点来思考。如，数学学科要侧重培养学生的逻辑思维能力、想象力、严谨的科学态度等；语文学科则要侧重从工具性和人文性的角度来制定教学目标等。

（三）教学目标的制定方法

1. ABCD 法

制定教学目标一般要从四个基本要素入手：对象（Audience）、行为（Behavior）、条件（Condition）和标准（Degree）。故通俗地称为“ABCD”法则。采用 ABCD 法设计教学目标可以使目标的表述做到具体、明确、便于操作，利于指导和评价教学。如：“初二学生在观看各种云图时，能将卷云、层云、积云和雨云分别标记出来，准确率达 90％。”这一目标中，“初二学生”是“对象”，“标记出来”是“行为”，“在观看各种云图时”是“条件”，“准确率达 90％”是“标准”。上述这种方法由于它只强调学生的学习结果，只重视学生外在行为的变化，不能反映学生内部因素的变化，因此，比较适用于描述“知识与技能”、“过程和方法”维度的教学目标。下面对这四个要素进行分析。

（1）对象：阐明教学对象。

教学目标制定中，教学对象或者说行为主体是学生，而不是教师，所以不要把教学目标写成“教会学生……”，而应写成“高二学生”等。如果这个对象或主体已经明确，也可以从目标阐述中省略。

(2) 行为：应说明通过学习以后，学习者应能做什么(行为的变化)，获得怎样的学习结果。

四个要素中，行为是最基本的成分。表述行为的基本方法是使用一个动宾结构的短语，其中①行为动词用来说明学习的类型，如“操作”、“说出”、“列举”、“比较”、“背诵”、“说明”、“使用”都是行为动词，而不要用“知道”、“理解”、“掌握”、“欣赏”等动词，因为这些动词可用来表述总括性的课程目标和单元目标，但表述课时目标则不明确，给以后的教学评价带来困难。在编写学习目标时应避免使用。②宾语则用来说明学习的内容，如学生能找出“文章中陈述事实与发表议论的句子”，能说出“人腿骨骼的名称”，能对照比较“植物细胞和动物细胞”。在这样的动宾结构中，宾语部分与学科内容有关，学科教师都能很好掌握。

(3) 条件：应说明上述行为是在什么条件、环境等因素下产生的。

它既说明了学生在什么样的情景中完成规定的行为，也说明了应该在什么样的情况下评价学生的学习结果。条件的表述常与诸如“有没有工具?”、“有没有时间限制?”等问题有关。如，“通过观察，准确描述……”、“通过具体实例，说明……”。比如，一位体育教师在制定“提高平衡和空中定向的能力”这一目标的行为条件是“通过尝试动作组合，改善身体姿态”。一般而言，条件主要包括如下因素，见表 4-4：

表 4-4　因素列表

因素	举　例
环境	空间、光线、气温、室内外噪音
人	个人单独完成、小组集体进行、在教师指导下进行等
设备	工具、设备、图纸、说明书、计算器等
信息	资料、教科书、笔记、图表、词典等
时间	速度、时间限制等
问题明确性	为引起行为的产生，提供什么刺激、和刺激的数量

(4) 标准：应规定达到上述行为的最低标准(即达到所要求行为的程度)，是作为学习结果的行为可接受的最低衡量依据。

“标准”可以用定量的方法表示，也可以用定性的方法、定性定量相结合的方法表示。例如，“至少有 80% 的词语能正确默写”。标准一般从行为的速度、准确性和质量三方面来确定。

学习目标中，有些条件和标准较难区别，如“能在 5 分钟以内”既可理解为时间的条件，也可看作是行为速度的标准。对这一情况不必过于争论，只要能清楚说明教学目标就可以，对条件和标准的区别并不重要。

以上四个要素，简单说就是谁（对象）在什么条件下（行为条件）做了什么（行为），以及做到什么程度（标准）。需要指出，在实际运用中，往往不需要也不可能完全机械地按上述要求编写学习目标。在一个学习目标中，行为的表述是基本部分，不能省略。相对而言，条件和标准是两个可选择的部分，一般可以不将条件和标准一一列出。

2. 内外结合表述法

“知识与技能”“过程与方法”维度的教学目标通常采用外显的行为目标或表现目标，指明希望学习者表现出什么样的学习行为（学习结果的外显表现）的可观察、可操作的最终行为术语描述。但是，“情感态度价值观”的隐性目标往往用行为目标很难表述，如一篇语文课文，掌握多少生字生词，都可以提出有利于教和学的量化目标，这类目标可以外显。而对课文的理解水平则很难量化，其深浅、快慢，就只能以“初步”、“深刻”、“透彻”等字眼加以限定，而这种限定本身有不确定性。因此，可以采用将学习结果的内隐变化和学习结果的外显表现结合起来的办法，即“内外结合表述法”来表述。

“内外结合表述法”是先用表述内部过程的术语陈述教学目标，然后再用可观察的行为作例子使这个目标具体化，这就是用内部过程和外显行为相结合设计教学目标的方法，即内外结合表述法。这种内外结合的方法通过对学生外在行为变化的观测，反映了学生内部因素的变化，因而特别适合于描述情感领域的教学目标。情感学习目标有了这些具体的行为指标作为判断依据，其可操作性无疑加强了。在表述具体的行为时，应尽可能采用可观察甚至可测量的行为动词

如“理解议论文写作中的类比法”这一教学目标，就可以这样描述：“理解议论文写作中的类比法。能用自己的话解释运用类比的条件；能在课文中找出运用类比法阐明论点的句子；对提供的含有类比法和喻证法的课文，能指出包含了类比法的句子。”在这一描述中，“理解”一词是用以描述内在情感变化的动词，是无法直接观测到的，因此必须用“解释”、“找出”、“指出”这些外在的行为对其进行说明。这样使教学目标得以精确化。

尽管新课程教学目标按照“知识与技能”“过程与方法”“情感态度与价值观”三个维度来陈述，但是教师不能机械地、一一对应地照搬上述方法，每堂课都按三个维度来陈述。而应该把它当作思考教学目标的一条重要原则，然后根据具体的内容、学生与情景来确定目标的

重点。

（四）制定教学目标的步骤

课时教学目标的制定一般有四个步骤，如下图 4－4 所示：

图 4－4　课时教学目标的制定步骤

1. 目标分解

课时教学目标是教学目标体系中最为具体的目标，要确定课时目标，就必须明确其上位目标——单元教学目标及其相互关系，这就涉及一个教学目标的分解过程。第一，进行学习需要和兴趣的分析。第二，进行学习任务选择和组织。即以第一步分析结果为基础，确定为实现单元教学目标学习者必须完成的学习内容，分析基本概念、基本原理、基本方法或基本过程有关的知识内容的内在逻辑体系。如，是相对独立还是相互平行关系？是前后关系还是递进关系？据其不同的关系，将学习内容根据需要调换顺序或形成阶梯递进性结构。

2. 任务分析

任务分析是指对学习者为了达到教学目标的规定所需学习的知识和经验以及技能、能力、态度、情感等及其相互关系，进行具体的剖析。对课时教学目标的任务分析往往是与单元教学内容结合进行的，所以有的人也把这种任务分析叫做教学内容分析。通常的做法是，从已确定的教学目标开始提问和分析：要求学习者获得教学目标规定的能力他们必须具备哪些次一级的从属能力？而要培养这些次一级的能力，又需具备哪些更次一级的能力？……这种提问和分析一直进行到教学起点为止。课时教学目标可分为认知的、情感的、动作技能的几种类型。

3. 起点确定

设计合适的教学目标需要对学习者的起点能力进行分析，即从学生现有的实际水平与我们期望的目标水平之间存在的差距来确定教学的起点。教学起点的确定，直接关系到教学目标的作用发挥和教学的有效性。教学起点定得太高，则可能导致课时教学目标过高，超过了一般学生的能力，并且导致学生产生畏难心理。教学起点定得太低，则会在学生已掌握的内容上或教学活动上浪费时间和精力，并可能导致学生厌学心理。一般说来，确定教学起点，主要应对学习者进行三方面的分析：

首先是对学习者的特征进行分析，如学习习惯、兴趣、方法、态度以及心智发展水平等。其次是对学习者预备技能的分析。最后是对学生目标技能的分析，即了解学习者是否已经掌握和部分掌握了课程及其单元教学目标中要求学会的知识和技能。本部分内容详见第四章第一节。

学习任务分析和教学起点的确定是密不可分的，在设计教学目标时，这两方面的分析往往是同时进行的，二者并不存在明显的先后关系。

4. 目标陈述

目标陈述是对学习者在学习以后应达到的行为状态作出具体、明确的表述，再将这些表述进行类别化和层次化处理。教学目标的陈述要做到：

(1) 教学目标要陈述的是预期的学习结果，对学习结果要有明晰的指向。因此陈述的目标主体必须是学生而不能是教师。像“教会学生……”、“使学生……”、“提高学生……”、“帮助学生……”、“激发学生……”，这些写法都是不规范的，因为目标行为的主体是教师而不是学生。

(2) 有概括性、指向性和动作性，即对教学内容和行为过程要进行概括；选择恰当的具有操作性的行为动词，如“说出”、“解释”、“陈述”、“计算”、“辨别”、“比较”等，进行客观描述。

(3) 目标要反映学习者的能力水平，应可测量。如，“观察实验的过程，做好必要的记录”、“能说出自己的实验假设、验证过程与结果”，这样的目标不但能反映学习者的学习情况，而且也可评价。而“了解”、“知道”、“理解”、“掌握”这样的目标，因缺乏质和量的具体规定性，且不可观察，评价就无法开展。

(4) 陈述目标必须具体、准确、语言简明，切忌笼统、泛泛而谈。如，情感态度类目标主要通过外部的言行来判断，避免使用“增强……意识”、“培养……态度”等。如，“培养学生对现代文学的鉴赏力”这类陈述，可作为课程目标，作为教学目标就过于宽泛了。

二、 教学内容的处理

教学内容是落实课程标准、达成教学目标的重要载体。教材内容为教学提供重要资源，是安排教学内容的基本线索，是教学内容的重要组成部分，但却不是全部。教材内容完全符合学生实际的学习需要，一点儿都不需要作任何调整，这当然是理想的情况。

但实际上，要科学、合理地组织课堂教学，必须寻找教学内容与教学现实的结合点，从目标、内容、结构等方面对教材内容进行"二次规划"，这包括教学内容的整合、教学内容序列的调整和教学内容的结构化重组。

（一）教学内容的整合

尽管教材有具体的教学内容，但其毕竟是静态的，与学生生成新知的动态过程不可能完全吻合，因此，在实际教学中仍然需要对教材内容进行调整，而不是简单地执行与传递教材内容。当然，这种调整不是随意的，不是一概扩展，也不是仅限于教材的内容范围，而是需要教师根据自身对课程标准的理解，研究教材内容之间的相互联系和学生实际学习需要，在尊重教材的基础上，根据教学目标对教材内容进行有目的的重新筛选与整合，包括新编、增删与调整教材内容，从而形成符合学生认知水平和有利于学生发展的教学内容，并做到详略适度、重点突出。

案例 4－11　"相似多边形的性质和判定"教学内容的新编

教材内容：采用从正多边形到一般多边形、从三角形到多边形这一从特殊到一般的方法归纳结论。

教材分析：教材上面的处理有其合理性，但具体操作起来有一定的困难，第一，学生总有疑惑，给出的两个图形是相似的吗？为什么呢？第二，探究它们对应角和对应边的关系时只能通过度量(还未学三角函数)，量出的结果常常会显得非常尴尬。

教学内容的新编：借助多媒体，出示比例尺不同的两幅中国地图。

1. 在两幅地图上分别选取北京、长沙、上海三个城市，将这三个城市用线段连接起来得到大小不同的两个三角形，提出问题：(1)这两个三角形相似吗？(2)与你学过的有关地理知识联系起来，这两个三角形的对应边和对应角有什么关系？

2. 在两幅地图上分别选取四到五个城市，画出相应的四边形和五边形，提出问题：这两个四边形(五边形)相似吗？它们的对应边和对应角有什么关系？

3. 总结出"相似多边形的对应角相等，对应边的比相等"，进而得出"如果两个多边形满足对应角相等对应边的比相等，那么这两个多边形相似"。

显然，教师没有机械地使用教材内容，而是根据学生已有的地理知识，借助不同比例尺的两幅地图，研究两幅地图上几个城市围成的多边形间的关系，使学生在已有的知识和经验基础上，研究有趣的、具有现实意义的问题，有利于学生真正理解相似多边形的性质，使难点得以突破。

案例 4-12　"能被 2、3、5 整除的数的特征"教学内容的调整

在设计这节课时教师对教材内容进行了大胆的处理：

一是把能被 2、5 整除的数的特征与能被 3 整除的数的特征整合在一节课内进行教学。

二是重新设计例题，通过用 0—9 这 10 个数字组成三位数，再判断其中分别能被 2、3、5 整除的数各有哪些，来探索发现能被 2、3、5 整除的数的特征。

这样处理一方面力图使学生整体把握整除特征；另一方面力图使学习内容具有较强的灵活性，以促进学生的思维，培养学生的观察、分析、判断等能力。

对教材的独特处理是这节课的最大特色，教师创造性地将"能被 2、3、5 整除的数的特征"整合在一节课里进行教学，作为整个学习任务来处理，它在知识上是一个整体，而在特征和判断方法上又各自不同，这使学生的学习过程始终处在"产生冲突——解决冲突"的过程中，如在探索能被 3 整除的数的特征时，有的学生可能会提出"个位上是 3 的倍数"，有的学生可能会提出"某一位上的数是 3 的倍数"，而水平较高的学生可能会观察到"各个数位上的数字之和是 3 的倍数"。例题的重新设计为中学生的积极探索提供了较大的思维空间，为在不同水平上的学生参与学习提供了可能。

在整合教学内容时，教师始终要有一种意识：要选择学生日常生活中熟悉或关心的素材、情境来作为教学内容，把知识的学习与生活实际紧密联系起来，从中感悟所学知识的应用价值。

案例 4-13 "铝的性质"教学内容的生活化

展示铁在空气中生锈腐蚀(铁门窗锈迹斑斑,锈蚀严重,表皮脱落,裸露出来的内层铁也被腐蚀了)等图片;

展示铝合金门窗表面平整光滑,无生锈腐蚀现象。

提出"铝是较活泼金属,活动性强于铁,为什么铁在空气中被腐蚀而铝却没有被腐蚀呢?铝难道不能被空气中的氧气氧化?",由此引发学生的兴趣并展开讨论,让学生在知识的引入、问题的形成与解决中逐步建构新知,感悟化学知识的价值。

(二) 教学内容序列的调整

教学内容按什么样的顺序来组织和呈现,即教学内容的序列安排,是教师在备好教学内容时要思考的问题。从教学起点到教学终点,教学内容的呈现有多种序列的可能,但大多数教师一般都会按照教材内容的先后顺序来组织教学内容。这本无可厚非的,但却不一定完全适合所有的教学。因为,我们前面始终强调教材内容不是教学内容,当教学内容经过重新加工整合后,其教学内容的组织顺序必然也要随之进行相应的调整,这样才能使内容和形式相统一。因此,调整教学内容的序列,使之更符合教学实际,这样的教学才会更有效。

对教学内容序列进行调整主要可采用这样一些方式:直线式、螺旋式、自上而下式/自下而上式。

直线式编排教学内容:是把教学内容转化为一系列习得能力目标,然后把这些目标按照从较简单的辨别技能到复杂的问题解决技能的顺序,对全部教学内容按等级来排列。直线式排列的特点是各个教学内容不重复,每一环节所学习的都是新知识,这种方式"毕其功于一役",对于思维强的学生尚可适用,可以提高学生的学习兴趣,加快学习。但是容易造成理解不深、知识不牢、技巧不熟的现象。

螺旋式编排教学内容:是将同一主题的教学内容按照由易到难螺旋上升的顺序来编排。其特点是随着学生理解的加深,逐步扩大内容的广度、增加内容的深度和难度。这种编排顺序比较符合学生认识能力的发展规律,易于理解、掌握并巩固所学知识。但要注意内容的梯度设计，要环环相扣，否则会造成学习内容衔接的断层。

自上而下式或自下而上式编排教学内容：“自上至下式”是先呈现整体性任务、显示知识的概要，然后进行精细化处理，从概要中找出细化的教学起点，展开内容，再从展开的内容中找到二级细化的教学起点，依次呈现一系列细化序列，细化的复杂程度和精细程度随着教学进程而逐渐加深。“自下而下式”是先找到教学起点，即从基本子概念、子技能的学习出发，然后采用“逐步生长”的策略，逐渐扩展知识范围，逐渐学习到高级的知识技能。

上述各种教学内容序列，各有利弊，要吸取各种序列的长处，避免不利因素。在调整教学内容时要处理好学生的思维特点、认识规律、知识结构的逻辑系统之间的关系。

（三）教学内容的结构化重组

有研究表明，结构化的教学具有这样一些功能：它一般以概念和原理作支撑，体系简约，易于领会与接受；有利于学生学习思维方法，自主处理信息，便于理解与记忆，能在学生头脑中形成高效、合理、有序的知识结构；便于联想，迁移与应用。由此可见，教师通过对教学内容的结构化处理，让学生掌握知识间的关联是非常必要的。

教学设计中，教师在处理教学内容时要以条理化、结构化和整合化为原则，要把零散的“知识碎片”进行整理，使之条理化、结构化，并以便于学生理解和应用的方式呈现，这样可以有效地减轻学生的学习负担。但这并不是说教学一定要按部就班地从基本的概念和原理教起，而是以形成结构化、层次化的认知结构为最终目标和总的设计原则。

教学内容结构化可采取两种策略：一是根据学情对教学内容进行适当调整或组合，加强教学主题之间的整合，使之尽量符合学生的认知水平。二是当一节或一章内容结束时，及时对已学过的知识进行归纳整理，联系以往相关知识进行整合，形成新的结构，使之与原有的认知结构一体化。

案例 4－14　小学低年级识字教学的结构化处理

如母体字“青”，繁衍、派生出“清、情、请、晴、睛”等，形成一个字族，《小青蛙》就是这一字族编成的字族文：“河水清清天气晴，小小青蛙大眼睛，保护禾苗吃害虫，做了不少好事情，请你保护小青蛙，它是庄稼好卫兵。”

新教材生字随课文出现，一篇课文中出现的生字，无论在“音”、“形”还是在“义”方面都没有嫡系，这给学生记忆和理解造成了一定困难。在教学中，教师要有意识地帮助学生进行分类识记，把新学习的生字与学过的字联系起来，并从字形、字音上加以区别，这就是帮助学生把知识结构化的过程。

三、 教学流程的设计

教学流程是教学过程的系统展开，是把教学内容与教学手段进行合理联接，从而达成一定的教学目标。通俗地说，教学流程就是一个完整的课堂教学安排，是对整节课的一个“战略部署”。因此，教学设计中，关注教学流程的设计是非常必要的，也是非常重要的。

（一） 教学流程设计中常出现的问题

在实际教学设计中，虽然大多数教师会关注教学流程的设计，但往往还是会出现各种各样的问题。一位语文教师在上《卖炭翁》一课时，正赶上雪后初晴，于是他设计了下面的教学。

案例 4-15 《卖炭翁》的教学环节

环节一：导入新课

同学们，断断续续、飞舞了近一周的雪花停下了。今天，阳光照耀，天气暖和，是我们盼望多日的好天气。但是，很久很久以前，有一个穿得十分单薄的老人，却不喜欢这样的天气，总是期待朔风凛冽、大雪纷飞，他，就是白居易笔下的“卖炭翁”。你们知道，卖炭的老人为什么会有这样的反常心理呢？

（学生对老师的提问纷纷发表不同的见解。）

环节二：检查预习的字词。

环节三：……

上述环节的设计，其实在语文课上非常普遍。即导入新课→预习检查。粗略看来，这样的流程设计似乎没有什么不妥。教师抓住了天气突变这一特殊情境，即兴应变，设计了一个问题导入新课，激发出学生的求知欲望（从课堂教学的情况看，也的确如此），应该是一个不错的导语。但仔细深究起来，问题就出在导入新课以后，检查预习的内容是字词，这与前面导入中引出的问题没有相关性，以至于学生刚刚被激发起来的对卖炭老人的探索意识一下子烟消云散。正是这两个环节之间严重脱节，精彩的导入变成了一个精美的"装饰品"，对后续的课堂教学没有发挥应有的作用。

上面这个例子，其实很容易看出其中的弊病。而在实际教学设计中，出现的不仅仅是环节间的脱节，还有很多更为复杂的现象。如，大量的无效环节充斥于课堂；教学环节与目标相脱离；环节顺序安排颠倒或混淆等。因此，教学设计中，对教学流程的设计切记不要流于形式，而是要的的确确关注每一教学环节的设计是否合理和有意义，是否关注到了环节间的梯度，是否关注到了环节间的过渡，等等。从这样的角度来思考，上面案例如能在导入新课后，通过范读、自读等各种形式的朗读，引导学生在课文的朗读中把握文章大意，求解导入中的那个问题，显然要比检查字词这样的设计好得多。

（二）有效的教学流程应具备的基本特征

我们来看一个数学学科的案例——《轻与重》，这是上海二期课改小学数学教材二年级第二学期第四单元的教学内容，教材要求学生能通过实际生活经验来判断和比较"轻与重"。这既是本节课的教学重点，也是本节课的教学难点。如何更好地突破这一难点呢？教材中所显示的是用橡皮筋同时比较五件物品，而学生看到的仅仅是比较的结果。从新课程的教学理念来看，如果仅按照教材的设计来实施，虽然也能完成这一教学目标，但是对于学生的数学思维的发展和动手实践能力的培养显然还是不够的。基于此，一位教师确立了这样的教学目标：

- 通过看、掂或借助工具的方法进行轻与重的比较。
- 通过观察、验证等学习活动，培养动手操作能力。
- 在动手操作的活动中提倡合作精神，感受数学与生活的联系。

显然，教师在教学目标的设定上从"知识与技能"、"过程与方法"、"情感态度与价值观"三个维度对这节课的教学进行了重新定位，教学目标明确、具体。

那么，如何达成这一教学目标？教师是这样设计教学流程框架的：

案例 4－16　“轻与重”教学流程框架

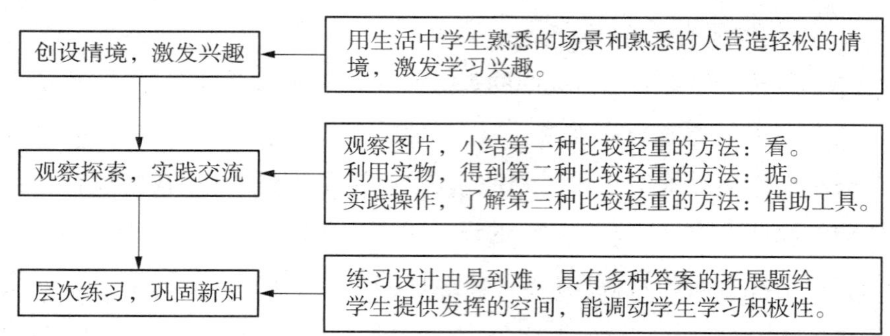

从案例 4－16 的教学流程图中，我们看到新授部分的三个环节层次清晰，目标明确。第一环节，用眼睛看的方法判断“轻与重”：本环节中学生通过观察，根据自己的经验，在老师的引导下，得到了比较“轻与重”的第一种方法：“看”；第二环节，通过用手掂比较“轻与重”：学生在不能运用第一种方法的时候，会自发产生寻求其他方法的愿望，于是得到了比较“轻与重”的第二种方法：“掂”；第三环节，借助工具比较和验证“轻与重”：精心设计和选择的物体使学生在比较时产生矛盾，在矛盾中寻求解决的方法，当“看”与“掂”都不能解决问题时，需要借助工具。

我们看到，为了增强学生的动手操作能力，教师设计了小组合作，亲身体验这一教学环节。学生亲自动手操作，用平衡尺、弹簧等工具同时比较五件物品的轻与重。由于是低年级学生，因此在小组活动之前，教师还着重介绍了工具的用法以及明确了小组成员的分工，这样既能教会学生小组合作的方法，也能提高操作效率。这一环节的设计不仅培养了学生动手操作能力，同时也体现了“加强数学的过程教学”这一新理念。

从这个成功的案例中，我们可以归纳出有效的教学流程设计具有这些基本特征：教学流程的每一步都必须为教学目标服务，要考虑到教学容量、教学手段、教学方式方法与教学目标的一致性；有效的教学流程甚至还要考虑到教学环节时间分配的合理性和所采取的课型与教学内容的特征相符合。环节间的设计要有梯度，为课堂教学的逐步推进搭建了“台阶”，降低了任务达成难度；环节间要有适当的过渡和衔接，给人以行云流水般的感觉；环节的设计既要有合理性，还要有逻辑性，不仅符合学生思维的认知规律，激发学生的认知冲突，同时还教给了学生如何探索新知的方法。案例 4 - 17 这一教学流程图牢牢地抓住了教学过程与教学目标的一致性，来展开教学流程的设计。

案例 4 - 17　“功率”教学流程图

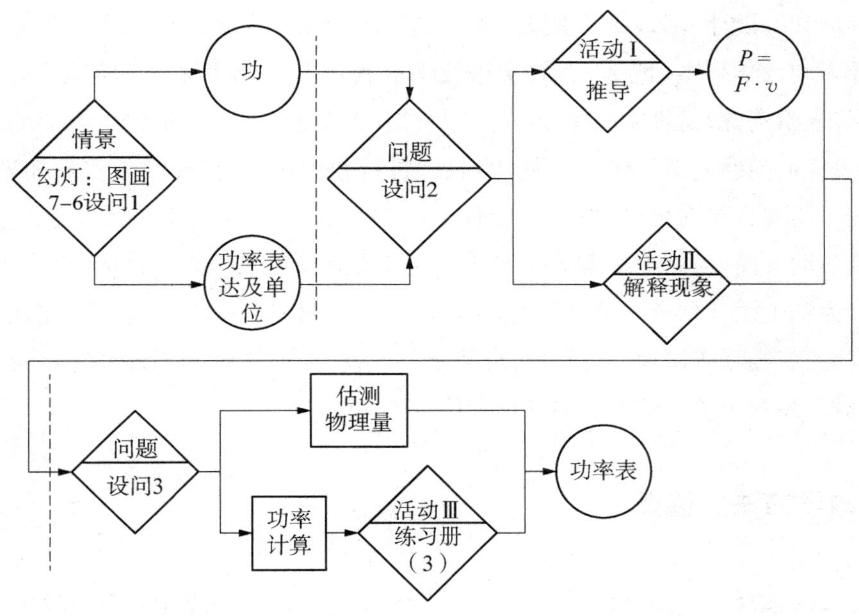

（三）如何有效设计教学流程

一般而言，以问题为中心的教学流程的设计是一个不错的方式。即在对一连串问题的“讨论”与“交流”的探索过程中，在“自主探究”与“合作分享”的过程中，推进教学目标的达成。这远比教师单向的“讲授”和“传输”能取得更好的教学效果，也更符合新课改的理念。我们可以从这四个方面着手：

环节一：提出问题环节。包括创设问题情境（生活情境和虚拟情境），以新鲜有趣的形式引发学生的好奇心和积极的学习情感。

环节二：问题解决环节。围绕学生已有的经验、体验来展开，设置合适的台阶，运用恰当的教学组织方式，引导学生主动参与交流讨论，凸显解决问题的过程。

环节三：得出结论环节。引导学生自主得出结论，教师不要越俎代庖，允许不同的结论存在。

环节四：开展评价环节。通过评价，分析彼此的长短处，总结该方法与以前所学的有何不同，反思合作性学习的有效性，从而提高学生的信心，促进学生的发展。

我们知道，教学是一个教与学双向流动的过程，因此，上述的教学流程不但要从纵向进行设计，还要从横向来思考，即从教师的教和学生的学两个方面来设计每一环节的教与学双边活动。

在教师活动的设计方面，要考虑设计怎样的情境导入新课来激发学生的学习兴趣、怎样体现新课导入和教学结尾相呼应；怎样突破教学重点和难点、设计和指导开展哪些具体的活动、选择哪些教学资源；通过哪些途径收集学生的反馈信息，调控学生的学习活动；怎样进行讲解、设计怎样的问题或练习供学生使用；怎样进行归纳小结，指导学生实现知识迁移并使学习内容进一步整合与内化；采用怎样的手段来测量或评定学生的学习效果等。

在学生活动方面，为让学习者明确学习内容以及应该实现的教学目标，教师要根据学习目标与内容为学生设计相应的学习活动，包括阅读什么材料、观察什么实验、完成什么练习、如何进行实验、怎样开展讨论、如何进行自我学习反馈、如何实现知识迁移等，即在教师引导和指导下，对一系列的学生学习活动进行设计。

四、 教学方法的选择

教学方法的选择对于提高教学质量具有十分重要的意义。选择恰当的教学方法，有助于顺利地完成教学任务，达成教学目标。教学质量高、效果好，往往和教师采用恰当的教学方法有关；反之，学生在知识技能方面有欠缺、掌握不牢固，也往往与教师所采用的方法不当有关。

（一） 教学方法的内涵及类型

1. 教学方法的内涵

教学方法是教师在教学过程中为了完成教学任务或目标而采用的方法，它包括教师教的方法和学生学的方法。教法与学法并举。教法与学法密不可分，以下着重探讨教学教的方法。

实践证明：教师在教学设计中，对教学方法考虑得越细致、越充分，教学后的效果也会愈好，而所花的教学时间也会愈少。

2. 教学方法的类型

按期望获得的学习结果的类型，可以将教学方法分为三大类，见表4－5。

表4－5　教学方法类型

获得学习结果的类型	教学方法
认知类	讲授法、演示法、谈话法、讨论法、练习法、实验法
动作技能类	示范—模仿法、练习—反馈法
情感态度、价值观类	直接强化法和间接强化法

（二）教学方法的选择与运用

选择与运用恰当的教学方法是促进有效教学的重要方面。如何选择教学方法呢？

1. 选择教学方法要考虑的因素

苏联教育家克鲁普斯卡雅说过：方法的选择是由它的对象所决定的，如缝麻布要用针，缝皮子要用锥，打石头要用铁锤，等等。没有一种教学方法可以适用所有教学。教学方法的选择要根据教学目标、学生特征、学科特点、教师特点、教学环境、教学时间、教学技术条件等具体情况而有所改变，这就是说，教学方法的选择最终是由施教对象决定的，不看对象的方法是注定要失败的。

2. 选择教学方法依据的主要标准

选择教学方法依据的标准主要有两点：首先，要有助于顺利实现教学目标；其次，要有助于提高教学效率，即教学过程要高效低耗。可以说，教学目标及教学效率对选择教学方法具有决定性意义，因为教学因素之间不管采取哪种结合方式都必须保证实现教学目标，并提高教学效率。教学因素之间的结合（对某一具体教学内容和具体的师生特点来讲）若能保证教学效率最高和目标实现最优，这种结合即为最优结合，即为最好的教学方法。这就是我们选择、评价、创造教学方法的标准。

3. 几种常用的教学方法

（1）讲授法

是教师通过口头语言系统连贯地向学生描绘情境、叙述事实、解释概念、论证原理和阐明规律的教学方法。

（2）讨论法

是学生在教师指导下为解决某个问题而进行探讨、辨明是非真伪，以获取知识的方法。

（3）演示法

是教师通过展示实物、直观教具，进行示范性实验或采取现代化视听手段等指导学生获得知识或巩固知识的方法。

（4）实验法

是学生在教师的指导下，利用一定的仪器设备，通过条件控制引起实验对象的某些变化，从观察这些变化中获得知识的方法。

（5）案例教学法

是在教师指导下，根据教学目标和内容的需要，采用案例组织学生进行学习、研究、锻炼能力的方法，也是考查学生学习成绩与能力的方法。

（6）发现教学法

发现教学法也称发现学习法，是学生运用教师提供的按发现过程编制的材料进行“再发现”，以掌握知识并发展创造性思维与发现能力的一种教学方法，具有通过发现过程进行学习和在学习过程中学习发现方法的双重含义，是一种较高程度的独立学习的方法。应用该方法进行教学，由于是学生亲自发现事物的规律，能使学生产生兴奋感和自信心，从而有利于提高学生的内部学习动机，发挥学生的智慧潜力，使学生掌握发现的方法，以培养提出问题、解决问题的能力。

（7）情境教学法

“情境教学法”是指在应用知识的具体情境中进行教学的一种教学策略。在情境教学中，教学的环境是与现实情境相类似的问题情境；教学的目标是解决现实生活遇到的问题；学习的材料是真实性的任务；教学的过程与实际解决问题的过程相似，教师不是直接将事先准备好的概念和原理告诉学生，而是提出现实问题，引导学生进行探索。

（三）教学方法的优化

各种教学方法都有其长处和短处，都有其独特的功能。但没有一种教学方法是万能的，因此在选择教学方法时应根据教学的不同情况，从中选择那些最能发挥其独特功能的教学方法，多中选优。下面是选择最优化的教学方法可以参考的关系图和选择程序。

1. 教学目标与教学方法之间的优选关系

前面谈到，教学方法的选择首先要考虑达到教学目标。教学方法是为实现教学目标服务的。有了明确的目标，方法常常会“应运而生”，见表 4－6。

表 4－6　教学目标与教学方法之间的优选关系图

教学方法 / 教学目标	记忆事实	记忆概念	记忆程序	记忆原理	运用概念	运用程序	运用原理	发现概念	发现程序	发现原理
讲授	△	☆	○	☆	☆	○	□	□	○	□
演示	☆	○	○	○	○	□	○	○	☆	○
谈话	△	☆	□	☆	☆	○	□	□	○	□
讨论	□	△	△	□	☆	□	☆	○	△	□
练习	○	□	☆	☆	□	☆	□	△	○	△
实验	☆	△	□	○	△	☆	□	□	○	☆

说明：☆：最好；□：较好；△：一般；○：不定。

如对概念的学习，为了让学生掌握其本质属性，明确其内涵和外延，应特别重视其产生、发展的背景和过程，尽可能通过生动具体的实验或事实，提供充分的材料让学生观察、思考，让学生建立表象，引导概括出相应的概念，要突出概念的关键特征，重视其具体运用，在教法选用上主要是讲授法、讨论法和练习法。

案例 4－18　直线、射线、线段的教学过程及教学方法

1. 学生预习，感知概念。学生预习后能了解这些概念的意义，但对它们向几个方向延伸难以理解。这时，教师转入讲授阶段。

2. 教师讲授，帮助理解概念。教师先画直线。从黑板的一端一直画到另一端，甚至走出教室，还继续保持画的姿势，这形象地给学生树立了直线是无限延伸的感觉，再辅之以语言，促进学生进一步理解直线的无限延伸性。学生有了对直线无限延伸的直观感受，对射线和线段的延伸性也就容易理解了（主要采用讲授法）。

3. 学生练习，巩固概念（主要采用练习法）。

4. 师生总结直线、射线和线段的异同，深化概念（主要采用谈论法）。

当然，不同的目标，方法也是不同的，就好比不同的目的，路径自然也不同。方法没有好坏，只有合适与否，最高效地达到目标的方法就是好的方法。

2. 优化教学方法的选择程序

要实现教学方法的优化，除了需要依据有关要素，还要考虑适当的选择程序。巴班斯基等人通过调查研究，归纳出教师在选择教学方法时的一般决策步骤，对教学方法的选择具有一定的指导意义。巴班斯基提出的教学方法的选择程序有七个步骤。

第一步：决定是选择由学生独立地学习该课题的方法，还是选择在教师指导下学习教材的方法。

第二步：决定是选择再现法，还是选择探索法。

第三步：决定是选择归纳教学法，还是选择演绎教学法。

第四步：决定关于选择口述法、直观法和实际操作法如何结合的问题。

第五步：决定关于选择激发学习活动的方法问题。

第六步：决定关于选择检查和自我检查的方法问题。

第七步：认真考虑所选择的各种方法相结合的不同方案。

以上所谈的都是一般规律性的东西，俗话说，“教学有法，但无定法，贵在得法”。优秀的教师总是不断地研究、摸索、总结、借鉴好的教法，最终形成适合自己的教学方法。

五、 教学媒体选择应用

“工欲善其事，必先利其器。”跨入二十一世纪的今天，随着现代信息技术的迅猛发展，教学媒体的日新月异，对现代教学媒体的合理选择与应用，是提高教学效果的有效途径。根据各种媒体优势，分析教学内容，进行媒体优选，是现代教师必备的一项技能。

（一） 教学媒体的内涵及功能

捷克教育家夸美纽斯为了“让教学用书充满图像”，在1658年编写了一本附有150幅插图的教科书《世界图解》，从而被西方国家誉为“直观教学之父”。这些插图作为教具也成了最早的视觉媒体。

1. 教学媒体的内涵

教学媒体是指直接加入教学活动，在教学过程中传输信息的手段。教学媒体概念与教具之间既有区别又有联系。教具主要是辅助教师呈现教学信息的工具,但它本身可以不携带教学信息。教学媒体则不然,因为教学媒体必须能够携带教学信息。

2. 常用教学媒体的功能

表 4－7　常用教学媒体功能

媒体类型	主要教学特点	作　　用
黑板	用粉笔反复书写的平面	使用方便、再现力强、突显重点
投影	大画面的平面模拟	增加感性知识,清晰地形成表象,利于创设问题情境
幻灯	静态实景	
电视	动态过程	动态的视觉和听觉的结合,提供近似身临其境的感性经验
录像	声音、语言重现	
CAI 课件	抽象符号、交互作用	基于 WORD、PPT、投影等手段于一体的计算机辅助教学

常用教学媒体功能见表 4－7,可知地理教学中,对地理名词、地理分布、地理数据、地理演变等以识记为主的陈述性知识的学习,宜选用和设计图片、地图、模型、幻灯片、投影、黑板等再现力强的教学媒体辅助教学。对地理成因、地理规律、原理、地理概念等程序性知识的学习,主要应帮助学生加强理解,建立逻辑联系和空间关系,宜采用动画、录像、电视、电影、多媒体等教学媒体,突破教学难点,激发学生学习兴趣。比如"大陆漂移"、"锋面系统"、"褶皱的形成"等内容的教学,宜选用景观图片、电视、自制 flash 动画模拟演示等媒体,使学生观察到地理现象演变的动态过程及演变的各个阶段,能有效地促进学生理解。

(二) 选择教学媒体的依据和原则

1. 选择教学媒体的依据

(1) 依据教学目标

每门课程、每个单元、每节课都有一定的教学目标,比如要使学生知道某个概念,或理解某种原理,或掌握某项技能等。为达到不同的教学目标常常需要使用不同的媒体去传递教学信息。以外语教学为例,知道各种语法规则或就某个题材进行会话是两种不同的教学目标。对于各种语法规则的学习,可以以教师的板书讲解为主,结合各种语法练习进行学习。练习就某个题材进行会话,可以借助各种视听设备,采用角色扮演的方法,让学习者练习会话。另外,如果要纠正学习者的读音,那么录音机就是一个非常好的媒体。

(2) 依据教学内容

不同学科的教学内容性质不同,对教学媒体提出不同的要求。如在语文课的散文教学中,可以借助录像等视听媒体向学习者提供一定的情境,使学习者有身临其境的感受,以加深他们对课文的理解和体会。

(3) 依据教学对象

不同年龄阶段的学习者对事物的接受能力不一样,他们的经验背景也不一样,选用教学媒体必须顾及他们的年龄和心理特征及知识背景。另外,在两种效果接近的媒体中进行选择也可适当考虑学生的习惯和爱好。

(4) 依据媒体特性

恰当地选择教学媒体的前提条件就是充分了解各种媒体的特性。只有充分了解各个媒体的优点和局限性,才能在使用中扬长避短,对它们进行综合应用。

(5) 依据教学条件

教学中能否选用某种媒体,还要看当时当地的具体条件,其中包括资源状况、经济能力、师生技能、使用环境、管理水平等因素。

2. 选择教学媒体的原则

要使媒体在教学中高效、实用,必须遵循以下原则:

(1) 目标性原则

目标性原则要求教师在选用教学媒体时,要有明确的教学目标,做到有的放矢。

(2) 内容符合原则

学科内容不同,适用的教学媒体也不同,即使同一学科,各章节的内容不同,对教学媒体的要求也不一样。

(3) 对象适应原则

不同年龄阶段的学生其认知特征有很大的差别,在进行媒体选择时,不能套用某种固定的模式。在小学低年级阶段,重点放在实施形象化教学,在小学高年级,重点放在帮助学生完成从形象思维到抽象思维的过渡。在中学阶段,着重引导学生学习抽象概念,逐步发展学生的逻辑思维能力。

(4) 首选性原则

即在运用不同种类的媒体表现同一现象或成因时,在表现效果基本相同的情况下,媒体首选时应遵循就低(低成本)不就高、就简不就繁、就易不就难的原则。用最少、最精、最简的手段，达到最理想的表现效果是首选性原则的根本所在。如运用挂图、幻灯、多媒体都可以的时候则选择运用挂图。

（5）结构性原则

指几种不同媒体先后出现在同一教学时段内时，应注重各种教学媒体在教学过程中的顺序设计。宜采用先低后高、先单后合、先常规后特殊的阶段层次，这样才可能使学生大脑皮层在整个教学时段内不断接受相对变化的渐强信号，保持充沛精力和注意力。

（6）辅助性原则

尽管教学媒体的功能越来越强大，但教师主导作用和学生主体地位的关系并没有改变。教学媒体离不开教师，更不能代替教师。因此应将教学媒体摆在辅助地位，不能以媒体设计来代替学生的思维或教师的引导和启发。

案例 4－19　“能否用南极冰山解决沙特缺水问题”教学媒体设计

投影——创设问题情境：介绍沙特所处的自然地理环境，着重展示河流缺水画面，针对其人口、经济及每年用水与供水数据，提出问题：沙特严重缺水，怎么解决？

板书——板书探究主题：能否用南极冰山解决沙特缺水问题。

投影——投影小组探究任务表。

网络——小组分工上网查询资料。

地图、图片——将世界地图、南极洲地图、气压带风带图等张贴于教室四周墙面。

录像——播放《泰坦尼克号》电影剪辑和主题音乐和南极科考实况及资料，增强学生对冰山和南极的感性认识。

板书——教师将各组发言要点板书在黑板上。然后各组根据板书要点再次讨论，形成共识，教师将共识点打钩或引导学生增补，提出新的观点列于黑板上。

多媒体——展示课后探究主题：能否用青藏高原冰川解决新疆的缺水问题。目的是迁移知识，联系身边的地理现象。

该教学内容属于高中阶段学习知识，学生已具有了一定的知识储备和探究问题的能力。学习的信息量大，主要涉及三风四带、大气环流、水循环原理、气象气候等地理学中较难的程序性知识的应用。使用板书、投影、网络、多媒体、地图、图片、录像等多种媒体，运用于问题解决的不同阶段，能达到较好的效果。

（三）教学媒体的合理运用

每一种教学媒体都有各自独立的特性，在设计如何运用教学媒体的时候，要考虑各种媒体的优化组合。正像人体各部分器官，虽然分工明确，各司其职，但它们的功能是通过优化组合才得以充分发挥的。

在进行和运用媒体选择时，并不是越现代的媒体越好，也不是越昂贵的媒体越好。教学媒体的使用并不是目的，目的是为了更好地实现教学目标。目前教学媒体选择存在一种误区，认为教学媒体的技术含量越高，越能体现教学的现代化水平，而且有些教学评价还以教师是否运用现代的教学媒体为评价标准而忽略了教学效果本身。所以，选择教学媒体必须注重媒体的实际效果，不能盲目求新。教学应该把重点、注意力放在教学效果上，而不是媒体是否先进上。应该根据各个教学要素的不同情况，选择相对最佳的教学媒体，可以用简单的解决问题就不需用复杂的。能用幻灯片达到教学效果就没有必要用计算机，能用录音机达到语音训练的效果就没有必要播放视频去扰乱学生的听觉注意力。

同时，我们应该重视多种媒体的组合教学，根据教学内容和教学目标的需要以及各种媒体的特性，扬长避短、互为补充、有机结合地选择教学媒体，充分发挥整体功能大于各个部分之和的作用，达到教学过程的优化。

六、作业与练习的设计

（一）作业与练习的作用与类型

1. 作业与练习的作用

“没有练习学生不可能学会算术、写作或西班牙语，同样，学生也不可能只是通过听讲解就能学会骑自行车”，“在把新信息从暂时记忆转入到长时记忆的过程中，练习是关键的一步”。

在知识的学习和技能的掌握过程中，许多知识的保持是通过多次练习和复习而达到的，练习是学习和教学的必备环节。有了这个环节，教学便能对症下药，针对不同的学习进度安排教学，对学生的学习进行有效补偿。学生也有了一个自我检验和自我体验的机会，发现优点，找出不足，合理安排自己的学习。

2. 作业与练习的类型

一般而言,作业大致可分为以下六个方面共 15 种,见表 4－8:

表 4－8　作业分类向度和类型

分类向度	类　　型		
形式	口头作业	书面作业	动手操作
时间顺序	课前作业	课堂作业	课后作业
空间取向	课内作业	课外作业	
层次	基础作业	综合作业	提高作业
指定性	单元作业	篇后作业	
成员关系	独立型作业	合作型作业	

根据教学目的的不同,作业和练习又可分为如下四类:

(1) 准备性和前导性的习题。这类习题运用并重现以前已掌握的知识、技巧和能力,以便学习新教材。

(2) 尝试性的习题。这类习题运用新学习和掌握的知识和方法,在运用时允许有错误,但没有达到牢固熟练的水平。

(3) 操作性的习题。主要用于培养技巧和能力,这类习题较为复杂,设有问题情境,要求迁移原先掌握的知识和技能。

(4) 检查和测验性的习题。这类习题的目的是为了弄清学生知识和能力达到的水平。

从不同角度研究,会有不同的分类结果。目前较具权威的是国际教育百科全书中对作业所划分的六种类型,它们是:

- 巩固所学知识和技能的作业;
- 扩大知识面的作业;
- 使所学知识和技能系统化的作业;
- 把所学知识和技能运用到给出的实例和情景中的作业;
- 要求学生把所学知识和技能运用到实例和场合中并独立找出答案的作业;
- 引导学生进入新课题的作业。

从这一分类中,我们看到这样一种作业设计指向,即以知识和技能的掌握和运用为核心,按深度递进,渐次划分出六种作业类型。

这种作业分类依作业的功能来划分，突出了作业的功能是要学生掌握所学的知识和技能并能运用所学的知识和技能独立地思考分析问题，特别是强调要在有一定的情景和场合中运用学到的知识和技能。

（二）作业与练习设计的原则

1. 作业与练习设计常出现的问题

在作业与练习设计中，常会出现这些问题：

(1) 设计缺少明确的目的性、针对性、多样性和层次性。

(2) 从完成练习的思维操作来看，低层次认知水平的练习过多，富有挑战性的练习不足。

(3) 形式单一，缺乏变化。

(4) 设计倾向于从教师主观意愿出发，对学生的实际关注不够。

(5) 没有条件性设计或反馈矫正设计，不便于评估学生的发展状态，不便于学生反思。

下面这个是美国学校的案例，可能会对我们的作业和练习的布置有所启发。

案例 4-20　美国学校的语文作业

一位中国的留美学生把其 10 岁的孩子送到一家小学跟班读书。语文教师给他布置了两道作业：

一道是介绍你的祖先生活过的国家的情况，目的是与美国作比较；

另外一道是你怎么看人类文化。

这样的题目对于 10 岁的学生来说，似乎太难了。但实际结果是该生从图书馆里借来了大量的书籍，分别完成了 20 页和 10 页的作业，语文教师在作业批语中写道："留作业的目的是想让他们开阔眼界，活跃思维。没想到读这些作业的结果是我进入到我所期望他们进入的境界。"中国留学生问她为什么不多给学生背记的知识，她说有两种东西比死记硬背更重要：一种是让他知道如何获得比他所需的多得多的知识的办法；一种是综合运用这些知识去解决实际问题的能力。这里固然有东西方两种观念的差异在其中，但更为重要的一点是它说明了课堂作业的质量对于教学成效的重要性。

2. 作业与练习设计要考虑的问题

（1）学生是否了解与其作业相关联的学习目标？也就是说，学生是否知道通过作业他们要学的是什么？

（2）学生完成作业是否意味着所期望的学习目的的实现？

（3）所布置的作业能否进一步激起学生的学习愿望？

（4）学生是否了解完成作业的方法？

（5）学生是否清晰地了解判定其作业质量的标准？

（6）作业的分量是否合理（从实现学习目标和时间安排看）？

（7）学生是否熟悉作业的类型？

（三）作业与练习设计的指标与原则

1. 作业与练习设计参考指标

一个优秀作业的标志，应该符合能逐步培养和发展学生各种能力的指标，以下十个指标可以用来参考：

- 作业是否有助于学生学会从材料中找出并处理重要信息？
- 如果学生学完了各章的问题，他们是否掌握足够的知识，可以帮助阅读并理解下一章或下一年的课本？
- 作业是否能帮助学生学会各种学习技巧？
- 学习技巧中的何时、何地、如何、为何等问题，是否在作业中都有体现？
- 学生知道怎样去完成作业吗？方法和材料能被有效地利用吗？
- 学生有完成作业所必需的背景知识吗？
- 作业是根据学生的不同能力、兴趣和个性特点来安排的吗？
- 作业是否值得学生去做？换句话说，它能够激发学生的学习兴趣吗？学生了解做这个作业的真正原因吗？
- 作业题目是否清晰、具体？
- 作业的数量和难度恰当吗？

如果对上述问题的回答都是肯定的，那就可以说这是一个优秀的作业设计。

2. 作业与练习的设计原则

作业不仅要帮助学生检查知识掌握情况和巩固书本知识，更重要的是提供一个教给学生学习技能的良好机会，一个提供给学生思考问题、了解各种学习方法和手段的优点，以及运用这些方法和手段的机会。

总之，不管是何种类型和题型的作业，作业设计的宗旨是对学生所学的知识和技能，通过口述或书写进一步巩固和强化，通过完成作业达到掌握知识和技能的目的。因此，作业的设计要体现出知识和技能的综合运用，就应遵循以下几个原则：

(1) 内容的科学性

作业和练习设置要紧密围绕教材内容，为教学目的服务；要有助于基础知识的掌握，有助于能力的培养和思想教育。切忌漫无边际，应由随意性、单一性向有目的的、灵活多样的方式转化。

作业要体现完整性。要把作业安排纳入训练计划之内，要包括知识能力、学习态度，以及学习方法等多方面的学习，要对学生素质进行全面的培养。

作业要体现连贯性。依据学生的认知规律和身心发展规律来设计。

案例 4－21 初中语文作业设计体系

积累体系：

(1)由字词句向篇章发展；

(2)由单一文体或形式向多样发展。

阅读体系：

(1)文体上，由记叙文向说明文、议论文及其他文学作品、应用文等样式推进；

(2)范围上，由国内向国外、由个人向群体推进；

(3)方法上，由浏览、粗读向精读、细读、品读推进。

写作体系：

(1)由片段、小作文向大作文推进；

(2)由对记叙、描写、说明、议论、抒情等表达方式的单一运用向综合运用推进。

如此设计的作业，既有宏观调控，又有微观布局，横竖整散都成体系，是符合学生由浅入深、由易到难、由表及里的认识规律的。

（2）难度的层次性

“难度的层次性”其理论依据是“因材施教”原则。作业的设置也应按照学生的学习情况、心理特征以及认识水平等差异，把学生分为几个层次，对作业题目分层设置。题目分层设置，题序按由易到难的顺序排列，要符合学生学习和认识事物的规律，能够综合运用学过的知识和技能。要指导学生完成作业的步骤。比如：高等难度层次着眼于综合分析能力的提高，中等难度层次着眼于基本知识的理解和基本技能的培养；低等难度层次侧重于基础知识的掌握。争取做到各个层次的学生都能各取所需。如果遇到学生的能力一时还达不到完成作业的要求，应当提出一些能达到要求的阶梯式问题，以适应学生的学习实际，减轻学习困难学生的压力。

作业要注意其适应性。每个学生都有自己的学习速度、方式和技法，这便要求作业布置具有一定的弹性，要适应个别差异，学生能依自己的程度，做出适当反应，减少做作业的挫折感。

（3）思维的启发性

作业设计要能够引起学生的兴趣与注意，能够激发学生新奇的想象力，激发学生愿意独立完成作业的情感，并尽可能地挖掘学生创造性思维潜能，培养学生综合思维及解决问题的能力，题目的设计应由单一转变为多样，要有启发性，因学生的思维方式不同，作业方式各有不同，所有作业的答案也不一定都要一致，这样才会激起学生对作业的挑战热情，使学生乐于作业。此外，作业的设计应向学生提出自学的要求，用作业题来指导学生自学。好的作业能促进学生开动脑筋，培养他们的自学能力。而那些不需要动脑筋的作业，则无助于学生技能的培养。

（4）题目的趣味性

美国著名心理学家布鲁纳说过：“学习的最好刺激，是对学习材料的兴趣。”孔子也说过：“知之者不如好之者，好之者不如乐之者。”这里的“乐之”就是兴趣。可见兴趣是学习入门的向导。因此，应从不同的角度、不同的层次提出问题、设置作业题目，力求做到题目新颖有趣、形式灵活多样。

（5）题量的适当性

作业太多太繁，会造成学生负担过重和主要知识与次要知识凌乱不分，产生副作用，故而要禁忌“题海战术”；作业过少，达不到目的要求。因此，布置作业要适量、精当，各种题型的比例要适中，要有很强的针对性。作业的总量应该在学生能负担的范围之内，还应保证学生有自由活动的娱乐时间。

4. 教学方式的转向升级：推动学习方式的变革

如果说课程计划是描绘学校课程的蓝图，那么课程实施则是将课程计划付诸实践的过程。教学作为课程实施的核心环节和基本途径，则是联结理想课程和现实课程的纽带。作为课程改革不可缺少的、极其重要的一个环节，课程实施直接决定了课程改革成败。如果在这个链条上出了毛病，无论多么理想完美的课程方案都有可能功亏一篑。

课程实施层面关注的焦点是完善学生的学习方式。然而，实现学生学习方式的变革，其首要的前提是教师教学方式的变革。教师教学方式与学生学习方式将直接决定课堂里发生了什么，是怎么发生的。

一、改革教学过程，促进教学方式的改善

国家《基础教育课程改革纲要（试行）》指出，“教师在教学过程中应与学生积极互动、共同发展”，“注重培养学生的独立性和自主性”，“应尊重学生的人格，关注个体差异，满足不同学生的学习需要，创设能引导学生主动参与的教育环境”。无疑，新课程实质性的启动，在教学层面必然引发以教学方式转变为核心的一系列变革，并通过这些变革最终实现教学方式的根本性转变。

教师教学方式的改善并不是简单地改变传统教学中的“满堂灌”，而是涉及教师角色、教学行为、教学过程与教学方法等一系列的改变。这需要教师从观念到行动，在各个方面做出战略性的调适，才能真正保持与新世纪新课程的同步成长。那么，如何改革教学过程，促进教学方式的改善？

1. 重新定位教师的角色和教学方法取舍的标准

教师角色的转变是教师教学方式转变的基础，构建和谐平等互动的师生关系是真正实现教师角色转变的关键所在。

传统教学中，教师是知识的“权威”，教学的“主宰”，课堂的最高“评判者”。而二期课改的非同寻常之处就在于要撼动教师的这些“特权”，教师居高临下的地位在课堂教学中将逐渐消失，取而代之的是教师站在学生中间，作为学习者团体的一个成员，与学生平等对话与

交流；教师的作用不再是停留于知识的传授上，去填满“仓库”，而是成为教学中的指导者、帮助者、促进者、组织者和合作者多重角色，要点燃“火炬”，让学生在教师的指导、帮助、促进、引导下，使其能力由弱至强，经验由少至多，学业得以发展，人格得以完善；过去由教师控制教学活动的那种沉闷和严肃的氛围要被打破，取而代之的是教师作为“平等中的首席”引导学生学会学习、学会交往，以真诚和热情激励学生。

不仅如此，教师还要从知识的传递者转变为新课程的创造者。要自觉学习新课程的理念和现代课程理论，要参与新课程的研究、开发、设计和实施等一系列创新活动，要在课程实施中“创造性地进行教学”，用激情和创造性的生命活力改善和优化整个课堂教学，使每个教学环节都充满生机和活力。

传统课堂教学中，注重知识的传授似乎是教师的集体无意识。于是，在教学方法上往往简单地以教师讲得是否精彩、动人、顺畅、逻辑严密、语言生动等作为评价优劣的主要标准。新课程要彻底改变这种状况，就要转变陈旧的教学方法，重新确立适合新课程的教学方法。确定教法的取舍，要以是否有利于学生主体性的培养、主体作用的发挥作为主要标准，应着力于解决学生的主体性问题，注重培养学生自主学习、主动学习、独立学习能力，让教师换一种方式在更高层次上，更科学地发挥作用。从学生主体性逐步发展的过程来看，学生的主体性有一个发育、完善过程。因此，能否尊重学生主体性发育规律，促进学生由不完善、不成熟逐步走向完善、成熟，应作为评价教法优劣的主要标准。一切有利于学生主体性逐步完善的教法，都是现代课堂所需要的教法。不断满足学生主体发展的需要，是师生合作机制不竭的源泉。

2. 运用策略，改革教学过程

教学并不是忠实地传递知识的过程，而是让学生主动获取知识、建构知识、生成知识的过程。而要达到这样的要求，首要的条件是学生把学习当成一件有趣的事去做。这就要求教师不要把目光局限于每一个具体的小目标是否达到，而是要从更高的角度思考每一个教学行为，要在教学过程中持续地观察学生的学习状态：他是否被知识所吸引，开始主动地探究知识？他是否积极地参与和发言？他在学习中的表现是否被其他同学所重视？他有没有被同学所歧视？

在教学过程中，教师要运用一定的策略，促使学生成为积极的探究者，使学生学会主动地发现问题、分析问题，提高他们的社会责任感、与他人合作的能力，以及进行批判性思维的能力等。下面这些策略将有助于教师教学方式的完善。

（1）教学内容“问题化”策略

依据学生心理发展特点，将教学内容设计为以“问题”为纽带，以师生合作互动、多向信息沟通、多种感官协调活动为基本方式，将会大大激发学生的学习兴趣和思维活动，促进学生认知能力、思维能力与个性品质的发展。这是因为“问题导向”的学习突出学习过程，注重学习体验，为学生自主发展提供时间和空间。因此，以“问题”来组织教学已成为课改中教师教学普遍采用的一种教学策略。但在运用这一策略的过程中，也出现了一些值得深思的问题，那就是大量“没有意义的问题”、“虚假的问题”充斥课堂。这些问题有的是教师为了完成教学目标而不得不抛出的问题，有的是学生已经知道答案的问题。这样的问题对学生知识的增长并没有实质性的贡献。

那么，“什么样的问题”才能真正促进学生的思考与探究，推动真实的教学进程呢？我们认为，并不是带问号的就都算是问题，只有那些“有意义的问题”才是我们所说的具有探究价值的问题。所谓“有意义的问题”起码有两重含义，一是学习者对该问题确实不了解，希望通过研究对其进行认真探讨；二是该问题在现实生活中确实存在，对学生来说具有实际意义，是他们真正关心的问题。这也就是说“有意义的问题”来自学生的真实需求，是他们用心思考之后提出来的，只有这样的问题才是有价值的，才能触动学生的大脑和心灵，进而唤醒学生自觉学习的动机，并给这种学习活动制定方向，使之持续深入地发展下去。反之，如果教师仅是热衷于把自己预先定好答案的问题作为引导课堂教学的“魔棒”，那么，这些没有实质研究意义的问题，只会抹杀学生的求知欲，使学生心理受挫，实质上等于教师自己亲手扼杀了本应鲜活的课堂教学。

（2）教学内容“操作化”策略

知识通过什么过程和方法来获得，是死记硬背背会的，还是大量做题练会的，还是通过自主探究、发现、在解决问题中学会的，这关涉所获得的知识能否内化，能否成为真正意义上的有用知识。现实中许多学生拥有大量的“知识”并顺利通过了考试，但却无力表明对所学知识是真正理解的。他们不能用自己的话去解释、表述所学的知识，不能基于相关知识作出推论和预测，不能运用相关知识解决变式问题，不能将所学的知识迁移到实际问题中去。究其原因，在于学生所获得的“成品知识”不是靠自己建构来完成，而是靠教条式的学习来掌握的。因此，新课程提出教师在教学中要通过对教学内容的“操作化”组织，将“做”、“想”、“讲”有机结合，帮助学生内化学习内容。

比如，在学习《观察生物》一课时，有的学生提出“蜗牛的生活环境是怎样的”，对这一问题，老师没有把答案直接告诉给学生，而是鼓励学生进行观察研究，用第一堂课学到的科学研究步骤进行探究，遇到问题学生自行解决或者请教老师。学生用了近一周的时间进行蜗牛的饲养观察，通过自己的观察得出了正确结论。通过“做中学”，学生学会了独立探索，并懂得了如何获得知识，从中摸索出学习的方法，找到了分析、解决问题的途径，相信这种学习会使学生终生难忘，为其终身学习、可持续学习奠定了扎实的基础。

（3）教学内容“结构化”策略

教学过程是一个信息传输与反馈的过程，某一知识的信息量，不仅取决于这个知识信息的本身，而且还取决于信息传递的形式。心理学研究表明，结构化了的知识最容易被学生接受，有利于学生学习思维方法，自主处理信息，便于理解记忆，能在学生头脑中形成高效、合理、有序的知识结构。因此在教学素材的设计中，教师要把知识碎片进行整理，使之条理化、结构化，这样可以有效地减少同一知识内容的信息量，以达到减轻学生用脑负担的目的。内容结构化可分为两种：一是根据学情对学习内容进行适当调整或组合，加强学习领域、科目、模块或主题之间的整合，使之尽量适合学生认知水平。二是当一节或一章内容结束时，及时对已学过的知识，进行归纳整理，联系以往相关知识进行整合，形成新的结构，使之与原有认知结构一体化。

（4）教学组织“情境化”策略

教学过程不是一种知识传输的过程，而是一种知识探究的过程。教学应把要学习的知识置于多种且具有一定复杂性的情境之中，或镶嵌于活动背景中，使学生对知识形成多角度的丰富的理解，或结合自己的原有经验来学习探究新知识，建构自己对各种问题的观点和见解，建构自己所坚持的判断和信念。这种通过高级思维活动学习的方式，会使学生对知识、对学习表现出更深的卷入和更高的批判性。比如：“长方体、正方体表面积计算”的教学，教师可以从学生的生活实际出发，创设一个小芳送给妈妈生日礼物，包装礼盒需要多少包装纸这一情景，让学生带着富有趣味和价值的疑难问题参与学习过程，怀着一定程度的好奇心和求知欲，主动进入学习状态，在动手、动脑、合作探究中感受到数学就在身边，生活中处处有数学。

真实的教学情境是具体的、动态生成的、不确定的，我们可以预测，却无法预先规定。教师的教学智慧，恰恰应该表现在根据具体的教学情境做出即时的判断和处理。也就是说，教学的起点应该是学生现实的学习状态，学生的困惑、疑问、需要应该成为教学的主要生长点。教师和学生在相互激发下，消除困惑、解决疑问、满足需要的过程，就是他（她）自身获得进步、发展和成长的过程。所以，脱离具体教学情境的教学，在很大程度上失去了它应有的教育意义。

（5）教育资源“共享化”策略

提升教育品质，目前面临的一大课题是如何有效地整合与运用教育资源。教育资源分散、利用率偏低是目前存在的主要问题。因此，新课程倡导教育资源的整合和共享，打破资源使用的孤岛现象，进而推进基础教育均衡化、优质化发展。

联合国教科文组织在《学会生存》报告中指出："教育正在越出历史悠久的传统教育所规定的界限，它正逐渐在时间上和空间上扩展到它的真正领域——整个人的各个方面。"教育在时间和空间上的大大延伸，要求我们扩大教育资源的范围，综合开发并共享各种可利用的教育资源，包括学校、家庭、社区、社会、网络教育等资源，来丰富和拓展学习的空间。

3. 通过教学反思，修正并完善课程

前面我们谈过，课程实施不是就原初的课程计划"按图索骥"的过程，而是要充分考虑多种社会因素对课程实施的影响。因各个学校的课程计划、课程资源、教师的知识与经验、学生的基础与兴趣爱好等因素各异，所以课程实施者不能简单地生搬硬套课程方案和计划，而是要在深入理解课程方案的内在价值的基础上，根据具体条件、资源和情境，创造性地调整和建立未预见到的课程实施中的各种关系，使课程实施成为一种不断地向好的方向转变的过程。

课程实施是教师再创造课程计划的过程。任何好的课程方案，没有教师的合作与努力，都不会收到预期的效果。以往人们将课程的执行者看作课程发展过程中的被动角色，似乎他们只有听命于课程制定者的义务，而没有创造性地进行课程改革的权利。其实，教师作为课程的具体实施者在课程改革中应当具有发表意见、参与改革的权利。教师应通过自己的教学反思积极主动地对课程进行修正以及对自己的教学进行调适。

教学反思要思考哪些教学设计取得了预期的效果，哪些精彩片段值得仔细咀嚼，哪些突发问题让你措手不及，哪些环节的掌握有待今后改进，等等。同时，还要对已经发生或正在发生的教学活动以及支持这些教学活动的观念、假设，进行积极、持续、周密、深入地思考。比如：用批判者的眼光审视自己的教学行为，把思考的注意力由外显的教学行为转到教学行为背后隐含的教育目的、课程原理和观念上；比较分析各种教育理论的特点，善于对各种观念提出质疑，并在权衡各种对立或非对立的主张的基础上，选择正确的观念来指导教学行为；能从多重角度出发对教学中出现的问题进行清晰而透彻的分析，并提出具有独创性的，恰当的解决方案；决策时不把自己的思想拘泥于某一点，而应想到还有哪些可供选择的行为和方法，并在情境变化时及时调整和改进原有的决策和行为；要思考教学行为本身和行为可能带来的社会和个人后果，以及教学行为的伦理价值。

加拿大教育学者迈克·富兰在其《变革的力量》中说过："变革是一项旅程，而不是一张蓝图，变革是非直线的，充满着不确定性和兴奋，有时还违反常理；改革中出现的问题是我们

的朋友，问题的出现是不可避免的，如果没有问题，也就学不到东西……”的确，一个好的课程方案，并不是按照理想的设计实施就可以成功的，它需要经历由理论到实践的多次反复的过程。我们期待着所有教师在新课程实施中通过自身的实践，不断修正、完善课堂教学，为创生理想的课堂图景而共同努力。

二、 完善学生学习方式，推动课程的根本性转变

“学习方式”是当代教育理论研究中的一个重要概念，一般指学生在完成学习任务过程中基本的行为和认知取向。因此，它不仅是指具体的学习策略和方法，更是学习过程中行为参与、情感参与或认知参与及社会化参与的有机结合。可见，学习方式本身暗含着学习态度、学习意识和学习习惯品质等内涵。

1. 新课程为什么提出要完善学生的学习方式?

新课程提出了要完善学生的学习方式，这需要我们首先搞清楚：传统学习方式的不足在哪里？现代学习方式又有哪些特征？这是提出完善学生学习方式这一命题的前提条件。

我们知道，传统学习方式主要是接受性学习。这种学习方式强调记忆、模仿和练习，其长处是学生在尽可能短的时间内获得尽可能多的知识。在接受性学习过程中，知识通常以定论的形式直接呈现出来的，学生只要记住就可以了，因此，其局限性也就显而易见，学生往往成为知识的被动接受者。长此以往，其学习的主动性、能动性将不断地被销蚀，思考力和创造力逐渐泯灭，以至于学生们慢慢变成了知识的容器。

现代学习方式不仅包含许多具体的学习方式，更是一个以弘扬人的主体性精神和促进学生可持续发展为目标，包含学习方法、学习习惯、学习意识、学习心理、学习过程等内容的开放的学习系统。它的本质特征有如下几点：

主动性　主动性是相对于传统学习方式的被动性而言，其主要表现为学习者有强烈的学习意向，“我要学”是一种发自内心的需求。

独立性　独立性与依赖性是对举的概念。传统接受性学习容易使学生养成依赖的心理，独立性恰恰是对其的反叛，“我能学”是学生学习具有独立性的标志。

独特性　独特性是学习个性化的体现，每个学习者的学习需要、学习兴趣、学习意志都是不同的，因此，在学习方式上也有各自的喜好和选择，只有尊重学生的这种独特性，才能为学生个性化的发展创造空间。

体验性　体验强调感情和意识在学习中的作用，学习不仅是知识的累积，同时也是身

心、情感态度和价值观的发展过程。

交互性　在一定的情境中，学习主体之间的相互理解、相互沟通和对话交流是现代学习方式的典型特征。

生成性　生成性是针对预设性而言的，生成性是指学生在生活和学习的过程中，存在着对自己已有的经验进行调用、调整、提升或者重新确立的过程，也存在着对活动中新的认识不断接受、理解和内化的过程。这些过程实质上就是新的经验建立和生成的过程。

由此可见，传统接受性的学习方式的局限性使它无法满足现代社会学习者的需要，改革和完善传统学习方式，进而融入现代学习方式是现代课程的理性抉择。基于此，二期课改新课程明确提出，要把自主探究、实践体验、合作交流的学习方式与接受性学习方式进行有机结合，实现学习方式的多样化。从推进素质教育的角度来讲，就是要构建旨在培养创新精神和实践能力的学习方式，使学生由知识的被动接受者转变为知识的主动建构者，使学习由传承性学习走向创新性学习。

2. 如何完善学生的学习方式?

在扬弃传统学习方式不足之处，继承其优势的基础上，融入现代学习方式，是二期课改的重要特征。需要指出的是，对待传统学习方式，新课改没有完全弃之不顾，而是在发展中有继承。要改变的是过于强调接受学习、死记硬背和机械训练，但这并不意味着要完全放弃接受性学习，接受性学习无论是现在还是以后仍然有存在的意义和价值。倡导“主动、探究、合作”的学习方式也并不意味着彻底否定其他学习方式，只要是有利于促进学生发展的学习方式都是我们所需要的。那么，对于新课改所倡导的“主动、探究、合作”的学习方式，我们应如何把握呢?

(1) 有意义的接受学习与探究学习相结合

接受性学习作为学习方式的一种，有其弊端，也有其存在的合理性。如果我们能改善其不合理的一面，发挥其应有的作用，使学习重新变得有意义、有价值，那么这种学习方式也是应该肯定的。因此，我们提出“有意义的接受学习”，以区别于通常所说的被动式的“接受学习”。有意义的接受学习，是指在理解基础上进行的学习，它意味着新旧知识经验的相互作用和整合，这与我们通常所说的死记硬背式的接受学习有着本质的不同。

在基础教育课程中，有许多陈述性的、事实性的知识，这些知识运用“有意义接受学习方式”来学习还是比较有效的。比如，“1＋1＝2”，这是一种事实性的知识。但又很抽象，如何让一年级的小学生去理解这个等式呢？一种是，直接告诉学生 1＋1 等于 2，不进行任何解释，让学生记住就行了。另一种是，拿出一些苹果，告诉学生：1 代表一个苹果，那么，1 个苹果再加上 1 个苹果是几个苹果呢？学生会通过这种形象的方法了解抽象的数的概念，以及它们之间的关系。这里，前一种采用的是死记硬背式的接受学习，后一种采用的是有意义的接受学习，后者是我们所提倡的。

与有意义接受学习相比，探究学习具有更强的问题性、实践性、参与性和开放性。探究学习是学生从未知到已知的自主探求的过程。与科学家的探究不同，学生学习中的探究是研究自己身边感兴趣的现象，而不是深层次的、尖端的问题。探究不仅是获得一个结论，更是一种经历，经历知识的发生发展过程，掌握解决问题的方法，获得理智和情感体验，甚至包括挫折与失败。每门课程都有一些关键知识、核心概念和规律原理，应该引导学生通过动手实践去主动探究。把有意义接受学习和探究学习结合起来，互为补充，这将更有利于学生的学习。

(2) 自主学习与合作学习相结合

“自主学习”是相对“他主学习”而言的，是个体自觉确定学习目标、制定学习计划、选择学习方法、监控学习过程、评价学习结果的学习，它体现了人的主体性、能动性、独立性的一面。有学者认为，自主学习是建立在主动性（我要学）和独立性（我能学）基础上的学习，是能逐步形成一种“学习品质”的学习，同时也是一种元认知监控的学习。也就是说，学习者能自己确定学习目标、制定学习计划、选择学习方法，对自己的学习过程、学习状态、学习行为进行自我观察、自我审视、自我调节，对自己的学习结果进行自我检查、自我总结、自我评价和自我补救。通俗地讲，自主学习，是学生积极地发挥自己的主体作用，主动去学习，不让老师牵着鼻子走。用基地实验学校老师的话讲，自主学习不是自由学习，而是爱学、会学、主动学、创造性地学、持续发展地学。

研究表明推动学生自主学习，以下办法很有效果：让学生明确通过努力而达到的目标，并且明白目标的达成对于个人成长的意义；设计具有挑战性的教学任务，促使学生在更深层次上的理解；通过联系学生的生活实际和经验背景，帮助学生达到更复杂水平的理解；适时与具有挑战性的目标进行对照，对学生的学习有一个清楚的、直接的反馈；能够使学生对每个学习主题都有一个整体的认识，形成对于事物的概念框架；能够迁移并发现和提出更为复杂的问题，有进一步探究的愿望。

如果说自主学习侧重激励学生行使主动学习的权利，那么合作学习则注重团队或小组协作精神的培养。所谓合作学习是指学生在小组或团队中为了完成共同的任务，有明确的责任分工的互助性学习。它有以下几个方面的要素：积极承担在完成共同任务中个人的责任；积极地相互支持、配合，特别是面对面的促进性地互动；期望所有学生能进行有效的沟通，建立并维护小组成员之间的相互信任，有效地解决组内冲突；对于个人完成的任务进行小组加工；对共同活动的成效进行评估，寻求提高其有效性的途径。国外已有的研究认为，合作学习方式适宜于较为复杂或较高层次的认知学习任务，适宜于绝大多数的情感态度、价值观的学习任务。另外，如果教学目标本身包含了人际交往品质与能力培养的话，那么，就更需要采用合作学习的方式。所谓"在合作中学会合作"就是这个意思。

在合作学习的过程中，随着学生之间不同程度的交往和互相配合、互相帮助，集体的荣誉感、责任感、领导意识，以及交际能力、合作能力、平等意识都会悄无声息地得到增强，这些品质在教材中并没有明显要求，在考试中也不会涉及，是一种隐性的东西，但是它给学生提供了一种良好的环境和引导，帮助学生形成这些现代社会所必需的素质。

目前，合作学习在课堂中还存在一些问题。比如合作过程流于形式，合作结果单一片面。如一位教师在教学"圆柱的体积"时，一开始就让学生小组合作，用学具将圆柱转化成长方体，学生在一片杂乱的讨论声中很快统一了认识，得出圆柱的体积公式。毫无独立思考的合作、流于形式的转化过程、单一的合作结果展示得淋漓尽致。而另一位老师在教授同样的教学内容时，先让学生自己想办法把圆柱转化成学过的形体，结果有的学生用橡皮泥捏，有的用学具转化，有的……学生在充分独立思考和操作的基础上，都有了自己独特的见解，这时，学生就有了进行合作交流的需要，出现许多独具个性的方法。从不同的角度发现了圆柱的体积公式。这些不同的充满创意的方法在学生合作交流中实现共享，学生不仅互动共进，而且更加突出个性。

（3）创新性学习与实践性学习相结合

创新性学习，是一种可以带来变化、更新、重建和重新系统地阐述问题的学习。其功能在于通过学习提高个体发现、吸收新信息和提出新问题的能力。创新性学习的基本特征表现为有目的地学习、有选择地学习、独创性地学习、能在学习上进行自我调控、能对自己今后的学习前途和人生道路有美好的憧憬和丰富的想象力，并有实现理想的愿望和责任感。然而，从现实状况来看，学生的学习基本上是维持性学习，这种学习的特征是重视模仿继承，重复学习已经知道的东西，满足于现有知识的掌握和现成的答案，学习的结果仅仅是为了应付考试，至于通过学习，让自己得到哪些发展，学习能不能帮助自己提高则不去思索，不予考虑，这种学习实际上没有多大意义。

实践性学习，是指通过精心设计的活动、游戏和情境，让参加者在参与过程中观察、反思和分享，从面对自己、他人和环境中，获得新的感受和认识，并把它们运用到现实生活中。狄尔泰曾说过应使教学过程成为人的体验过程和"追体验"过程，由单一的"知识教育"变为

“知、情、意”的教育，从而把“总体的人推到教学的前台”。在中小学教育中，实践性学习主要应用于情感态度的学习、技能技巧的学习。实践性学习的另一目的是要让学习者学会验证，就是学习者不但要学会搜集现成的数据、文字材料或实际生活中的证据，而且要学会设计实验或调研方案，取得新的数据或证据，来证实或修正个人的认识，证实或修正书籍中的观点。包含验证在内的接受学习才是完全意义上的接受学习，前人的认识成果，只有经过验证才能完全转化为个体的认识。

在面临以创新为特征的新世纪的挑战中，自觉地把创新性学习与实践性学习结合起来，能够更大限度地调动学生学习的主动性、积极性，更能激发学生的内在学习动力，更能培养学生的创新精神和实践能力。大力倡导这样新的学习方式，是现实的要求和未来的需要。

以上，我们从不同层面探讨了学习方式的多样化，其实每种学习方式各有其所长，都有其存在的价值。这些学习方式应该是彼此相辅相成的。对每个学习者而言，学习方式应该是个性化的，没有放之四海皆有效的方式。

第五章

学校课程的组织设计

让适合的形式圆满课程的走向

- 组织设计，是学校课程设计的实施“形态”，也是落实学校课程设计的“进行时”的“载体”，为学校课程的完美进行“组织保障”。
- 组织设计，要从课程效益的最大化来考虑，要从课程效率的最高化来考量，要从课程效果的最优化来考察。组织，是课程实施的“有形之手”，是课程完美的“缔造之手”。
- 组织设计，服从于思想设计，服务于规划设计，遵从于学科设计，没有最好，只有更好；没有完美，只有完备。

1. 学校课程组织新形态：走班制教学

一、新课程亟待新型学习组织方式的出现

新世纪之初，我国启动了新一轮基础教育课程改革，与历次改革不同的是，此次课程改革的目标较以往有了根本性的改变，即将重心放在促进学生全面和谐的发展、自主的发展、有个性的发展上。这一目标的确立是知识经济时代，急剧变迁的社会要求课程不断地做出回应，以满足社会对新型人才需求的必然结果，也是教育目标的根本回归。然而，要实现这一教育目标，单纯地进行教材、教法的改革，显然并不能从根本上改变积弊深重的教育现状，课程改革亟待从"根"上发生变革，即改变传统的以教师为主体的灌输式教学方式，取而代之的是以学生为主体的自主、合作、探究式学习方式，这也是实施新课程最为核心和最为关键的环节。从课程实施层面上来讲，传统的"班级授课制"已很难适应这种学习方式的变革。因此，新课程亟须一种灵活的、弹性的学习组织方式，来推动学生的学习进程，促进学生的全面成长。"走班制"学习组织方式就是这样一种符合当前课改精神的新型学习组织方式，它将为新课程的实施和发展起着推波助澜的作用。

走班制是从学生的学习方式角度提出的一个概念，是指学生在教学活动中根据预先制定的学习计划，以"走班"的形式，"流动"到自己将要上课的班级进行学习的一种学习组织方式。它打破了以往以整个班级为单位的行政班授课形式，按照学生的学习需求，重新组成教学班进行教学。无疑，走班制这一学习组织方式为因材施教和实现个性化教育搭建了实施的平台。

二、走班制学习组织方式的实践探索

走班制学习组织方式的萌芽，始于单科走班学习。20 世纪 80 年代华南师大附中"高中物理按程度分班教学"(简称"按程度分教")最早进行了这方面的尝试。进入 90 年代，"走班制"学习组织方式在实践中逐步发展起来，由以往的单科走班学习向多科走班学习拓展，如

长春外国语学校数学和外语科目的走班制学习。到了本世纪初，走班制学习组织方式得到了长足发展，上海的许多学校纷纷试行走班制，其中最有代表性的是上海晋元高级中学的走班制学习组织方式。学校制定的《走班制学习组织方式实施方案》（以下简称《方案》）内涵丰富、框架科学、操作灵活，具有较强的时代性、开放性和科学性。《方案》以“学生”为主体，以“走班制”为轴心，构建了“套餐式课程——走班制学习——学分制管理”多层面、全方位配套的学校课程改革体系，通过学生“走班”学习来推进“套餐式”课程和“学分制”评价的实施。该校的走班制学习组织方式有三层含义：其一，学科教室和教师固定，学生流动上课，即根据专业学科和教学内容层次不同，固定教室和教师，不同能力水平、发展趋向的学生流动上课；对拓展型、研究型课程，学生可自己选择或确定学习内容流动上课；专业课程固定教室，学生流动上课；部分学生跳科跳级，免修流动上课；部分学科教师挂牌讲课，学生流动听课。其二，实行大小班上课的多种教学形式，即讲座式的短线课程实行大班制，研究型的课程实行小班制，通过不同班级、年级学生的组合教学，增进学生的互助合作。其三，小组合作的学习方式。走班制学习组织方式不仅要体现在课堂教学中，也要体现在学生的各种学习生活中，特别是在自主管理、社团活动、社会实践等德育课程中，见图 5－1。

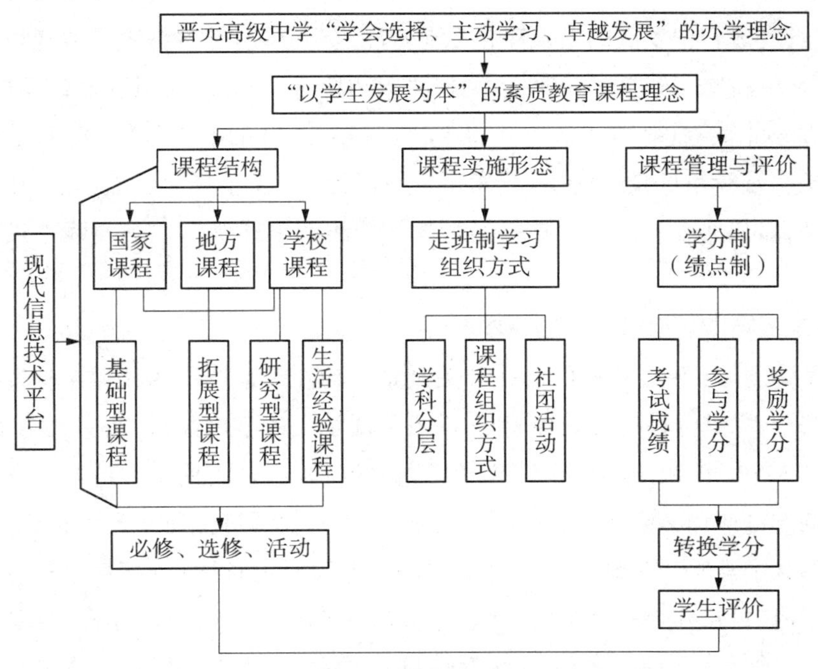

图 5－1　晋元高级中学“套餐式”课程方案

实践证明，走班制学习组织方式给学生带来了巨大影响：

1. 提高了学生自主学习的积极性。由于根据学生的不同层次实施教学，以往上课听不懂，没事干的“陪读”现象消失了，学生逐渐产生了学习兴趣，学习积极性大大地提高了。课堂教学气氛更为和谐，师生间的距离被拉近，学生能在教师的引导下愉快地学习，他们的求知欲得到了有效激发。

2. 学生的自信心得以提升。走班制学习给学生创设了根据自我发展的需要、自身的兴趣、特长等选择走班学习的机会，让每一个学生都学得“痛快”，这样学生各得其所，都能获得不同程度的发展，从而增强了其学习的自信心。

3. 学生学会了选择。走班制学习组织方式赋予学生学习的选择权，为他们提供了自我选择和决策的机会。在学校、教师、家长的指导下学生自主选择走班，使学生学会了如何正确评价自己，正确估计自己的能力，对自己做出正确的定位。

三、 走班制学习组织方式的实施与管理

走班制学习组织方式克服了传统的几百名学生读同一本书、上同样的课、做同样的练习，忽略学生自身成长中发展的差异性和不平衡性这一弊端，基本解决了普通班级授课制中凸显的一部分学生“吃不饱”，另一部分学生“吃不了”的矛盾，最大限度地让不同兴趣爱好、不同学习基础、不同学习能力的学生获得与自己最相适宜的发展环境，使教学质量全面提高。学生在多次选择和自我调整中，开发了自身潜能，在选择中学会了选择，在成长中不断走向成熟。那么，如何有效地推动这一新型的学习组织方式呢？这是实践中最需迫切解决的问题。

1. 实施走班制学习组织方式的基本条件

(1) 课程设置。实施走班制的前提和关键是要构建一个全新的课程结构。课程结构的构建要遵循综合性、选择性与均衡性原则，满足不同学生的学习需求，适应社会多样化需求，引导学生规划人生。课程结构的构建要考虑国家课程，还要因地制宜地开发学校课程。课程类型可包括选修课和必修课。必修课为国家基础型课程，确保所有学生达到共同要求，着重培养学生的基本素质和基础学力。这一类型的课程由工具性科目类(包括语文、数学、英语、信息科技等科目)、社会科目类(包括思想政治、历史、地理、文科〈综合〉等科目)、自然科目类(包括科学〈综合〉、物理、化学、生物等科目)、技术科目类(包括劳动技术等科目)、体艺科目类(包括体育、音乐、美术等科目)组成。选修课程可分为两种：一种为国家设置的课程，

其设置的目的是在达到共同要求的基础上，满足学生在不同学习领域中进一步发展的需要。另一种为校本课程，是由学校自主开发，供学生选择的课程。比如拓展型课程、研究型课程等。拓展型课程的内容主要体现知识扩展和综合能力的发展。在功能上，除了进一步着眼于对基础学力的培养外，更注重培养个性，培养发展性学力，兼顾创造性学力。拓展型课程可分领域设置，既包括不同学段的学生按不同要求在若干领域中的必选科目，也包括跨学段的自选科目。研究型课程是学生在教师的指导下，根据各自的兴趣、爱好、特长、今后发展的方向和现有条件，选择不同的研究课题、专题或项目，独立自主地进行探索的一种学习活动。通过学生亲身体验来获得直接经验并解决问题，着重在过程中培养学生的创造性学力，以及实现知识迁移和相应的创新精神与实践能力的培养，其功能旨在打破"学科中心"课程对学生的桎梏，改变学生的学习方式，提升学生的智慧和创造力；也可以为未来将从事的职业选学需要的知识，培养初步的职业技能。

(2) 师资保障。在实施走班制的过程中，我们不难发现改革的成败与教师素质的高低密不可分。必备的教师素质是实施走班制学习组织方式的必要条件，其中教师的研究意识及其研究能力显得尤为重要。因为"研究"使得教师有可能产生与课程、教学改革相一致的需要，进而不断地提升自身素质，满足学生的需求。

对在职教师进行校本培训是提高教师素质的一条切实可行的途径。校本培训以教师任职学校为培训基地，从规划、实施、管理直至评估，均在教师的直接参与下在校内进行，并渗透到教师真实的教学情境和过程中，为教师提供随时性服务。下面三种做法对教师校本培训有较好的成效。

第一，结合本校的实际情况和教师状况，选聘合适的专家，确定合理的培训内容。中小学教师培训内容依据目标可以分为三大类：一是以提高教育教学能力为目标的实践性内容；二是以提高教学科研能力为目标的科研性内容；三是以转变教育观念、树立现代教育思想为目标的理念性内容。不同的学校要结合自己的实际情况，确定培训内容的重点，制定恰当的校本培训方案。

第二，相应的教育行政部门和学校要切实抓好校本培训的组织管理工作。一要建立相应的组织管理机构，明确划分各自的职责；二要制定科学详尽的培训计划；三要按照计划扎实地开展各项培训工作；四要严格地进行考核、检查；五要建立相应的激励机制。

第三，相应的教育行政部门和学校要创设自由表达思想、积极参与讨论的培训氛围，注重培训工作的总结交流，及时进行指导调控工作。

(3) 资源建设。学校资源开发和建设是保证走班制实施的基本条件。资源建设包括硬件和软件系统的建设。硬件系统方面：一是校内的资源，如实验室、图书馆及各类教学设施和实践基地；二是校外的资源，包括图书馆、博物馆、展览馆、科技馆、工厂、农村、部队、科研院所等广泛的社会资源及丰富的自然资源；三是信息化资源，如校内信息技术的开发利用、校内外的网络资源等。软件系统方面：要注意校风、学风的形成，还要加强校园文化的建设，结合实际积极开发课程资源，以此弥补办学条件的不足。

在实行走班制的过程中，应当树立新的资源观，发挥资源的作用，使各种资源和学校的课程融为一体，更好地为教育发展服务。学生应该成为资源的主体和学习的主人，应当学会主动地、有创造性地利用一切可用资源，为自身的学习、实践、探索性活动服务。教师应该成为学生利用资源的引导者。教师不仅仅是知识的传授者，更应该围绕学生的学习，引导帮助学生走出教科书，走出课堂和学校，充分利用校外各种资源，在社会的大环境里学习和探索。同时，教师还应当成为资源的开发者和利用者，充分挖掘各种资源的潜力和深层次价值，提高利用率。

2. 建立走班制学习组织方式的管理机制

(1) 改进班级管理工作，推进"走班"顺利进行。

实行走班制后，班级具有以下特点：一是班级成员在时间和空间上具有一定程度的离散性，使得班级弹性增加，成员有一定的流动性，因而造成班集体的观念淡化，思想教育和集体活动的组织比较困难；二是走班制有利于优秀人才脱颖而出，并能增强对学生的自我教育、自我管理，但同时也容易产生两极分化，使一些学生放松要求、混学分；三是走班制给学生带来了选课的自由，但由于学生的兴趣、爱好十分广泛而不稳定，可能出现选课的盲目性，造成学生的知识结构不尽合理，甚至杂乱无章；四是由于班集体的淡化，以及学生希望成才，追求个人价值实现等因素，有相当多的学有余力的学生转向追求横向联系，各种知识性或趣味性的学生社团协会有较大的发展。

因此，走班制客观上要求班级管理工作更加细化和深化，要适应走班制的特点和内在要求。首先，走班制下的班级管理工作要转换观念。走班制下班级管理工作与传统行政班相比，主体和客体均没有变化，工作对象仍然是学生，但工作的形式变化较大。班级管理工作重心必须下移，建设一支高水平的学生工作队伍将有利于及时发现和解决学生在学习、思想上遇到的问题。其次，选配高素质的教师担任班主任，对班主任的职责、权利、义务、工作程序等有关问题做出较明确的规定，是优化班级管理工作的前提，也是推进走班制的保障。走班制下的班主任必须热爱学生工作，具有高度的责任感和良好的思想素质。

(2) 建立与走班制相适应的教学管理制度,提高教学质量。

实施走班制学习组织方式,必将打乱原有的一系列教学管理机制,由于受到教学资源,如师资、教室、仪器设备等问题的困扰,其教学计划、选课安排、学生注册、成绩登记与公布、毕业资格审查等变得较为复杂。因此,实现教学管理的计算机程序化、网络化是促进走班制实施的可靠保证。应引进和开发网络化的计算机选课系统、排课系统、学籍管理系统等;加强教学督导,建立教研室主任听课制,及时反馈教学信息;充分利用校长信箱,及时收集和处理师生意见;基础实验室全天开放,实验课教学应减少验证性实验的比例,增加设计性、综合性和创新性实验的比例。总之,要采取各种措施,以确保走班制的顺利实施。

走班制对教师提出了更高的要求。学生选课不仅仅取决于课程的内容,有的时候教师的教学水平也直接决定了学生是否选择这一课程。因此,走班制实际上将竞争机制引入教学全过程之中,既能与教师的绩效挂钩,营建一个良性循环的教学环境,又可以有效地促进教学质量的提高。教师在激烈的教学竞争中产生了危机感,将自觉地走出传统教学模式的误区,主动调整课程结构,端正教学态度,丰富教学内容,改进教学方法,追求教学效果,做到为人师表,教书育人。以往对教师的考核主要是以其所担任的教学工作量来衡量,而对其教学质量的评价难以做到客观、公正。实行走班制后,可以通过该门课程的计划学时和选修该课的学生人数来衡量教师教学的质与量。对必修基础课和选修课,可采用教师挂牌上岗的方式,由学生来选择,从某种程度上可以敦促教师不断提高自己的授课质量。

(3) 建立选课指导制度,引导学生形成个性化修习计划。

建立选课指导制度对学生均衡、合理地选择课程,制定个性化的修习计划,是一个有力的保障。选课指导制度应该包括以下内容:首先,应配备选课指导教师,对学生进行正确的指导。其次,应将课程计划在新生入学时就发给他们。在教学计划中,要详细说明所设置的课程,哪些是必修课,哪些是选修课,若为选修课,则应配置选课指南。选课指南应包括:课程名称、教学时数、所得学分、考试方式;课程内容、特点、开课时间;学习方法指导。这样可以使学生对所要学习的知识有一个完整清晰的了解,以便制定长远的学习和发展计划,避免选课的盲目性和随意性。再次,课程的选择与确认。经过学生的慎重选择后,应当按照规范程序办理有关选课手续。具体来说,如果有条件,可以在校园网上自行选择,由学校教学管理部门进行确认后,以书面形式向学生反馈选课确认书,学生接到确认通知书后,必须在规定的期限内(如一周)对选课的正确性进行判定、认可,如有异议或更改,应及时向学校教学管理部门说明,并办理变更手续。

四、 实施走班制学习组织方式的成功经验

1. 尊重学生的个性差异，促进学生自主发展

传统的行政班教学有一个假设，即学生是以同样的速度、同样的态度学习同一门课程，而不管学生掌握学习内容的快慢，是否对所学的学科感兴趣。这显然不利于培养拔尖学生和有特长的学生，不利于充分发挥学生的主动性、积极性。而走班制则承认学生的主体地位和主体性作用，即承认学生的聪明才智、理解能力、接受能力等客观存在的差异，允许学生以自己的能力和优势为基础来选择课程，按照自己的特点来安排学习进程，在学习一些课程时，也不强迫达到统一的要求，这样既充分调动了学生学习的积极性，也增强了学生学习的自主权，使学生的个性得以自由发展。一方面优秀的学生可选取更多的课程，丰富自己的知识和能力；另一方面又保障基础较差的学生获得基础知识、形成基本能力。对教师来说，也能因材施教，充当“伯乐”，发现人才，重点培养，以充分挖掘和发挥学生的最大潜力。

2. 推动教师的专业发展，促进教学相长

传统的行政班教学的假设是教师教学水平的差别不大，这样就削弱了教师的竞争压力，不利于教师创造性、个性化地教学。而实行走班制后，选课的主动权在学生，他们有选择教师的自由，这无疑给教师造成了一定的压力。学生会选择学识渊博、方法灵活、教学效果好的教师，而那些教学水平低、不负责任的教师则得不到青睐。这样，教师就会不断地反思自己的教学，研究如何确定不同层级的课程目标，以及怎样选择不同的教学内容和教学方法来进行教学，以使自己的教学更符合学生的需要。这样，在很大程度上改变了教师关于课程、教材与教学的观念，使教师的职责由以前只管“教什么”转变为“怎么教”的问题，促进了教师自身的专业发展。此外，通过对不同层次学生的教学，也容易使教师思考在不同层次教学中碰到的各种问题，从而养成分析问题、反省自己教学的能力，进而形成一种教学相长的局面。

3. 推动学校全面改革，使学校成为自发的改革团体

实行走班制是时代的呼唤，是社会的需求，是促使学校教学管理体制改革的突破口。以往在学年制下，课程体系对学生来说，是几十年一贯制的静态结构，课程几乎门门必修，结构呆板、单一。而走班制将课程发展、教学实施、学分制管理合而为一，不但有助于“走班制潜能”的发挥，也使得学校有机会不断修正课程、改进教学方式，成为自发的改革团体，孕育更大的教改可能。当然，在开始实行走班制时，必然会遇到不少的问题，但随着大环境的变革，这些问题都将得到逐步解决，并使走班制的正面效应逐渐显露出来。

走班制学习组织方式，作为课程改革中的新生事物，在实践中已证明了其鲜活的生命力，但是实施中还有许多比较棘手的问题尚未解决，如学生选择层次的依据是什么，每个层次的教学标准该如何制定，如何处理分层与高考的问题，如何完善学生选课指导制度等。正像教育改革没有终点一样，走班制学习组织方式还需在实践中不断探索，逐步完善。

2. 走班制背景下的系统变革：课程重构

走班制在国外早已是通行的教学实施形态，或者说是教学组织形式。然而，在国内虽有几十年的探索，但始终步履维艰。如何让这种教学实施形态真正"扎根""适应"本土，亟须在实践层面探索出具有操作性的行动框架和实践模式。

一、走班制成为课改新热点

在深化课改的大背景下，特别是在当下推进高中多样化办学的新一轮的改革要求中，走班制再一次成为当下热议和探索的话题。

（一）走班制是践行"以学生发展为本"理念的必然之路

课程改革倡导"以学生发展为本"的理念。"以学生发展为本"就要以学生为主体——让学生成为学习与成长的主人。然而，每个学生都是不同的，是有差异的。这种差异，不仅体现在学生个性特长、兴趣爱好的差异，还体现在学生学习基础与习惯、水平与能力的差异。这种差异，必然带来对教与学的不同需求，而"走班制"让学生自主选择学习内容、学习时空、学习路径、学习进程和学习层次成为了可能，使个性化学习需求得到了尊重和满足。

（二）走班制是深化课堂教学转型和学习方式变革的有效载体

倡导自主、合作和探究的学习方式，是深化课改的一个重要内容，也是课程实施中的难点与瓶颈。之所以难突破，是因为我们的课堂"满堂灌"依然盛行，背后体现的价值观是对

“分数”的追求。新高考改革撬动了评价体系，“唯分数”将退出历史舞台，走向综合素质评价是必然趋势。学生的真才实学，解决问题的能力和学会学习等能力将成为评价的应有之义。而“走班制”通过创设民主宽松的学习环境，搭建自主、合作、探究的学习平台，将激发学生的学习兴趣，唤醒学生自主学习、主动参与的意识，经历“学会求知、学会做事、学会共处、学会做人”的学习过程，这必然给课堂教学转型和学习方式的转变带来契机。

（三）走班制是提升学校办学品质的突破口

新高考方案的出台，倒逼学校课程改革要释放出更大的能量，尤其是高中课改要实质性地向“走班”迈进。因为新高考方案赋予学生考试选择权，这必然牵动学校课程的配置要与学生的个性化学习选择相匹配。统一的“齐步走”要打破，不同类型、不同层次的学校要基于生源实际与需求，探索自主、多元的办学发展方向。由此，高中学校必然是推进“走班制”的先行者，随着课改的深入，将有可能向初中、小学延伸。

二、走班制背景下的系统变革

走班制的实施和推进，其前提是学校要重构现有的课程结构，重组课程内容，重建课程实施形态，也就是说要大刀阔斧地通过一系列的系统变革，才能让“走班”教学真正“走”起来、“活”起来，最终给学生提供“个性化”的学习经历、学习过程和学习方式，满足学生个性化成长的诉求。

（一）重构课程结构：课程分类

走班制的运行，首要的是要建立适用走班教学的课程结构。其课程结构的建构要满足五个基本原则：

原则一：基础性。课程结构要体现课程的基础性、拓展性和研究性的功能，并加强彼此的衔接与统整。这样才能既满足学生共同基础的需求，又能满足学生不同基础的需求。

原则二：整体性。课程结构要整体考虑学习领域、学科科目、学科模块及主题之间的关系和衔接。

原则三：多样性。课程结构要考虑课程类型、课程水平和课程修习期限的多样化设置。

原则四：选择性。课程结构要确保在满足课程丰富性的基础上的“高选择性”，以满足学生个性化的需求。根据通行惯例，课程的选择性内容至少占全部课程的 45％—55％，课时的选择比例至少在30%—50%。

原则五：递进性。课程结构要体现出对学生的个性潜能与差异性的兼顾。同一科目的课程要有分层，体现出难度的递进性，确保学生能选择符合自身实际的课程级别，并在持续学习中逐步进入到更深难度的课程内容。

可见，走班制远不是走班上课这么简单的事，“走”是形式，背后需要建构起支撑“走”的内容架构，也就是课程系统。即通过怎样的课程结构来表达系统内部的关系，以及这个系统要达成怎样的目标，这是建构课程结构要考虑的核心问题。

1. 确定培养目标和课程目标

学校课程结构的构建要依据学校的培养目标和课程目标。确定培养目标是对学校课程作出的价值定位，是学校一切教育教学活动的出发点和归宿。没有明确的培养目标，就失去了人才培养的规格和质量要求。在确定培养目标和课程目标时，要思考几个核心问题：学校办学价值观是什么？希望所培养的学生具有哪些特质、素养和能力？如何根据国家的课程目标和学生的培养目标合理制定学校课程目标？基于对这些问题的思考，形成本校的课程目标，进而架构与课程目标相一致的课程结构。

2. 确定课程结构的建构维度

探索课程结构的建构维度，其实是要解决课程如何分类的问题。课程有“逻辑”地分类，才能使课程结构这个“骨架”，立之有理有据。课程结构的建构，一般有这样几个维度。

(1)“功能导向”的课程结构。《上海市普通中小学课程方案》中建构的三类课程——“基础型课程”、“拓展型课程”和“研究型(探究型)课程”就是从功能角度进行分类的。“基础型课程”旨在培养所有学生的共同基础；“拓展型课程”旨在培养不同学生的不同基础；“研究型(探究型)课程”旨在培养学生学会学习的方法基础。三类课程相互衔接、相互补充，既注重学生共同基础(基本素质)的形成和发展，又注重满足学生个性发展的需要。

(2)“目标导向”的课程结构。即将学校的课程目标分解为若干子目标，每一子目标为课程结构设计的一个“标杆”。这一课程结构，是所有类型的课程结构中与课程目标匹配度最高的一种结构模式。如，上海中学的课程结构，就是聚焦“志趣能交融”这一培养目标，分别架构“德育课程”(指向“志”)、“学习领域课程”(指向“趣”)、优势潜能开发课程(指向“能”)子图谱。

(3)“领域导向”的课程结构。即，课程结构按学习内容的领域来建构。以“领域”来划分课程，需要考虑领域的全域性，一般包括语言文学学习领域、数学学习领域、自然科学学习领域、社会科学学习领域、技术学习领域、艺术学习领域、体育与健身学习领域、综合实践学习领域。每一领域内，又包含若干科目或活动。一些学校往往把这些领域进行整合，形成体现本校特色的系统架构。

(4)“能力导向”的课程结构。该课程结构是从“能力”的维度来组织课程的。贯通中小学阶段的通用能力主要包括：言语信息能力、数理逻辑能力、探究实践能力、创新质疑能力、合作交流能力、审美鉴赏能力。学校往往根据育人目标，选择或重组这些能力，形成校本架构。

（二）重组课程内容：课程分层

如果说课程结构是学校课程的“骨架”，那么课程内容则是学校课程的“血肉”。当学校完成课程结构的架构后，必然要细化课程结构，即展开课程内容。课程内容的设置要考虑内容的广度、深度和难度，这就涉及分层问题。分层可以从“点线面”的视角进行考虑。

“点线面”课程，其发展脉络为：由“点”向“线”，由“线”向“面”发展。即由一个个“课程模块”组成一门科目→由内容相关、难度递进的同一科目的一组课程构成的“课程链”→由具有相关性的若干科目构成“课程群”。逐级而上，课程内容的广度、深度和难度形成层级，由此，可以满足不同基础、不同层次需求的学生进行课程选择和教师因材施教的需要。

考虑到学习的阶段性，还可以将“课程群”采取“学程”的形式或不同层次类别、小巧灵活的长短课程相结合的方式，分段实施，更易于贴近不同学生的学习能力现状，从而建立起课程内容的多层、多维的立体实施路径。当然，学程的分段，不是科目的简单叠加，而是学科间的有机组合，它关注学科及相互间的次序性、衔接性和完整性，由浅入深，循序渐进，关注到学生的课程选择权。这就需要学生学会为自己设计“学程”，综合考虑课程特点、自身学习能力、学习兴趣和学习目标，自主把握学习节奏，自主规划学习进程，不断提高自身学会选择和规划人生的能力。

（三）重建课程实施形态：课程“走班”

实体走班和网上走班是目前走班制的两种主要形式。实体走班是师生处于同一物理空间开展教学活动。网上走班是学生通过个人电子终端，进入校园自主学习平台或区域共享学习平台，乃至互联网公共课程平台，进行有选择的、个性化的学习活动。网上走班可以使师生、生生之间处于同一网络空间，利用数字资源进行同步或异步的学习。网上走班不但扩大了学生自主选择的自由度，还为学生提供了更广的时空，学习时间也更灵活。

鉴于走班教学的实施难度，可以采取渐进的过程，可先探索行政班班级教学与走班教学相结合的形态，然后逐步调整、完善、优化，待成熟以后，再过渡到全程走班教学的形态。

3. 走班制的 N 种实践模式：实用的走班制解决方案

探索走班制教学对推进学校内涵发展，促进学生个性化成长，具有重大的实践价值。目前，国内的人大附中、清华附中、北大附中等都在探索推行“走班制”教学，浙江有十余所中学也在试行走班制教学。上海更是有一批学校在二十年前就在探索走班制教学，均形成了具有校本特色的“走班”实践模式。

一、“课程链”模式

上海大同中学从学域、学科、学段、学程四个维度，开展了“学校课程统整”的七年探索，开发了“课程链”模式。学校通过对既有课程体系的梳理与完善，有效统整课程，将多元、相关的不同课程有机联系，形成了各学科各具特色的“课程链”结构，即一门课程由“基础＋拓展＋研究”的课程构成，如英语学科的“3＋2＋X”，即每周 3 课时的英语基础必修课程（保证学生的共性学习需求）、2 课时的选择拓展课程（依据学生的兴趣、能力实行分层教学）、X 课时的自主发展课程（如英语听说课程、英语名著选读、英语演讲和辩论、英语翻译指导、英文剧概论等）。

“课程链”模式，使基础型课程、拓展型课程、研究型课程三类课程在实施中更加紧密地结合，实现三个年段课程有序深化开展，增强了课程的弹性，为学生的多元选择与个性发展创造了时空，有效促进了学生学习基础的不同发展。

二、“一体两翼”的套餐模式

上海晋元中学是国内较早探索走班制的先驱学校，已积累了二十余年实践探索经验。学校始终坚持“选择教育”办学思想和“学会选择、主动学习、卓越发展”的办学理念。构建的套餐式课程，由“基础型课程＋拓展型课程＋研究型课程＋生活经验课程”组成，让每个学生拥有一张自己的“课表”。为学生的课程选择与个性发展奠定了良好的基础。可贵的是，学校一直没有停下探索的脚步，伴随课改的不断深入，近年来学校将信息技术与课程整合起来，在走班的基本的实施形态上，又探索了新的实施形态：“一体两翼”，使学校的“套餐式课程”更具开放性和选择性。“一体”即走班，“两翼”即“实体走班”与“网上走班”。二者各有优势，互为补充、相得益彰，更顺应了学生多元化、个性化的需求。

其中，“网上走班”教学有课内、课外共三种组织形式。“课内的网上走班”以实体课堂教学为主，师生在实体与虚拟兼顾的课堂情境中开展教与学活动，其学习组织方式有两种，即同时、同地学习同学科不同层次的课程内容和同时、同地学习不同学科或拓展性课程内容。课外的网上走班则以学生网上自主学习为主，表现为不同时间、地点选择学习不同课程内容的学习组织形式。

学校将近四分之一的课时量用于网上走班教学，这样适应了学生三类学习需求：一是基于学生基础知识的弥补性学习，满足学生强化基础和复习巩固的需求；二是基于学生学业素养的充实丰富，满足学生知能拓展的需求；三是基于学生个性特长的优势发展，满足学生课程选择和个性发展的需求。

三、“核心+ 选择”的课程图谱模式

上海中学顺应资优生个性潜能的发展需求，聚焦“志趣能交融”的培养目标，构建了高选择性的学校课程图谱，包括资优生德育课程子图谱、学习领域课程子图谱、优势潜能开发课程子图谱。其中，德育类子课程图谱，从认知、体验、实践、反思四大类型去构建。学习领域课程子图谱，按照学科群的思想，分成 7 大学习领域，14 个学科课程图谱，旨在促进学生个性化知识的形成。优势潜能开发课程子图谱，则是在学习领域课程子图谱的基础上，以课题项目、实验班、实验组为载体，促进优势潜能的深度认知和开发。

以学习领域课程子图谱为例，考虑到学生的差异和兴趣爱好的不同，又从基础型与发展型两方面去统筹思考。在基础型课程中，关注核心知识和拓展、加深的内容选择；发展型课程推进专门课程（有一定的专业指向性，但不需要完整的学术性阐述）加课题探究的选择课程，开发了 7 个学习领域 370 门专门课程与 303 个探究模块供选学。

语文、数学等 12 门学科的必修课采取了“核心＋选择”模式，课时的选择比例达到 30％，语言、数学、自然科学、社会科学等 10 个领域提供了 130 个科目与模块供学生选学，这对于学生潜能的开发起到了良好的作用。

四、“个性化学程”模式

上海育才中学构建的“个性化学程”模式，通过“创建学程，重组模块”，对学生的学习时

空、学习内容、学习方式、学习评价进行调整，将每一学期划分成三个学习阶段，每一阶段称为一个学程，高中阶段一共 18 个学程。各个学科按照确定的学程数，将学科课程划分为内容相对独立且具有内在逻辑关系的相应部分，每一部分称之为一个模块。每个学程学生自主选择相应的学科模块，实行跨年级走班教学。

模块的重组使教学的针对性和适切性有了提升，每个模块又划分为基础模块（共同基础）、整合模块（分层分类）、研修模块（拓展提高）三部分，这种进阶式设计，更贴近不同学生的学习能力现状，按学生学习状况分层、分类组合的教学方式，使得对不同发展状况的学生开展有针对性的教学，有了操作的可能性。

学程的设置，使得学生能根据自身的特点，自主选择学习内容、学习时间、学习时段和学习的水平层次，学生的差异化和个性化学习需求得到尊重。更有意义的是，这个过程能够帮助学生学会判断，学会选择，学会自我规划，懂得责任和担当，明显提高了学生自主学习的意识和能力。

以上四种实践模式，尽管有着各自不同的架构方式，但其背后都有着共同的追求：分类、分层；多元、多维；全程、全员；指向高选择性和个性化。

从前述分析可以看出，建设并实施具有灵活性、个性化、高选择性的“走班”教学形态，使得课程组织的复杂性大大增强，课程管理的难度超乎想象。“走班制”的实施的确是一个系统工程，在建构适应走班的课程结构、课程内容的同时，学校也需要推进与之配套的课程管理、资源提供、学生服务等多方面的改革。资源层面需要考虑校内外资源的合理配置、网络平台的建设和资源的实质性利用。只有这样，才能不断推进、完善走班制的系统变革，让走班制真正“落地开花”。

4. 优质课堂的创生重建：新理念下的课堂规范

“课堂规范”这个看似老生常谈的话题，随着课改的深入，对其内涵的解读也在不断丰富与多元。在有效教学视野中，优质课堂，其“优质”的体现，就在于不仅仅是关注外显的课堂组织行为规范，更关注的是内隐的课堂价值规范，进而最大程度地发挥课堂教学的功能和作用，在有限的时间内最大限度、最完美地完成教学任务、达成育人目标，以求课堂教学的最大效益。

一、透视一种现象：高质量背后的隐忧

2009年教育部基础教育课程教材发展中心对上海学生学业质量监测的数据表明：上海有99%的三年级学生达到了语文和数学课程标准基本要求，96%的八年级学生达到了语文、数学、英语课程标准基本要求，89%的八年级学生达到了科学课程标准要求。从历年测试数据的纵向比较来看（2006年—2009年），上海学生学业质量一直在持续提高，优秀率比例也在逐年提高。与参与测试的其他省市相比，上海学生的学业质量总体水平在全国处于前列，达标程度高；学校间差异较小，学业质量均衡。

再从国际测评来看，国际经济合作与发展组织（OECD）2009年国际学生评估项目的（PISA）的调查结果显示，在此次参加测试的65个国家和地区的47万名15岁学生中，上海学生在阅读、数学、科学三个测试项目中成绩均名列第一。

无论是国内测试还是国际测试，这些结果可以充分证明上海学生学业质量的确相当优秀。如果分析其背后的原因，应该说与近年来上海持续抓教学有效性和学校课程领导力有密切联系。

然而，高质量的学业背后并不意味着我们的教育、教学就完美无瑕。当我们冷静、客观地对同步采集的学生问卷进行相关性分析时，我们的确也看到了其中的不足。比如，在学生问卷中有一个关于学生的学习方式和教师的教学方式的问题："在学习中遇到困难时，是否敢请教老师?"其中回答"因为害怕批评，不敢请教老师"的学生比例高达43%，"很少请教老师"的学生有15%。也就是说2/3的学生对老师是有畏惧感的。这一数据促使我们思考，高质量的背后也有隐忧，我们的师生关系并不乐观。就全国来看，还有很多无法获取真实数据的问题存在，特别是反响强烈的学业负担问题，已成为有效课堂规范的"硬伤"和"短板"。

二、发现一道风景：这里的课堂"别样精彩"

到过山东杜郎口中学考察过的人都会发现，这里的课堂"与众不同"——教室没有讲台，学生或坐或站，学生的发言几乎不用举手，站起来就说，说完自己坐下另一个接着说。在这样的课堂里，我们看不到老师的"谆谆教导"，听不到老师的呵斥和监督。课堂完全是学生的

舞台，师生同处一方空间、一个平面。

其实，杜郎口中学之所以“脱颖而出”，也许其中一个很重要的原因就是它打破了我们习以为常的课堂规范。在这样的课堂里，因取消讲台，消除了师生在心理和空间上的隔阂感；因“合作学习”，释放了学生的表达欲；因关注人性、人情和每个生命的主体价值，解放了学生的创造力，真正实现了“我的课堂我主宰，我的人生我把握”。课堂中长期失落的话语权得到了真正的回归，而最重要的是教师接受并发自内心地认同与实践这个看似没有“规矩”的规范。

三、沉思一个问题：没有“规矩”，能否成“方圆”？

我们常说没有“规矩”，不成“方圆”。那么，我们期待怎样的“方圆”，我们需要怎样的“规矩”？如果把课堂教学中的有效倾听、有序的合作，比作“方圆”，那么，教师有效的课堂组织、学生良好的学习状态、师生间平等和谐的互动……就是促成“方圆”的“规矩”，即“课堂规范”。

1. 有效教学的基本特征

什么是有效教学？这似乎很难给出一个严谨的定义，不同的学者从不同的视角都给出不同的描述。但不管怎样，总是有一些核心的东西能反映出有效教学的基本特征。据我们对基层学校教学视导中的调研情况来看，师生心目中的“有效教学”应该具有这样一些特征：

(1) 学生有学习兴趣；

(2) 学生的身心处于最佳状态；

(3) 学生能自由参与探索与创新；

(4) 学生被鼓舞和被信任去做重要的事情；

(5) 学生发现知识的个人意义；

(6) 学生能学以致用；

(7) 学生有更高的自我期待；

(8) 学生对教师充满信任和热爱。

2. 有效教学下的课堂规范：外显与内隐的双重形态

(1) 课堂组织行为规范：课堂规范的外显形态。

我们说的课堂规范，在很多情况下，都是指“课堂组织行为规范”，它以规章制度的形式将教学工作中的最基本的要求明确化，具有很强的操作性。“课堂组织行为规范”，一般包括对课堂教学时间的管理、课堂教学空间的构成、课堂教学环节的控制、教师互动对象的选择等方面的规范。

但是仅有组织行为的规范，是否就是课堂规范的全部了呢？其实不然。课堂规范作为规范课堂教学活动的规则体系，如果仅仅从其外显行为——课堂的组织行为管理的角度去理解，还远远没有完成对其系统的认识和深入研究。正是因为平日教学中，我们司空见惯地把关注的目光集中到课堂行为层面上的规范，而有意无意忽视了触及有效教学深层次的意义层面上的规范，即价值规范。实际上，组织行为规范与价值规范在课堂教学中是同时共存的，共同构成课堂规范的主要形态，价值规范对有效教学产生的影响较之组织行为规范更为深远，换句话说，课堂规范因其内隐的教学积极意义和价值使得有效教学真正成为可能。

（2）课堂价值规范：课堂规范的内隐形态。

教学的有效性，最根本的体现是在课堂规范的教学积极意义和价值上。当我们说某节课有效的时候，这节课一定具备了这样一些基本价值追求，即“民主互动、交往对话、宽松和谐、学生发展”。其中，“民主互动”是课堂规范的本质特征，“交往对话”是课堂规范的实施途径，“宽松和谐”是课堂规范的前提条件，“学生发展”是课堂规范的最终目标。当我们的每一节课都能体现这样的价值追求时，“规范”就真正内化为教师的自觉行为了。

四、“破茧”重生：课堂教学规范的重建

不可否认，课堂教学总是需要借助于适当的规范来确保教学活动的效率、效果。但“规范”不是“禁锢”，不是“控制”，而是要为有效教学服务。规范要能体现出对“促进学生的发展”这一终极目标的追求，表现出对学生个性的尊重和主体性的张扬。

因此，面对新课改在实施过程中遇到的诸多课堂问题，的确需要有与新课改理念相适应的课堂规范出台，需要建立一套适应于新课程教学需要的课堂规范，以保证课改新理念真正付诸实践。

各地、各校也都在不同层面上制定课堂教学规范/常规。当然，我们也应看到，没有普遍适用的课堂规范，规范是因时、因地、因校的，是植根于校本、区本实际的。上海市愚园路第一小学提出的“课堂教学的五个‘还给’”就是校本化的课堂规范。他们用诗一般的语言，通俗易懂地把学校教学最基本的规范与追求诠释出来：

（1）把提问与质疑的自由还给学生；

（2）把思考和想象的空间还给学生；

（3）把认知与理解的过程还给学生；

(4) 把知识运用的机会还给学生；

(5) 把交流与分享的快乐还给学生。

上海市徐汇区在以教师实施课改的能力建设和提高教育教学的规范性与有效性为重点的“百课工程”中，通过层层选拔，精选出100节好课，从中总结出课堂教学的十条“军规”，为广大教师进一步学习领会课改精神和理念提供学习的样本，使规范更好地落地。具体为：

(1) 目标，不是分割的三部分，而是一个整体；

(2) 教材，不是教学的范本，而是教学的一种文本；

(3) 自主，不是教师跟着学生走，而是师生共同走；

(4) 探究，不是漫无目的，而是有所选择；

(5) 合作，不是形式，而是形式和效果的统一；

(6) 活动，不是课堂游戏，而是有意义的学习体验；

(7) 训练，不是机械性地重复，而是主动地学习探索；

(8) 评价，不是一味赏识，而是有针对性地点拨；

(9) 多媒体，不是装饰，而是促进教学的有机部分；

(10) 结尾，不是“句号”，而是“问号”。

从这些重建的课堂规范中，我们更多感受到的是教师对教学本质有了新认识，并把理念转化为切实的教育教学行为。

五、制定课堂规范的几点建议

综上所述，课堂规范既包括组织行为规范，也包括价值规范；既要有共性的特点，也要有个性的特点，要因生、因师、因校、因区的不同实际而有不同的要求。课堂规范不是目的，而是手段，真正的目的在于学生发展、教师发展和学校发展。基于这样的思考，以下对如何制定“合情”、“合理”的课堂规范提出四点建议。

1. 课堂规范要加强对“学生主体”的关注

建立民主、平等、合作的师生关系是新课程倡导的最重要的理念之一。良好的师生关系，会使学生把对教师的爱迁移到对教师所教的课程上来，产生“爱屋及乌”的亲其师、信其道的心理效应。因此，课堂规范的制定可以从这样一些角度思考：如教师是否视学生为独立的“个体”？教师是否尊重学生作为“学习者”的角色，给予他们更多的学习自主权？教师是否善于发现每个学生的点滴进步，并及时给予肯定？教师的课堂用语是否有“唯书”、“唯师”

的不良话语信息，以至于对学生产生心理影响？

2. 课堂规范要加强对“学习内容”与“学习方式”的关注

学习内容和学习方式关系到“学什么”和“怎样学”的问题。从国内外课程改革实践来看，真正对学生产生明显作用的都是那些直接涉及学习内容的改革，而学习方式又决定了学习内容能达到什么样的学习效果。因此，课堂教学规范要包括对学习内容与学习方式的规范。一般可通过这样一些问题来思考规范的建立：学习内容与学生的生活经验或学习经验有何关系？教师如何根据学生的已有知识确定学习内容？学生希望发展的是哪些方面的知识或能力？在何种情况下采用自主学习，还是合作学习、探究学习的方式？

3. 课堂规范要加强对“学习过程”和“学习经历”的关注

课堂教学应为学生创造有意义的学习经历，使学生因学习而引起“变化”，并对其未来产生“影响”——在其未来的生活中具有价值，为其进入社会做好准备。因此，有意义的学习经历的创设需要考虑学习内容的生活化、社会化，需要考虑实践能力和创新能力的应用，需要考虑基础知识和思维的应用。这就要求在制定课堂规范时要考虑这些问题，如所设计的问题是否与实际生活相关联？是否为学生创设创造体验和处理现实问题的机会？是否创设了具有挑战性的问题或情境？是否引导学生亲身经历、主动体验而不是简单传递、被动接受？

4. 课堂规范要加强对学生“学习兴趣”的关注

学习兴趣是学生在学习活动中产生的一种乐趣，它能使学生得到极大的满足，注意力高度集中，达到忘我的程度。学习兴趣是学生获得知识和能力的最主要的推动力。然而，学生的身心发展处在由幼稚到成熟的过渡时期，他们往往凭兴趣行事，缺乏对学习的清醒认识、理智把握和持久精神。因此，在制定课堂规范时，有必要从对学生学习兴趣的关注和培养这方面来引导，如：是否不断地激发学生的好奇心？是否激发了学生的内部动机？是否经常用表扬的话语来激励学生？是否在举手投足间通过动作、眼神和目光把学生带入忘我的境地？

构建有效教学视野中的“课堂规范”是不断追求、不断超越的过程。无论是在理论层面，还是在实践层面，对课堂规范的理解都会不断深入下去。规范本没有最好与最坏之区分，适合的、能促进师生发展的规范就是好的。当然，最重要的是，在制定合情合理的课堂规范之后，有效的执行才是规范落地的关键。因此，在走向“课堂规范”的道路上，我们不但需要激情与梦想，更需要平心静气的坚定步伐。

第六章

学校课程的工具设计

让创生的工具提升课程的价值

- 工具设计，是学校课程设计的技术“路径”，也是实现学校课程设计的方法“手段”。在现代技术和现代信息的双重驱动下，工具设计的地位“水涨船高”。
- 工具设计，考验的是课程对工具的“依仗”程度，检验的是工具对课程的“提升”力度，实验的是课程与工具的“融合”密度。
- 工具设计，让课程在新的条件下“重生”，让课程设计在新的背景下“再生”，让学校课程建设在新的能动中“新生”。
- 工具设计，最有价值的是匹配，最接地气的是适配，最起作用的是标配。

1. 学校课程领导新介质：工具对课程的贡献度

课程领导力，长久影响着学校办学的品质和学校发展的上升空间。提升学校课程领导力，既有来自教育内部深化课改的必然要求，也有来自教育外部时代发展、技术更新倒逼下的应对推动。而“工具时代”的到来，是客观与主观的匹配与制衡，是内在与外在的突围与超越，也是经验与实践的积淀与前瞻。

一、提升课程领导力走向“工具时代”的现实选择

（一）深化课改最接地气的实践攻关：从学校课程领导力 1.0 阶段迈向教师课程领导力的 2.0 阶段，要关注实践规范与方法论的构建

伴随提升课程领导力在国内以上海为核心区域，并带动全国许多省市的持续推进，对课程领导力的研究与实践也在逐步走向深化。从初期的探索学校课程领导力的核心要素、策略方法、手段机制以及实践范式，逐步走向以“工具”研发，全面推动广大教师参与到提升课程力的深化阶段。课程领导层级的下移和落位，意味着实践越来越走向基层需求，而对实践的规范以及手段方法的创新，需要边实践边构建课程领导力实践模型，这将有利于以最便捷的方式，最大范围地辐射有效经验，这是解决课改难点问题、深化课程领导力实践的必然要求，也标志着提升课程领导力的 2.0 阶段正朝着“工具时代”迈进。

（二）攻坚课程教学深水区的科学选择：课程领导要产生普适性的经验，要重视开发具有可操作、可复制的“工具”

提升课程领导力的行动研究，作为一项具有“影响力”持续发酵的课程改革项目，对基础教育的整体提升产生了显性和隐性的正能量。历经十二年实践，目前仍在持续推进的这项大兵团合力攻坚研究，始终把攻坚课改深水区的难点问题作为时代己任，把攻坚的切入点紧扣在课改的核心地带——课程与教学，包括学校课程的系统架构与顶层设计、课堂教学的科学观察与优化改进、课程评价的质性与量化相结合的综合性评价等。如何从“课程”、“教学”层面深化研究和解决这些问题，并为面上学校提供可推广的普适性经验，客观上要求这项实

践探索要更接地气，要高度提炼有效的做法，而“工具”的建构和使用必然成为当下解决问题的最有效的“利器”，“工具”的可操作、可复制以及易于推广的特性也是大规模实践辐射经验的科学选择。

（三）巧用现代新技术的破解途径：课程领导力需要新技术、新思维的深度变革，满足个性化的需求

这是一个正在变革的时代，以人工智能为核心的新技术和更加开放的思想正在推动一场教育的深度变革。以学习者为中心的个性化教育将逐步成为可能，通过新技术将获得更多学生学习数据，引导课程与教学越来越走向精准，走向个性化指导，教学效果将达到极大值；满足学生需求的个性化课程订制和拓展到云端的智慧课堂，将精准适合学生学习基础的教学内容，使学生可以按照自己的学习需求和学习进度进行自主学习并得到个性化指导；无处不在的泛在学习、自主学习、深度学习，将极大改变学生的学习方式……教育的这些深度变革，将依靠新技术为其提供支撑和引领。“工具”不但呈现“可视化”的“路径”，而且通过“可视化”的“操作流程”指引，更有效地指导学校的实践，加强对“如何做”的引导，为问题解决提供导航仪和脚手架。

二、提升课程领导力走向“工具时代”的发展趋势

当下，随着课改深度推进，课改的难度和复杂性前所未有，一些难点和瓶颈问题有待进一步突破。尤其是各地区、各校，甚至教师个体所面临的问题都是非常个性化的，没有现成或者固定的模式可以照搬照用。因此，提升课程领导力，既是当务之急，也是学校发展的永恒主题，需要在现有基础上，与时俱进地介入新的“介质”——工具。从当下教育与现代技术融合的走势与前景来看，未来提升课程领导力走向“工具时代”将是势不可挡，一往无前。

（一）问题导向：注重问题引发工具变革对课程领导力的能量演绎值

问题，既是机遇，也是挑战。在“工具时代”，提升课程领导力的关键是工具产生的“工场”，工具是问题解决的“百宝箱”。课程领导力的提升，在破解课改难点和瓶颈问题中不断达到新的境界。

问题，既是“引燃器”，又是“发展链”。提升课程领导力进入 2.0 阶段，课改中原有的老问题、累积的旧问题和由于滋生条件变化而产生的新问题都会“伺机浮起”，这也会触发工具的

“再度介入”，让问题引发工具变革的改进，让课程领导力的提升演绎成人与工具的完美契合，从而累积无穷的能量。

当“问题”成为提升课程领导力的“引燃器”之后，实践中的“问题解决”就要有创新性的思考和创造性的行动来跟进。“工欲善其事，必先利其器”，“工具”此时就是破解求方、提效增质的利器。什么样的问题，需要什么样的工具来破解，需要实践者边实践，边摸索，通过“工具”的研发，为问题解决的过程寻找支架和路径，为问题解决的质地提供佐证的证据，因此，问题导向的工具变革必然会成为提升课程领导力的有效捷径。

（二）目标聚焦：注重目标催化工具变革对课程领导力的持续影响力

实践表明，提升课程领导力的每一轮行动，只能阶段性地探索和解决部分问题，课改中仍有诸多难点和瓶颈问题需要突破。而专业的课程领导价值在于每一次实践都能“聚焦目标”，通过“解一道题”建构出“解一类题”的有效策略和机制，不断缩小课改愿景与课改实践的落差。

通过关注目标催化下的工具变革，让工具发挥“孵化器”功能，从中提炼过程性的经验并固化成机制，产生持续性的效应和长效活力。如，通过测评工具，诊断课程领导力持续提升的问题所在；通过共享工具，摸索经验传播的最佳途径；通过协同工具，构建聚力攻关的场域；通过问题解决工具，提升行动实践的品质，最终达到提升课程品质的终极目标。

（三）探索发力：注重探索导向工具变革对课程领导力的长远贡献率

提升课程领导力，需要我们立足当下，眺望远方。不断思考当下课改走到了哪一步，还有哪些关键问题需要解决，还要思考未来三、五年，甚至是十年、二十年课改将走向何方。这一路上可能会有哪些挑战需要未雨绸缪，哪些问题需要提前布局应对之策。对这些趋势性问题的思考与预测，需要我们高度重视“工具变革”所引发的革命性影响。毋庸置疑，21 世纪的教育需要我们重新思考学习者与教师的角色，在教育公平前提下的多元化学习和个性化学习，将突破时空限制，打破教与学边界，裹挟着教育、课程与教学发生深刻改变。这一系列变革的汇聚、冲撞、融合，也必将推动着教师专业化的持续发展，提升教师课程领导力将成为一种持续性的教育“常态”。而这都需要建立基于先进教育理念的“工具意识”，提升创生教育实践的“工具能力”，逐步形成支持课改和学校深化实践的常用“工具箱”和典型的“工具范本”，将课改的成效推向极大值。

可以预见，在未来的提升课程领导力的漫漫长路上，工具使用的密度、频度将加大，工具研制的角度、维度将拓宽，工具地位的认同、作用将强化。“工具时代”，不仅是回应课程领导力的“必然王国”，也是提升课程领导力的“自由王国”，教育人应有足够的信心，将工具化为神奇，使教育教学实践出神入化。

2. 工具意识和工具思维：破解课程瓶颈问题的触点

课程领导力，作为一种客观存在的“牵动因子”，长久影响教育的质地和办学的走向。不过，这个字眼真正进入教育人的思考视野，以上海而言可追溯至2007年。提升课程领导力的行动，是撬动课改深度推进，解决课改难点问题、积聚力量、共同探索的实践行动。

如果说，历经十余年，课程领导力的提升在历经消融有关理念、消费变革方式、消化课程改革等基本过程后，随着现代技术飞速发展的“致力影响”和技术与教育融合的“亲密接触”，走向“工具时代”则是提升课程领导力从1.0进入2.0的标志。课程领导力走向“工具时代”具有这样一些关键特征。

一、从“轻视”工具到“亲近”工具：课程领导力的“实证化”

“工具论”曾一度被视为“洪水猛兽”，其实，倡导“亲近”工具，并不是主张“工具至上”，而是对以往“轻视”工具这种矫枉过正的做法的纠偏。教育领域的一些实践，曾一度凭感性、凭经验，缺少实证，也是不能被称为“教育科学”的原因之一。而对工具的“亲近”则是一种技术认知、理性回归，认识到技术与教育的联动，回归到解决问题的“真实需求”和“真实场域”之中。通过基于工具的实证检验、诊断、反思与改进，求解问题的方法和策略，让提升课程领导力的实践过程“实证化”。

在提升课程领导力的实践中，往往容易纠结的是，实践到底有效性如何，基于工具的实践证据，因其能聚类分析，发现共性问题，引导调整，为改进提供实证支撑。以观测工具为例，它是对学校“课程”、“教学”行为所呈现的信息进行搜集的各种工具的总和。因其能较好地作出有针对性的诊断，对改进课程具有指导意义。观测工具，一般由“观察维度”和“观测点”组成。每个维度下，包括若干观察点，每个观察点为一个条目，在每个条目上采用1—5分的计分方法。在不同维度和不同观察点上的得分，对于帮助觉察自己的优势和不足，找准改进的方向具有指导意义。

比如，上海的中小学校近年来都编制了自己学校的课程计划，但这个课程计划品质如何，是否能有效指导学校实践等诸多问题，都需要思考和判定。因此，对学校课程计划的品质的检测就非常必要了。

上海市教委教研室因应基层学校所需，开发了“学校课程计划观测工具”，从“课程要素”入手，进行系统化的观测考量。以其中的“课程结构”部分为例，见表 6－1，通过这一工具，对课程体系、课时安排、专题教育三个维度，从四个观测点进行观察。对每个观测点的判定按程度，由低到高设定 1—5 个梯度的量化评估。不仅于此，还要求寻找到相关例子或说明来佐证前述判定，形成质性评价。这一工具，使得学校课程计划的编制从感性描述上升到理性审视，从基于经验走向基于证据和经验相结合，必然会增强学校课程计划的“厚度”和“效度”。

表 6－1　学校课程计划观测工具（课程结构部分）

要素（选择涂黑）		观测点/程度 （1→5：程度由低到高）		举例/说明
课程结构	□课程体系 □课时安排 □专题教育	课程体系包含三类课程		
		课时安排符合市课程计划要求		
		专题教育内容安排明确		
		充分利用校外资源		

可见，提升课程领导力的实践，不是简单地做，而是要有“规准”地做，有“实效”地做。在课程实践中，借助一些观测工具，将更有助于聚焦观测的视角，让实践更聚焦“核心”，让过程更有“规准”，让判断更有“依据”，让结论更接近“事实”，让改进更有“方向”。

因此，从“轻视”工具到“亲近”工具，这是进一步提升课程领导力的认知先行，是一种态度。

二、从“借用”工具到“研制”工具：课程领导力的“专业化”

对于基层的实践者而言，实践可以从初期的“借用”他人成熟的实践工具，逐步过渡到“研制”适合自身实践的工具。应遵循按需开发、简单好用、引进改造、自主开发等原则，通过“研制”工具，提升课程领导的“专业化”水准。

以作业设计观测工具为例，见表 6－2，如何判定一份作业设计的品质，需要考虑作业目标、作业内容、作业类型、作业难度、作业时间等，下表中的作业观测工具，结合关键要素做了精简设计，可供学校借鉴。

表 6－2　作业观测工具

观测点	达成度 （1→5：程度由高到底）	举例/说明
与教学目标一致		
作业结构合理		
载体类型多样		
容量适切		
难易分层		

上海市育才初级中学在进行校本化作业设计研究时，基于课程标准，把学习的内容按照课程标准从学习水平的三个层次（记忆水平、理解性水平和探究性解释水平）进行架构，然后对题量进行配置，最后设计出一页纸的作业，并与此相配套，架构了校本化的作业布置观测工具，见表 6－3，通过六个要素（学习内容、对应练习难度、选择题号、建议完成时间、实际完成时间、完成正确率），来对作业与教学的一致性、作业与学生学习水平的一致性、作业预期完成时间与实际完成时间的一致性等维度，进行实证诊断，使作业的设计与布置形成一致性链条，提高了作业的有效性。

因此，从“借用”工具到“研制”工具，这是进一步提升课程领导力的动力机制，是一种选择。

表 6－3　作业布置观测工具

学习内容	对应练习难度		选择题号	建议完成时间	实际完成时间（学生填写）	完成正确率
	*	* *				
无理数的识别	4			30 分钟		
实数的分类	1,2,3,5,7					
无理数的应用		6				
通过操作体验无理数是客观存在的数		8				

三、从“使用”工具到“工具”使用：课程领导力的“领悟化”

课程领导最关键的价值内涵在于引领团队，挑战现状，推动课程变革与进步。那些实践智慧只有普适到每个人，才能激发基层学校、教师的改变。比如，解决问题的时候，如果能站在前行者的肩膀上，多多“使用”现成的工具，问题的解决往往就变得又快又好。如果再能将自己处理问题的经验，也提炼为“工具”的话，更能做到举一反三，这样“工具”就具备了辐射的使用价值，让使用者领悟到其内在的“真谛”，让教学向真，让课程向好，让学校向前。

在提升课程领导力的行动研究中，闵行区莘松中学发现初三语文阅读讲评课普遍存在的问题是“缺乏从‘一题’到‘一类’的概括迁移”，为此他们设计了阅读练习讲评课评价量表。从教师活动、学生活动、教学达成度三个角度，建构十个观测点，明确地告诉教师，在语文现代文阅读的讲评课上需要落实哪些关键指标，并进行量化评价。设计这个评价工具的目的，就是引导教师在教学中关注规范准确的练习样本的提供，以及答题路径、方法的指导，并要保证学生在课堂学习中练习操练的时间和过程演示，同时能够通过后续巩固练习，起到从“做一道题”到“破一类题”的效果。

又如，上海市黄浦学校在进行记叙文写作教学时，发现学生在叙述事件时的通病是“散”而“杂”。如何解决这一问题的？教师提炼出来四个观测指标：背景、主体、介入、后续，让学生把四张即时贴贴在作文相应之处，这就是一个写作诊断工具的有效使用。

因此，从“使用”工具到“工具”使用，这是进一步提升课程领导力的技术觉悟，是一种智慧。

3. 工具模板的创生应用：支持学校常态实践的范本

近年来，“工具”变革对提升课程领导力的“牵引作用”越来越凸显，对“工具”的重视，也达到了前所未有的程度。借助研制和使用“工具”来深化课改实践，大大提高了实践的“生产力”，主要体现在：一是改变对课程领导者个人能力的依赖，让每个实践者逐步建立解决问题的自身框架，建构独立的内在思考；二是基于“工具模板”的探索实践，聚焦了关键要素或指标，使解决问题的实践过程变得更有指向性和针对性；三是基于工具的实践证据，能用来做聚类分析，发现共性问题，引导调整，为改进提供实证支撑。提升课程领导力走向“工具时代”，既有教育教学改革深化的内在驱动，也有技术手段更新倒逼的现实选择。

模板是“将一个事物的结构规律予以固定化、标准化的成果，它体现的是结构形式的标准化”。而工具模板，既有模板的属性，又有工具的性能，是对一类问题或情况形成一个通识性的解决“办法”。教育实践中，工具模板可以大大提高教学效益，因其有稳定的结构，教师个体可以快速便捷地拿来使用。在使用中，也可以创造性地再改进升级，方便维护。

工具模板，有多种类型，但没有固定的样式。基于教育教学实践的不同要求和需要，教师团队可以共同参与研发，在实践中不断调整完善。

一、“诊断工具”模板：从解“一题”到解“一类题”

诊断工具模板，主要是通过模板聚类相关要素指标，来诊断教学中出现的问题，同时引导教师个体的教学行为改进，向导向性的规范行为靠近。

上海莘松中学针对初三语文阅读讲评课，发现存在的主要问题是“缺乏从‘一题’到‘一类’的概括迁移”，为此设计了阅读练习讲评课诊断工具模板。从教师活动、学生活动、教学达成度三个角度，设立十个观测点，明确地告诉教师，在语文现代文阅读的讲评课上需要落实哪些关键指标，并进行量化评价，见表 6-4。

表 6-4　阅读练习讲评课诊断工具模板

学校		班级/人数		执教者	
课题/内容		内容来源		观测者	
讲评主题及重点					
视角	观测点			观测记实（10 分/项）	
A1 教师（40 分）	A1.1　教学内容选择的有效性				
	A1.2　选题解读及提供解题路径的准确性				
	A1.3　答题样本提供呈现多层次性，并批阅，阐述理由				
	A1.4　同类习题举一反三、融会贯通				

续　表

视角	观测点	观测记实（10分/项）
A2 学生（30分）	A2.1　互动、合作问答的人数、过程、结果	
	A2.2　全体做题的时间、过程	
	A2.3　个别板演的结果（例：画思维导图、展示解题过程等）	
A3 达成（30分）	A3.1　学生清楚课堂学习目标	
	A3.2　课堂中目标达成的依据	
	A3.3　课后检测跟进	
总分		

设计这个工具的目的，就是引导教师在教学中关注规范准确的练习样本的提供，以及答题路径、方法的指导，并要保证学生在课堂学习中练习操练的时间和过程演示，同时能够通过后续巩固练习，起到从“做一道题”到“破一类题”的效果。实践中，这一工具发挥了诊断、反馈和激励功能，促进了教师教学行为发生改变，并内化为一种教学“常态”，对教师课程领导力的提升起到专业引领作用。

二、“支架工具”模板：导航教与学历程步步深入

“支架工具”模板，是将模板作为一种教学支架和有效手段，通过对最核心、最本质、最关键的部分，把复杂的学习任务或教学任务加以分解，以便于把学习者的理解或教育者的实施逐步引向深入。“支架工具”模板，在实践中要不断去粗取精、去伪存真。

上海黄浦学校在进行记叙文写作教学时，发现学生在叙述事件时的通病是“散”而“杂”。如何解决这一问题的？教师智慧地发明了由“背景、主体、介入、后续”这四部分内容构成的“四张即时贴”。这一支架工具有效地解决了写作教学的老大难问题，见图 6 - 1。

首先，教师结合《背影》一文，引导学生分析把握四个关键内容：第一，叙述的背景，第二，主体事件中最感动的瞬间，第三，文章高潮部分应该有叙事者的介入并发表感想和看法，第四，叙事时不要一下子刹车，戛然而止，而应该有一些后续。

其次，与学生一道对这四部分进行归纳，提炼出记叙文写作的“四个要素”——背景、主体、介入、后续，进而构成记叙文写作的观测指标。

最后，引导学生挖掘身边的“感人瞬间”，将自己的经历和感受嵌入“四个要素”中，把“四张即时贴”贴在自己作文对应之处，通过这种办法，让学生自我监控写作的过程，自我反思并修改。

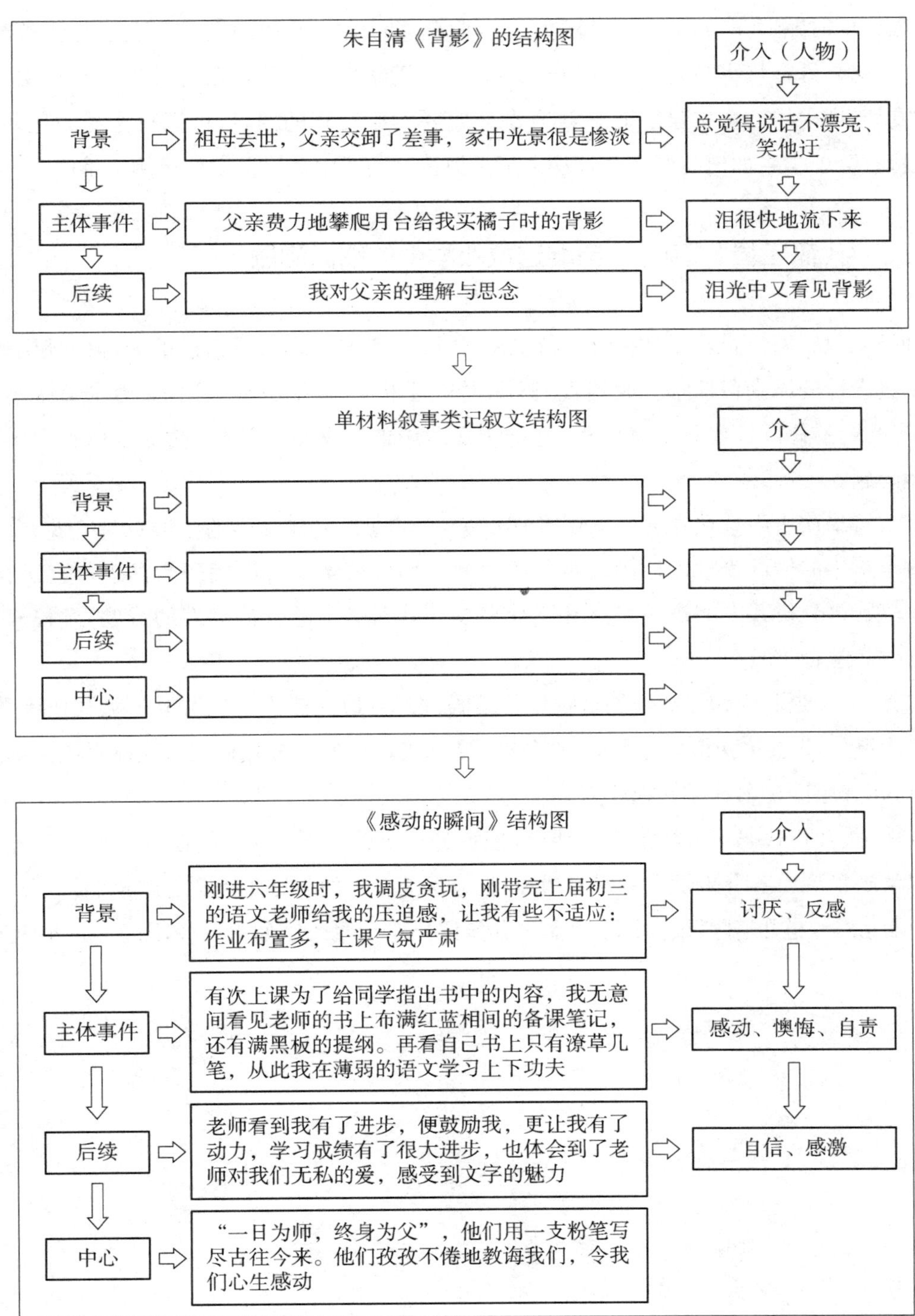

图 6-1　写作支架工具的提炼过程

“四张即时贴”，作为一个写作支架工具，简单、易用，不但帮助教师建立了写作教学“如何教”的支架，即提炼出写记叙文的规格要求，也帮助学生形成了修改与反思自己作文“如何写”的支架，即引导学生构建思维框架，不仅丰富了学生写作的内容，也把写作的关键要素融入进去，教会了学生如何写好作文。这个工具模板在实践中被许多学校运用与推广。

三、“代码工具”模板：精准定位教学中的细微问题

“代码工具”模板，是一组由字符或符号等代码以离散形式表示信息的明确的规则体系。代码工具设计的原则包括唯一确定性、标准化和通用性，便于识别与记忆、力求篇幅短小与格式统一，容易修改。代码工具模板，有助于实践中的数据聚类分析，精准定位教学中出现的细微问题。

上海风华初级中学在开展数学几何部分复习教学时，发现学生的错误总是五花八门，很难对每个学生的错误步骤与原因进行归类诊断。如何将学生解答问题的推理过程进行“可视化”呈现，再分析其中的逻辑难点和指导要点？针对这个具有挑战性的难题，学校研制出“几何代码”这种工具。

首先，对一道几何题目的解题过程进行编码，即“分值＋错误原因”的 ab 型代码评分，其中 a 表示得分，b 表示获得该分数的原因的评分方式。例如评分代码为 21，说明该生本题获得两分，扣分原因是第一类错误原因。

其次，按几何代码评分标准进行评分，把得分情况输入 Excel 表格制成统计图。统计结果可以清晰呈现出各个步骤上错误的情况，充分暴露学生的思维难点和逻辑漏洞。

下面是对一道几何题目运用几何代码和传统评分进行的批改，如图 6－2，图 6－3，所得数据：

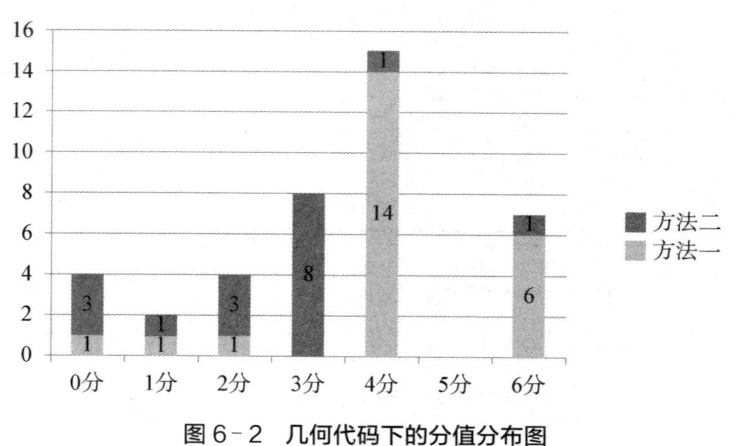

图 6－2　几何代码下的分值分布图

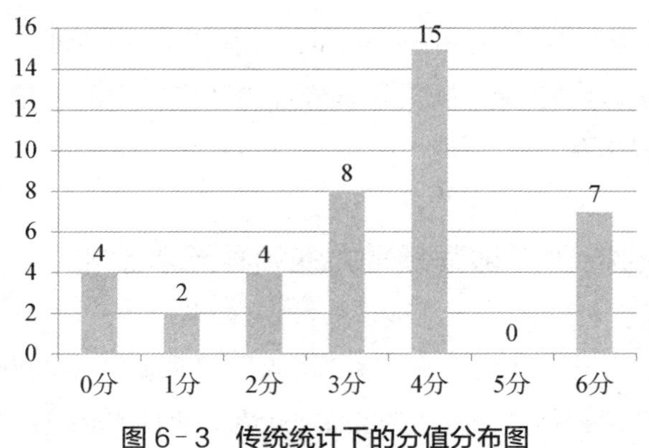

图 6-3　传统统计下的分值分布图

显然，按照传统统计方法，只能看到大部分学生得 4 分，但教师运用几何代码进行批阅后，能发现得 4 分的学生中运用方法一的有 14 人，运用方法二的只有 1 人，并能再现学生本题中的思维难点和典型错误，这样的数据统计突破了以往的评分标准，只是按得分点进行给分，却无法精准地在指导学生解题过程中发现出现的问题在哪里。

可见，采用“几何代码”这个有针对性的工具，将学生的学习问题分析引入了“GPS 的精准定位和导航”，再通过把典型问题归类，教师便可以找出此题的易错点，然后“对症下药”地实施教学，有重点地解决此类问题。

工具模板的创生与应用，因其让数据说出发生了什么，并呈现出原原本本的变化过程，让教育教学改进有了“指南”，让课程领导力的提升有了“方向”。

4. 搭建全景课程工具箱：撬动学校创造性实践

工具是抽取出那些“关键的、具有影响效果好坏的”要素和关键环节，构成思考和实践的“支架”和手段，往往以实物、器械等呈现。正如日常生产生活中需要工具一样，教育实践也同样需要工具。工具有助于学校和教师深化课改实践，提高教育实践的“生产力”。

因此，学校需要不断把实践中的有效做法、路径、机制等经验，萃取提炼，形成可复制的解决同类问题的工具。当工具积累到一定程度，学校课程建设就有了“课程工具箱”。课程工具箱一般包括“四板斧”：管理工具、观察工具、测评工具、统计工具。不同类别、类型的工具有不同的功能和作用，这些工具在提升课程领导力的实践中都发挥着不同的作用，推动着学校开展创造性的课程实践。

一、 管理工具的特性：课程领导力的领导元素添加

提升“课程领导力”是从具体的课程实践“切入”，发动基层学校开展的创造性实践。上海始创辐射全国的提升课程领导力的实践表明，根植于学校实际，以“项目”的方式开展行动研究，集聚各方力量、各种资源，通过“边实践、边研究”的方式，在有限的时间内解决实践中需要破解的问题。这是在实践逻辑层面，实实在在地破解课改难题的探索之路。

因此，在大规模的团队合力攻坚的过程中，研究问题的确定、解决问题的方案规划、全过程的实施与调控、研究成果的提炼都需要系统架构。而管理工具就是提升课程领导品质的新元素，能否恰当运用，对实践成效的高低有着决定性的影响。

何谓管理工具？它是用于管理实践全程各阶段，提高实践品质，让实践秩序井然的一系列工具。管理工具可以让实践更聚焦目标，过程更有章法，进度和质量更有效地得以监控，并引导实践者作出适时适当的战略策略调整或方式方法改进。管理工具最重要的特点是它的全程性、过程性和反馈性。

管理工具，主要包括系统性的工具和局部性的工具，见表 6－5。系统性工具，包括问题解决工具、行动研究工具、研究路径工具、任务分解工具等。局部性的工具，包括沟通分享工具、会议记录工具等。

表 6－5 管理工具分类

类别	管理工具	工具名称	工具作用
系统性工具	问题解决工具	问题解决六步骤图	形成解决问题的思路与顶层设计
	行动研究工具	行动研究螺旋循环图	以解决实际问题为目标的行动路径
	态势分析工具	SWOT 分析模型	对情境系统作出分析，为决策提供依据
	团队协作工具	RACI 矩阵	明确团队职责
	任务分解工具	WBS 任务分解表	分解任务，增强责任意识
	研究路径工具	可视化路径图	为实践导航
	时间管理工具	工作计划表	让进程一目了然，缩短里程

续　表

类别	管理工具	工具名称	工具作用
局部性工具	沟通分享工具	基于 WEB 的在线协作	在线即时沟通与分享
	项目档案工具	档案袋、变更记录表	积累过程性档案
	会议记录工具	会议记录单	记录实践中的共识与问题
	项目管理工具	立项申请表、开题论证表、中期评估表、结题评估表	全程跟踪进展

随着信息技术的应用，基于 WEB 的沟通分享工具，因可以“记录、分析、分享、协同和展现”实践的全过程，更受到实践者的青睐。如项目档案的提交、共享、数据等能在线自动生成，进行时间跟踪等，将有助于积累过程性档案；也可以分配任务、安排会议、发布分享、共享文件，了解实践动态。

以“问题解决工具”为例，这个工具主要通过六个步骤，引导实践者回答“实践要解决的问题是什么？→问题产生的最重要原因是什么？→问题解决想达到什么目标？→如何达成目标？→如何开展创造性的实践探索？→如何确定最终是否达成目标，并使问题获得解决或改善？”这六个步骤呈现的问题，环环紧扣，引导实践者深度思考，进而形成解决问题的思路与顶层设计。下面就是运用这个工具架构的提升课程领导力的问题解决行动框架，如图 6－4。

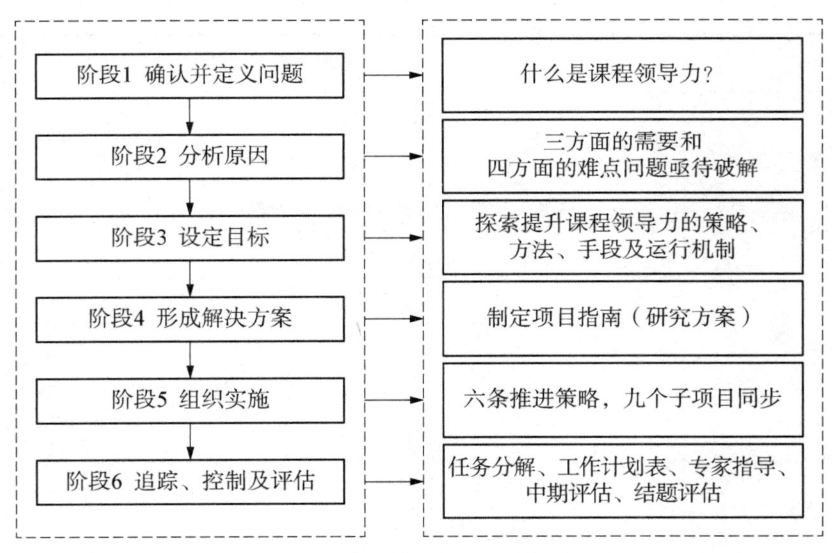

图 6－4　问题解决工具的应用案例

图中，左边栏是问题解决工具，右边栏是工具的实践应用。

二、观察工具的特性：课程领导力的课程要素集合

提升课程领导力，根本途径是学校的课程实践，这是学校课程改革的"核心地带"。在课程实践中，借助一些观察工具，将更有助于聚焦观察的视角。

什么是观察工具？观察工具是指对学校"课程"、"教学"和"教研"的行为所呈现的信息进行搜集的各种工具的总和，其研发与设计一直是观察系统工作中的焦点和难点。

课程实践中使用的观察工具可以从课程、教学、教研的视角进行分类，见表 6－6。一是课程开发与设计的系列工具，如学校课程计划观察工具、校本课程开发观察工具、课程与教学常规管理观察工具等；二是针对课堂教学各环节的系列工具，如教学设计观察工具（备课环节）、课堂教学观察工具（上课环节）、作业设计与布置观察工具（作业环节）、课前课后辅导观察工具（辅导环节）、试卷设计观察工具（考试环节）；三是针对教研的系列工具，如，校本教研观察工具（校本教研的流程、校本研修机制）、网络教研观察工具等。以上这些还只是观察工具的大类，实践中，还要根据需要开发具体的工具。如校本教研中，很多学校采用主题教研的方式，那么就需要开发主题教研的相应工具，来推进主题教研的有效实施。

表 6－6　观察工具分类

分类维度	观察工具
课程维度	学校课程计划观察工具
	校本课程开发观察工具
	课程与教学常规管理观察工具
教学维度	教学设计观察工具
	课堂教学观察工具
	作业设计与布置观察工具
	课前课后辅导观察工具
	试卷设计观察工具
教研维度	校本教研观察工具
	网络教研观察工具

观察工具是直接指向课程与教学改进的有效手段，一般由“观察维度”和“观测点”组成。每个维度下，包括若干观测点，每个观测点为一个条目，在每个条目上采用 1—5 分的计分方法。分数越高，表明在该观测点上的表现越符合期望。

检测“研究效果”，可以结合“研究点”，设计有针对性的观察工具。如，上海市静教院附校在“后茶馆式”课堂教学改进的实践中，创造性地开发了“循环实证”工具，如图 6－5。学校根据本校实际，构建了校本研修的“循环实证”工具模型。即在同一年级的几个教学班，依次进行“各班前测→课堂教学→后测→校本研修……下一班课堂教学→下一班后测→校本研修……”，N 次循环，N 次研究，聚焦研究问题，通过每一次循环，观察问题解决的进展情况，对尚未完全解决的问题以及产生的新问题继续开展下一轮的实践，N 次螺旋式的实践与推进，步步逼近研究目标，直到问题解决。

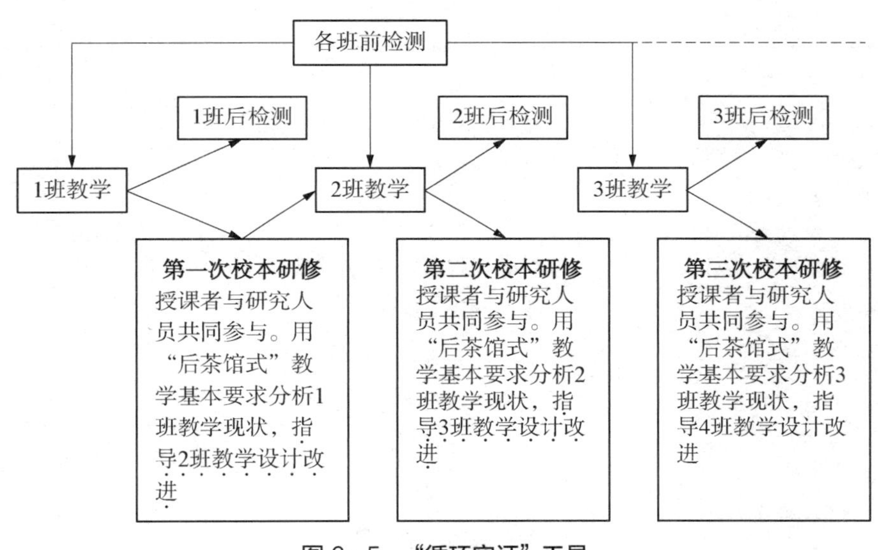

图 6－5　“循环实证”工具

三、测评工具的特性：课程领导力的评价机制架构

判断课程领导力水平的高低，离不开测评工具。测评工具是课程领导力评价机制的重要组成部分。谈到测评工具，离不开对评价的理解。美国教育评价标准委员会曾对“评价”给出一个简明的定义：“评价是对某些现象的价值如优缺点的系统调查，为教育决策提供依据的过程。评价最主要的意图不是为了证明，而是为了改进。”

何谓测评工具？测评工具是一种获取和提供叙述性和判断性的信息过程的工具，一般对关键行为和等级标准需要进行清晰的界定，这样就可以产生清晰明确的反馈，信度和效度会更高。

提升课程领导力的测评工具，主要从“课程”视角，对课程的规划、实施、成效等方面收集信息资料，作出价值判断的过程。测评工具主要是为了改进实践，因此过程性评价与结果性评价是其应有之义。

课程规划层面的测评工具，见表6－7，主要包括学校课程方案/计划评价工具、校本课程方案评价工具、校本科目方案评价工具、学科课程纲要/指南评价工具等；课程实施层面的测评工具，主要包括学校课程实施评价工具、学科教学有效性评价工具、校本课程实施评价工具、综合实践活动评价工具、学生综合素质评价工具等；课程管理层面的评价，主要包括课程资源评价工具、课程管理评价工具、课程机制评价工具等。

表6－7　测评工具分类

分类维度	测 评 工 具
课程规划	学校课程方案/计划评价工具
	校本课程方案评价工具
	校本科目方案评价工具
	学科课程纲要/指南评价工具
课程实施	学校课程实施评价工具
	学科教学有效性评价工具
	校本课程实施评价工具
	综合实践活动评价工具
	学生综合素质评价工具
课程管理	课程资源评价工具
	课程管理评价工具
	课程机制评价工具

四、统计工具的特性：课程领导力的宏观驾驭增能

提升课程领导力，是以解决教育中具体实际问题为目的的实践研究，需要注意的是，它与教育实验研究大不相同。教育实验研究适宜于研究事物之间的因果关系，承担验证发现

的任务。而教育行动研究关注的是在千变万化的教育实施中完成任务的方法与途径，因此在研究前并没有明确的理论假设，也并不强调严格控制实验条件或情境，是在实践中随时发现新情况并加以不断修正，不断地将反馈信息作为调整的依据，逐步逼近解决问题的目标。当然，任何实践，其效能如何？是否解决了问题？这些还是需要检验的。把实践中的数据转化为证据，将定性与定量结合起来，把事实判断与价值判断结合起来，才能取得客观可靠的普遍性结论，扩大研究成果应用的普遍性。因此，恰当地使用统计工具，可以优化课程领导力实践。

何谓统计工具？统计工具是指简化的统计方法，用以揭示规律和反映事物的本质与发展过程。统计工具的应用，是当下教育实证研究的一个基本特征。数据挖掘、数据处理、数据整合、数据分析、模拟、可视化等对教育实践正发挥着巨大的作用，这也是教育信息化发展的必然需求。尤其是近年来可视化将数据信息转化为有意义的、易于理解的图像，对教育现象的分析更加直观和生动了。

一般的统计工具包括新、老七种工具，见表 6－8。对教育实践而言，常用的工具并不复杂，主要包括 Excel 软件、SPSS 软件、SAS 软件等，在数据可视化方面，主要工具是 PPT、Xmind、百度脑图、Tableau 等。近年来，Tableau 在教育领域的运用发展迅速，因其界面简单，操作容易，能接入多种、多项数据源，图表的选择亦非常丰富，自由度高，可灵活根据数据特征制定可视化图表。

表 6－8　统计工具分类

老七种工具	新七种工具
调查表	关联图
分层法	系统图
直方图	KJ 法
散布图	矩阵图
排列图	矩阵数据分析法
因果图	过程决策分析法
控制图	矢线法

可以预见，工具时代的到来，将助推一系列教育变革的汇聚、融合、转化和推动，从运用“工具”逐步走向创生再造“工具”，形成支持学校实践和常态教学的常用“工具箱”和工具使用的典型“样本”，并将课改的效果与规模化程度推向极大值。

第七章

学校课程的技术设计

让智能技术助推课程的革命

- 技术设计，是学校课程设计的条件“物化”，也是进行学校课程设计的能量“转化”，当技术作为能量呈现时，技术才有真正的价值。
- 技术设计，就是把课程设计当作一项科学项目的研究过程，当作一项运用现代技术成果的转化过程，当作一项集技术要素集合的运用过程。
- 技术设计在课程设计中，不会只是技术元素的发挥，而是具有技术与教育、技术与课程融合的再生性。
- 在学校课程设计中，重视现代信息技术，尤其是智能技术的拉动作用，是对技术转化为生产力的贡献，也是让课程在技术的马车上进行演绎的提升。

1. 课程提升品质的新动力：从外部到内核

21世纪，人类社会发生了深刻的变革。面临从工业时代向信息时代的急剧转变，知识传播的速度和容量都在成几何倍数地递增。以多媒体和网络为核心的现代信息技术使得知识不再以单一的文本形式来传递，而是融入了声音、图片、影像等多种媒体，知识内容的丰富与传递形式的多样不仅改变着人类的生产方式和生活方式，而且改变着人类的思维方式和学习方式，由此引发了一场世界范围的跨世纪教育改革和学习革命。

近二十年来，教育信息化飞速发展，从1.0时代走向2.0时代。教育技术从“计算机、半导体技术”等传统信息技术走向“大数据、人工智能”等新型智能信息技术。“以智能技术为核心技术、以智能教育为实践路径、以智慧教育为航标”，重构教育生态已成为共识。

一、推动新时代课程与现代信息技术融合的三驾马车

现代信息技术与课程，走过了从整合到融合之路，但其宗旨没变，就是把现代信息技术作为一种学习的基本工具与课程有机地融合，也就是将现代信息技术与课程结构、课程内容、课程资源以及课程实施等融合为一体，成为课程和谐自然的有机组成部分，以提高学习效率，更好地完成课程目标。整合的立足点和关注的焦点是“课程”而非“信息技术”。当下，把现代信息技术与课程融合是许多国家课程改革的重要举措。归结起来，现代信息技术与课程融合有如下三大推动力。

1. 信息技术的飞速发展推动了课程的改革

人类文明的发展史告诉我们，人类社会的每一次飞跃都是由技术带来的，并由此推动了教育的进程。人类文明发展的第一个里程碑——“文字的出现”，使书面语言加入到以往只能借助口耳相传来进行教育的活动之中，由此拓展了教育内容的广度和深度，并使教育的形式发生了改变。“印刷术的出现”开启了人类文明发展的第二个里程碑，用纸张大量印刷出来的书籍，推动了知识的传播和教育的普及。而以“多媒体和互联网”为标志的信息技术，是人类推进文明发展的第三个里程碑，教育走向信息化、终身化、个性化成为一种必然的趋势。当前，现代信息技术对教育的推动已初见端倪，以多媒体和网络为核心的信息技术为教学提

供了理想的平台和教学环境，并渗入学科教学中。从已取得的阶段性成果来看，现代信息技术与课程融合必将是推进课程与教学改革的突破口。

2. 现代新型人才观要求课程要培养现代人必备的学科核心能力

信息化社会是要求个体终身学习的社会，“终身学习”将是每个现代人生存和发展的基石。终身学习的首要条件是要在学校教育中形成基本的“读、写、算”能力，这是现代社会人类生存必备的基本能力。随着科技的飞速发展和社会进步所带来的知识信息急剧增加，信息能力，即信息的获取、分析、加工、利用的能力，已和体现传统文化基础的读、写等方面的知识与能力同等重要，不可或缺，这些能力共同构成信息社会文化基础的支柱。面对迅速激增的信息，不能识别现代信息符号，不具备信息获取、信息分析与信息加工的能力（通常把这几方面的能力统称为“信息能力”），不能有效地利用信息资源为自己和社会服务的人（这种人被戏称为“功能性文盲”）显然不能适应现代社会的发展。现代社会要求的新型人才是具备创新精神、合作意识和开放的视野，以及运用现代技术搜集和处理信息的能力。可见，对一个现代人而言，“信息能力”与“读、写、算”能力同等重要，四者缺一不可。学校教育在培养现代人必须具备的这四种能力方面责无旁贷，能为这四者整合提供一种可以自由探索、尝试和创造的教育平台，将有利于推动课程的深入发展。

3. 世界范围内的课程改革发展潮流催生“现代信息技术与课程融合”

自二十世纪七十年代起，现代信息技术的飞速发展为各国课程改革拉开了序幕，把现代信息技术纳入基础教育课程，改革传统教学弊端是各国课程改革的重要举措，美国、日本、新加坡更是走在世界课程改革的前列。在我国，教育改革者越来越意识到，教育的现代化离不开现代信息技术。“现代信息技术是整个教育改革的制高点或突破口，信息技术在教育领域的运用是导致教育领域彻底变革的决定性因素。”这使得以多媒体和网络为核心的现代信息技术与课程融合这一教育观念逐渐变得清晰起来，融合的最终目的是完善学习者的学习方式，改善学习资源和学习环境，构筑面向信息化社会的学习文化。

二、现代信息技术支撑引领课程系统性变革：从外部转向内核

以大数据和智能技术为触点的信息技术由外生变量转为内生变量，引发教育教学由融合向创新发展，使教育教学过程走向智能化与个性化。《上海市普通中小学课程方案》提出，“加强课程与信息技术的有机融合，将信息技术作为资料的来源、交流的平台、认知的工具和管理的手段，应用于课程设计、实施、评价和管理的全过程，全面提高课程的信息化水平和学

生的信息素养”，“充分利用数字化课程资源和信息化环境，构建数字化的学习平台，促进课程与信息技术的整合”。信息技术在课程中全面应用和加强课程信息化的过程，将课程资源、课程实施、课程评价和课程管理等与现代信息技术融为一体，简言之，就是将课程资源信息化、课程实施信息化、课程评价信息化、课程管理信息化，使之成为课程和谐自然的有机组成部分，以提高课堂教学效益，更好地完成课程目标。

（一）有助于年轻一代在未来社会中更快更好地发展各种技能

我们知道，教育应该不断地预测未来社会的需求，并为满足这些需求而努力。未来社会所需的技能焦点将集中在思考、学习以及交流等方面，那么，把课程与信息技术融合起来是年轻一代获得上述技能的重要途径。特别是在中小学阶段，基于信息技术的教与学对培养学生获取、分析和应用信息的能力，提高思考力和判断力，促进良好的协作沟通能力等都大有裨益。

（二）有助于学生自主学习、合作学习

在信息化学习环境中，学生的学习方式发生了显著的变化。从单一、被动的学习方式，向多样化的、主动的学习方式转变。迄今为止，网络是世界上最大的知识库、资源库，它拥有最丰富的信息资源，而且这些知识库和资源库是按照符合人类联想思维特点的超文本结构组织起来的，因而特别适合学生进行“自主发现、自主探索”式的学习。学习者不再依赖教师的讲授与课本，而是利用信息化平台和数字化资源，通过电子邮件、在线讨论、电子公告栏(BBS)、文件传输(FTP)等方式，使师生、生生之间的信息联系能够在多层面、多方位、多形式上展开合作学习，增进团队意识和合作精神。

（三）有助于最大限度地发挥技术优势，使教学资源全球化、教学环境虚拟化、教材多媒体化，为教育发展提供支持

利用网络，师生可以共享全世界最新的教育资源，打破传统书本信息的陈旧与匮乏；多媒体教材使教学内容呈现变得动态化、形象化和结构化，促进了学生对知识的理解和加工；虚拟的教学环境使课内与课外、校内与校外融合到了一起。把信息技术全方位地融合于课程，这是一个不断深化、探索和实践的过程。当前实践中的课程融合还仅是“小整合”，主要是在课程实施层面，把课程与信息技术融合起来，也就是把信息技术应用于教师的“教”与学生的“学”的过程中，即将日新月异的知识信息反映到课程中，拓展学习时空；构建丰富的、生

动活泼的学习情境，改善学生的学习方式和教师的教学方式；提升学生学习、研究与创新的意识与能力；促进人际交流和合作。一句话，融合旨在凭借信息技术，改善教与学的方式，促进以学习者为中心而进行的知识建构和应用，充分发展学习者的个性，提高课堂教学效益。

三、信息技术在课程中的全方位应用：共性特点与发展空间

目前，尽管课程实施与信息技术融合还没有形成完美的、最佳的融合模式，但探索和实践都不同程度地体现了信息技术在教与学上的功能和潜能。

（一）共性特点

将信息技术融入课程中，是全面推进课改的重要抓手和主要任务。目前，课程与信息技术融合有的侧重于课堂教学模式，有的侧重于改变学生学习方式，有的侧重于建立认知结构过程，有的侧重于形成自主探究环境，有的侧重于加强相互合作交流等等，也有的是兼而有之。无论哪种方式，其背后体现出了一些共性特点：

1. 创设虚实相生的学习情境，激发学生学习热情

学习情境的创设可以虚实相生，既可以是真实的学习情境，也可以根据学习的需要，设置虚拟学习情境，来激发学生的学习热情和求知欲望，促使学生去主动探索新知。如一位教师在教小学一年级“10 以内的数与计算”时，就充分发挥信息技术的潜能，通过创设“精灵探险团”的情境，给学生三条游览路线，请学生自主选择学习，极大地激发了学生自主探究的学习热情。

现代信息技术可以虚拟学习情境，这意味着教学活动可以在很大程度上突破物理空间、时间的限制，实现真实教学中所不能达到或不能完全体现的部分。如虚拟物体——利用三维建模技术等表现微观世界、宇宙空间、物体内部结构、物体的细微变化过程等；虚拟实验——进一步利用交互功能，虚拟实验操作过程，即在教学过程中不使用真实的实验设备即可进行的实验操作，来获取实验数据。例如在学习《植物的生活》一课时，学生可进入网站中的“虚拟实验室”，运用网站提供的各个植物的生活条件，如“水分”、“养料”、“阳光”、“温度”等开始虚拟种花。在学生们的“精心呵护”下，他们“栽种”的花“一天天”在“变化”。有趣的“虚拟实验室”的“实践”活动，引导学生仔细观察、收集证据、整理信息、归纳信息，最后得出结论，使学生在虽然因某种原因不能或尚未实地参与自然环境的实践的情况下，能通过虚拟仿真实验达到学习目标。

2. 利用开放、丰富的学习资源，拓展学习空间

丰富、海量的信息为课程实施与信息技术融合提供了资源基础。互联网、媒体素材资源库、数字图书资料中心，使学习者把获取信息的途径由教室、实验室和图书馆扩展到互联网所覆盖的任何场所。大量的音频、视频、动画、文本、图形等素材资源和可检索的文献图书资料中心，突破了书本是知识主要来源的限制，用各种相关资源来丰富封闭的、孤立的课堂教学，极大地扩充了教学容量，使学生不再只是学习课本，也进一步拓展了学习空间。如学习语文《太阳》一课，师生利用"浩瀚宇宙"专题学科网站进行知识的纵向拓展，组织学生浏览、查阅相关的图文资源，了解了太阳除了"大小、温度、与地球间的距离"以外的其他特点，极大地丰富了课文内容，也加深了对课文的理解。

3. 优化学生认知，培养学生创新思维和创新能力

课程实施与信息技术融合，不仅给学生提供了展示聪明才智的机会，更重要的是培养了学生良好的思维方法和创新思维能力。在教学中，信息技术扮演着"研发工具"的角色。如在中学数学教学中，几何画板可为学生提供自我动手、探索问题的机会：当面对问题时，学生可以通过思考和协作，提出自己的假设和推理，然后用几何画板进行验证。此外，学生还可以使用几何画板自己做实验来发现、总结一些数学规律和数学现象，如三角形的内角和为180度、圆周率的存在及计算等。这些工具促进了学生主动学习、积极思考，激发了学生的创新意识。

（二）发展空间

人类社会因为科技的进步而展现出前所未有的情景，为教育乃至学科教学带来了深刻的"变革"。未来已来，"互联网＋"、"大数据"、"人工智能"使人们的生活方式、教育方式、学习方式产生了空前的变革。由现代信息技术进步而带来的思维变化，不仅改变着社会的生产和生活方式，而且改变着人类的思维和学习方式，让一切充满无限可能。课程与现代信息技术有机融合，将成为21世纪课程发展的一种必然趋势，也是课程进入信息化时代的新的生长点。

1. 要充分开发信息技术作为交流工具、认知工具、情感激励工具等功能

在课程实施与信息技术融合中，我们经常看到，一些教师把课本内容"搬家"，由纸质媒介变为多媒体幻灯片或多媒体课件，完全把信息技术当成集"声、光、电"为一体的"演示工具"，由以往的"人灌"变成了现在的"电灌"。应该说，把信息技术作为演示工具，这的确是课程融合的一种表现形式，但还仅仅是较低层次的表现形式。如果计算机不能促进学生思考、不能促进交流、不能促进学生发现学习，那么它在教育中的意义就没有充分发挥出来。就

“工具”这一属性而言，信息技术不仅仅是“演示工具”，更重要的是，它还是“交流工具”、“认知工具”、“情感激励工具”、“个别辅导工具”、“探究工具”、“信息加工工具”、“评价工具”等。所以，在课程实施与信息技术融合的过程中，教师应走出把信息技术仅仅当作“演示工具”的误区，在融合中要敢于尝试，发掘信息技术的多种功能，通过设计丰富多样的教学活动，关注学生学习的整个过程，并在此过程中有意识地促进学生思维发展，使学生学会学习。

2. 教会学生管理信息的方法，化“信息”为“知识”

学生们在网络上搜集到的大量资料，充其量也只能说是“信息”，并不是真正意义上的“知识”。知识应是经过人的思维整理过的信息、数据、形象、意象等，有待于用来对面临的问题作出判断和提出解决问题，所以，教师仅仅教会学生如何搜集“信息”还是不够的，还要引导学生学会管理信息，实现由“信息”到“知识”的转化。那么，如何实现这一转化呢？首先，教师要精心创设“核心问题”和“相关问题”，组织学生把各种来源的信息与学习内容联系起来。其次，引导学生利用信息加工工具把获取的“信息”进行重构、利用，化“信息”为“知识”。在这一过程中，教师要教会学生管理信息的方法，学会利用文字处理、图像处理、信息集成的数字化工具，对信息进行重组，以一定的形式，将其内化到自己的认知结构中，并在探究、思考、综合运用的过程中利用习得的知识来解决问题。

3. 积极参与教育资源的开发，实现网络资源共享

一项对学科教学与中小学信息技术融合的调查表明，中小学教学软件不足，质量水平很难满足实际教学要求。虽然网上各类教育网站提供了大量的素材库、课件库、教案库、网络课程等供师生下载使用，但绝大多数是充数的冗余资料，偏离了教师和学生的实际教学需求，教育资源的真正利用率并不高。因此，在教育信息网络内，为不同学段的教师、学生提供权威的、可靠的教学资源是当前课程与信息技术融合亟待研究和解决的问题。然而，丰富的教育资源的构建是一个长期累积的过程，不可能一蹴而就。我们也不可能等教育资源建设好了，再来进行课程融合。可行的策略是通过多种渠道，如大力开发学科教学软件的软件平台和电子备课系统，利用这些软件平台电子备课系统，教师可以方便地制作适合自己教学需求的软件，或提取需要的素材；在现有教育资源基础上，加强现有网络内的教育资源的融合；建立教育资源联盟，构建全社会共建教育资源的机制等，从而鼓励社会各方面提高开发教育资源的积极性，共同参与教育资源的建设。

4. 信息技术的应用要“常态化”，不应只是课堂教学的时髦“点缀”

课程实施与信息技术融合是课程领域的一场深刻革命，目前在实践中尚处于探索阶段。令人欣喜的是越来越多的教师开始尝试把信息技术应用于教学中。尽管如此，就目前而言，

信息技术的应用还没有做到“常态化”，其原因一方面是一些教师对课程实施与信息技术融合一直抱有犹疑的态度，担心自己使用技术的能力有限，另一方面是课程实施与信息技术融合的实践和研究目前还没有突破性的进展，还未能提供有效的“常态化”的教学模式可供参照，因此，一些教师还在观望、等待，没有亲身付诸实践来推动融合的进程。这两种心态都是与新课程的理念与要求不相适应的，要彻底摒弃与改变。

课程与信息技术的融合，追根究底，其立足点是“课程”，而非“技术”。信息技术作为一种工具、载体或手段，归根结底还是要为课程服务的，不能凌驾于课程之上。课程的设计、实施与评价，都要紧紧围绕课程目标，而不是信息技术。因此，在二者融合的过程中，需要全体教师、所有课堂的全面参与。要把信息技术作为教学的一种必备工具，推进到每一间教室、每一位教师的每一堂课，使之常规化、日常化、普通化，就像教学中使用黑板和粉笔一样，成为日常教学习惯的一部分，成为日常教学方式的一部分，而不是成为起摆设作用的时髦“点缀”。教师更要清楚信息技术的优势、适应的范围和对象，要根据教学的需求，设法找出信息技术在哪些地方能提高教学效益，并加以运用。

2. 课程丰满表现的新载体：从挑战到机遇

人类社会任何一次重大的技术突破，既占领着科学的高峰，也影响着整个人类的生活。课程作为教育的核心部分，在现代信息技术飞速发展的态势下，也必然会涌入到信息化时代的大潮中。

信息化时代，是课程存在的客观基础，也是课程发展的技术支撑，因此，挑战与机遇并存共生。

一、挑战：课程面临外部条件几乎“颠覆式”的变化

进入 21 世纪后，现代信息技术的发展日新月异，其便利性、显现性、快捷性的特点和渗透性、生长性、弥漫性的趋势，改变了课程的外部条件。

挑战一：信息技术手段的发达与传统课程的相对封闭性形成的极大反差

在今天，人们获取知识的途径已不局限于教科书，也不受制于校园的课堂，通过互联网，如"翻转课堂"、"慕课"等形式，同样可以得到更多的知识，课程在校园仍然坚挺的同时，并不妨碍网上课程或网络教育的走红。外部获取课程通道一旦打开，会对相对封闭的校园课程形成很大的冲击。

挑战二：信息技术使知识的更新日趋快捷与课程内容相对滞后形成的明显反差

在信息化时代，只要打开电脑，学生几乎可以在任何时间、任何地点直接获得网上呈现的课程内容，甚至有的比校园课堂在内容上更为丰富，呈现样式上更为动态，学习方式更为自由。互联网已经将学习的半径与生活的半径等同。从某种意义上说，学习者在网上所获得的内容，可以超越课堂上的范畴。

挑战三：信息技术层出不穷与教学按部就班不适应形成的强烈反差

信息技术的飞速发展使得人类阅读、写作、听说方式产生了巨大裂变，呈现出许多与过去迥然不同的"读写听说"方式。这些裂变已经并将继续引发教学的深刻变革。

阅读由文本阅读走向超文本阅读，从单纯的文字阅读发展到多媒体电子读物，再到电子数据库对话中高效率检索式阅读。阅读的资料从传统纸张印刷到无纸张，买书从实体书店购买到从网络上直接下载。阅读方式不再是传统的线性结构方式，取而代之的是网状链接(networking links)结构方式。阅读的过程从传统的强调朗读、吟诵和咀嚼转向选择阅读的材料、搜索相关的主题、辨析并加工有用信息等。这些都需要教师对学生进行指导和训练。

写作工具也由纸笔到键盘输入、鼠标输入、扫描输入、语音输入；写作方式由单一的文字手稿转向图文并茂、声形并茂的多媒体写作；写作过程由传统的构思、成稿、修改的线性的静态结构转向超文本、任意流动的网状动态结构。这些变化应引起教师的关注并思考如何指导学生进行电脑(互联网)写作，让他们能够得心应手地运用现代媒体技术表达自己的思想感情。

面对课程未来发展的必然趋势，只有积极地迎接这一挑战，并努力探索课程教学的新结构，学科教学才能获得新的生命力。致力于主动应对这种变化才能开辟课程新的发展空间。

挑战四：信息技术高速发展与教师信息技术能力不匹配形成的明显反差

"人工智能"时代的到来，为教育教学方法与手段的改革提供了有利条件，也对教师信息技术能力和课程建设带来了巨大挑战。整体来看，教师信息技术能力还有待加强，在教学方法与教学手段改革中大都还处于被动学习的状态。如何充分有效地利用开放的环境、平台和资源，使新时期的教学方法与教学手段在教学效果上超越传统教学模式，教师需要自身适应并实现角色的转变，这是教师在当前教育教学改革中面临的重要挑战。与此同时，在我国教育教学领域中，“互联网＋课程”还处于探索的阶段，从课程来看，一些视频公开课、资源共享课、慕课等课程，相对于学科整体的课程体系和教学内容而言还只是其中的一小部分，核心课更是少见。此外，这些课程还存在品质良莠不齐、制作技术不精、内容设置陈旧、教师授课表现不佳等问题，很多难以调动学生学习的积极性，不能满足学生自主学习的实际需求。因此，课程与信息技术深度融合，还任重而道远。

挑战五：信息技术多元发展与使用信息技术不到位形成的鲜明反差。

信息技术虽然广泛地进入生活，但在教学中如何恰到好处地得到运用，还是一个现实问题。主要表现为：一是技术恐惧与媒体使用不当。在教学过程中使用信息技术和现代媒体是教育信息化一种最基本和最直接的体现。而目前普遍存在着媒体使用不当的现象，比如一方面存在媒体的过度使用现象，另一方面存在信息技术焦虑症。由于课堂上 PPT 的滥用，部分教师只会解读 PPT 上的内容，这是一种更为严重的“照本宣科”，由过去的“人灌”变成了现在的“机灌”。同时，也有部分教师惧怕使用信息技术，担心投入精力太多，而实际原因是技能不足或惧怕改变。

二是教学方法改革面临困境。过去教师除了专业知识外，其见识和知识面通常比学生要广，深受学生的敬佩和爱戴，从而也相对容易组织课堂教学。由于网络的迅速普及，信息越来越趋于对称，学生在很多方面比教师知道得多，教师的这一优势逐渐丧失。再加上社会节奏越来越快，学生在课堂上的注意力保持时间也越来越短，从而给教学组织带来困难。

三是学生自主学习能力不足。具有高信息素养的一个重要标志是将信息处理能力融于工作、生活和学习中，以提升自己的智慧和效率，纯粹的计算机操作并不代表具有高的信息素养。随着获取信息的持续增加，学生学习专注程度越来越低，深入思考的机会也越来越少，学习能力并没有增强反而有减弱的迹象，与信息时代要求的学习力还有较大的落差。

四是资源生产与共享存在误区。数字教育资源共享是教育行政部门普遍关心的问题，而现实与预期存在较大差距。资源开发水平低，资源孤岛现象普遍，一些机构数以千兆计的资源在网上被“打入冷宫”。这其实缘于数字教育资源的生产方式的再转型，生产资源不应再仅仅是“权威”专家和“权威”机构的专利，而更多地应产自实际的教育教学过程。

二、 机遇：课程面临成长性“再生式”的建设

教育信息化是实现教育现代化的重要手段，而“互联网＋教育”则是教育信息化在教育新常态背景之下的重要体现。党中央、国务院及各级教育部门历来高度重视教育信息化工

作，先后出台了一系列政策、举措来支持教育信息化建设：2012年3月，国家出台《2011—2020年教育信息化十年发展规划》，对我国未来十年教育信息化建设进行了总体规划。2013年11月，中共十八届三中全会首次将教育信息化写入《中共中央关于全面深化改革若干重大问题的决定》，并特别强调要将教育信息化作为教育现代化指标体系的重要指标。2015年3月，李克强总理在十二届全国人大三次会议上做政府工作报告时首次提出"互联网＋"行动计划。同年7月，国务院正式颁布《关于积极推进"互联网＋"行动的指导意见》。这一系列文件的出台为教育的信息化建设以及"互联网＋教育"的发展指明了方向。

教育部于2018年发布了《教育信息化2.0行动计划》，标志着我国教育信息化已基本完成"起步"与"应用"两个阶段，进入教育信息化2.0时代，工作重心要转移到"融合"与"创新"两个新阶段，实现信息技术对教育的变革作用，而要顺利完成教育信息化2.0时代的发展任务，我们不仅要树立全新的发展理念，还要探索全新的发展模式。

因此，信息化时代对课程建设是一个"再生式"的机遇。

机遇一：现代信息技术融入教育的理论基石

当下以大数据、人工智能为核心的现代信息技术融入课程，随着学习理论、传播理论和思维科学的发展而发展，这些理论从不同层面共同为深层次课程融合提供了强有力的理论支撑。

建构主义学习理论为课程与信息技术融合提供了理论"基石"。建构主义学习理论认为，知识不是通过教师传授得到，而是学习者在一定的情境即社会文化背景下，借助其他人（包括教师和学习伙伴）的帮助，通过人际协作活动而实现的主动建构知识意义的过程。在教学中，教师要由知识的传授者、灌输者转变为学生主动建构意义的帮助者、促进者。教学要以学习者为中心，让学生成为信息加工的主体，主动建构意义。建构主义教与学的理论主张由传统的以教师的"教"为中心的价值取向以学习者的"学"为中心的价值取向转变，主张学习者在与环境的交互中主动学习，为教育开辟了一个新的通道。而多媒体技术和网络技术，因其特别适合于建构主义学习环境的创设，为促进学生自主、合作学习与发展提供了适宜的工具，因此，现代信息技术与课程全面融合必将成为包括课程在内的未来学科课程发展的一个方向。

传播理论为课程与信息技术融合提供了信息论基础。就教学来说，教学过程实际上就是信息传播过程，只不过是一个特殊的信息传播过程，它也遵从传播学的规律。传统教学中，学生作为接受者，只是被动地接受教师传递的信息和进行简单的回馈，这种线性的传递方式，阻碍了学生去主动获得丰富的信息。而多媒体和互联网融入教学中，教学信息的传播方式从根本上发生了变化，从单向线性向双向（或多向）交互式的方式转变，学生不再是被动的接受者，而是可以主动搜索自己感兴趣的信息，根据自己的需求选择信息的内容。换句话说，信息不再是从教师那里“拿”回来的，而是由学生在更广泛的时空里“找”回来的。正是由于现代信息技术为教学提供了即时、多向获取信息的可能性和巨大的发展空间，因此，现代信息技术与课程融合将有利于教与学的优化升级。

思维科学理论为课程融合搭建了“桥梁”。当代思维科学研究表明，人类的思维具有跳跃性，是一种非线性的、非平面、立体化的、无中心、无边缘的网状结构。因此，从理论上讲，语言要与思维同步必须也得以非线性顺序呈现，但事实上，传统的阅读和写作，常常采用线性顺序，即一种直线的、单向的顺序，这必然桎梏天马行空的思维，以致产生语言和思维的冲突，因此，我们常常会有“言不及义”的感受。信息技术的发展为缓解这一矛盾冲突提供了可能性。以多媒体和网络为核心的现代信息技术采用超文本（Hypertext）的方式组织和管理信息，这使得人类传统的阅读和写作方式发生了根本的改变。超文本链接突破了时间和逻辑的线性轨道，结构极富弹性，它可以在文本的任何一个节点上，增删内容，调换先后次序，进行自由组合，使众多文本互联为一个大文本系统。阅读超文本时，思维不再被强制地运行在一个线性空间内，而是允许在四通八达的网络中穿梭往来，超文本的这些特性更符合人类的阅读习惯、写作习惯。无疑，信息技术与课程的融合，将为阅读方式、写作方式和思维方式的变革开辟新的路径。

当然，现代信息技术与课程融合的理论基础不仅仅局限于以上三种理论，进行更深入的理论研究将有助于坚定信息技术与课程融合这一改革方向，消减对课程融合的犹疑，加大课程改革的力度。

机遇二：现代信息技术引发课程五大“质变”

现代信息技术与课程融合将引发课程的深刻变革，即在教学环境、教学方式、教学过程、教学媒体、师生角色方面发生本质变化。

教学环境的转变——教学，从其本质上说是一种环境的创造，即教学环境的创造。教学环境包括教师以“教”为主的环境和学生以“学”为主的环境。传统的教学环境观认为，教学环境是“由学校建筑、课堂、图书馆、实验室、操场以及家庭中的学习区域所组成的学习场所”。这显然是一种静态的教学环境论。而现代信息技术融入课程以后，教学环境发生了根本的变化。现代信息技术为教学构建了一个多媒体、网络和智能有机结合的个别化、交互式、开放性的动态教学环境，教学环境不只局限于“场所”，而且还包括“学习资源、教学模式、教学策略、学习氛围、人际关系”等要素，它与教学活动共存共生，随着教学活动进程的展开，教学环境中的情况和条件也不断发生变化。

教学方式发生转变。传统以“教”为中心的班级授课模式，大约是在三百多年前的工业化社会初期形成的。这与当时生产力水平较低，社会节奏和社会发展步伐迟缓，知识增长较慢，教学手段落后有紧密的关系。在多媒体、网络的教学环境下，以“学”为中心的交互式教学方式有了得天独厚的土壤。教学方式由传统的以“教”为中心逐渐向以“学”为中心转变。单一的班级授课制转变为个别化教学、小组教学、班级授课、协作学习等多种教学组织形式。教学方法由原来单纯的基于归纳或演绎的讲解转变为基于“情景创设”、“主动探索”、“协作学习”、“会话商讨”和“意义建构”等多种新型教学方法的综合运用。

教学过程发生转变。传统教学过程主要是教师按照教学计划，按部就班地讲解既定的教学内容的过程。教学内容是在教学过程之前和教学情境之外预设的，教学过程就是忠实而有序地传递知识的过程。而在现代信息技术与课程融合的环境中，教学过程是教师和学生实实在在体验到的课程，是师生共同探求新知的过程。教学不再是教师忠实地实施课程计划，而是在这一过程中，通过情境创设、问题探究、协商学习、意义建构过程，将教学过程转化为以学生为主体的学习过程，让学生在自我探究、自我发现、自我建构的基础上获得知识，形成能力。从而，教学过程成为课程内容持续动态的生成与转化、意义不断建构与提升的过程。

教学媒体发生转变。传统教学媒体所呈现的基本形态“教科书＋黑板＋视听媒体”，历经数十年的演进，虽有了一定的改变，但视听媒体还缺少互动性，只能做到单向传输。随着现代信息技术的迅猛发展，传统的教学媒体也逐渐向现代教学媒体，即“教科书＋计算机＋多媒体网络”转变。教学媒体的功能也由传统的“演示工具”逐渐向更高层次，如“交流工具”、“认知工具”、“情感激励工具”、“个别辅导工具”、“探究工具”、“信息加工工具”、“评价工具”等发展。正如萨罗曼(Salomon，1995)描述的那样，“计算机只是一连串反应的导火线，是制作面包的发酵粉”。教学媒体不再只是传递教学内容的载体，更重要的是为教师创设情境、激发和引导学生交流、探索知识、激发学生的潜能创造条件。教学媒体还可以扩充学习资源，增进学习的互动、协作，提高学习效益，其所能达到的教学效果，远非传统教学媒体所能比拟。

师生角色发生转变。一是教师角色的转变，从传递知识的权威转变为学生学习的组织者、协调者、设计者、开发者、社会文化的诠释者、教育的研究者和学生的合作伙伴。还有学者认为，“教师应从信息提供者转变为‘教练’和学生的‘学习伙伴’，即教师自己也应该是一个学习者”。教师的任务不再只是讲授，而要对学生的多种学习活动进行指导、计划、组织、协调，促进学习网络的形成，加强对学生学习能力的培养。二是学生角色的转变，从被动接受的知识容器和知识受体转变为主动建构的知识主宰、教学活动的积极参与者。学生应被看作是待点燃的火把，不是被动地接受知识，而是以平等、开放的心态与教师互动、交往，在和谐、民主、平等的师生关系中，形成积极的人生态度，获得丰富的情感体验、丰富的知识和解决问题的能力。

机遇三：信息技术给教育拓宽新空间、找到新的生长点

信息技术在教育领域的全面应用，进一步催生了课程的“教”与“学”全方位、深层次变革。

一是建设新型的课堂找到新的生长点。由于信息技术手段的多样性、开放性、及时性，课堂与教学喜遇从未有过的技术更新条件，可以从“点”上课堂变为“面”上课堂，从校内课堂变为校内外课堂连接，可以及时反馈学习效果，可以身临其境地感受文本的情景和氛围，可以实现不同课堂的同一主题交流等。

二是在课程与现代信息技术融合中，建立更高、更宽、更远的大课程观。信息技术解决了路与道的问题。信息技术拓宽了内容的路，形成并行的条条“罗马路”，拓展了学习的道，形成密密麻麻的个个“穿行”，让课程从“树木”变成“森林”，从川流不息的“小溪”汇成浩瀚无比的“海洋”。

3. 课程实现转型的新手段：从辅助到融合

我国教育信息化的发展与国际发展历程一样，一直伴随着社会转型、教育改革及整个社会信息化的进程。这一波浪潮始于20世纪80年代中后期，当时世界各国无一不强调要用教育信息化带动教育现代化，并把教育信息化作为促进各级各类教育改革与发展的重大战略举措。在我国，20世纪90年代，随着网络技术的迅速普及，“教育信息化”的提法也开始出现了。时至今日，三十年间现代信息技术以迅雷不及掩耳之势，融入现代生活的每个角落，也深刻地影响着教育的发展和走向。应该说，教育是在信息技术的飞速发展中被裹挟着、倒逼着前行，不断寻找突破。

我们常说的应用于教育中的信息技术，主要指以计算机为核心，包括多媒体技术和互联网络技术的现代信息技术。在我国，信息技术在课程中的应用经历了“辅助——整合——融合”三个发展阶段，从“教学”走向了“课程”。

一、 辅助阶段：信息技术介入学科教学

进入20世纪80年代和90年代之交，伴随多媒体计算机的出现(当时被称为计算机的一场革命)，以及“电化教育”的提出，国内有研究者开始探索把以多媒体计算机为核心的信息技术应用于学科教学，即把计算机作为一种教学工具和教学手段来辅助教学。因多媒体计算机具有能够综合处理文字、图像、声音、图形的功能，显示了计算机在教育方面的非凡优越性，很快成为CAI发展的重要方向。于是，计算机辅助教学(Computer Aided Instruction，简称为CAI)走进了教育视野和领域，开启了近十年的计算机辅助教学阶段。这一阶段主要是课堂教学利用投影仪和电子白板展示教学内容，当时开发了大量的媒体教学课件资源，形成了“媒体应用”范式。

1. 磨合：始于观念的转变

学科教学与信息技术的融合经历着异常曲折的磨合过程。传统的教学倡导的是人的文化精神取向和审美体验，使得许多教师对多媒体辅助教学持怀疑甚至否定态度，认为学习应该是一个逐步习得的过程，学生在体验和感悟的同时获得素养，教师无法代替这个过程，学科开展信息化教学从一定程度上将会破坏学生对文本的涵泳和情感的体验，进而得出学科教学不适合使用信息技术这种手段。这种抵触在20世纪90年代初还是比较普遍的。然而，随着部分先行者的教改实验，教师尝试制作课件，并把课件在课堂教学中展示，实现用先进教具代替传统教具，来达到计算机辅助教学的目的。这些探索还是给课堂教学带来了一股清新的空气。

2. 探索：起于课堂的尝试

初期的探索，主要是在课堂进行尝试，主要是依靠多媒体课件，以有声有形的立体直观呈现，新颖鲜活地将教学信息转化为视觉、听觉感知，全方位地刺激学生的感官，激发了学生积极的情感体验，使学生在轻松愉快的氛围中获取知识。但问题也随之而来，预先制作的课件充斥着大量的音频、视频、图片、动画等，与教学内容有关的信息资源几乎都包含进去，导致课件信息冗杂，更大的问题是因课件的内容和演示过程被定型，课堂上教师只能被动地按照固定的程序逐步演示教学内容，步骤的引入和问题答案的启发，都会有“引君入瓮”之感，却不能随着教学过程的师生互动来灵活地推进教学，对教学目标的达成并没有起到助力的作用。经过一段新奇之后，教师和学生都感到这种为了展示教学手段的现代化，为“使用课件”而使用课件的技术应用，只是一种课堂的“点缀”，“刺激”之后，课堂并未发生根本性的改

变，又重回到传统状态。

3. 实践：重在媒体的应用

传统的教学中，一堂课下来是满满一黑板的板书，尽管有许多不足，但人们习以为常。而当多媒体课件被广泛地运用于课堂教学后，PPT 俨然成为了课堂教学的“主角”。这一时期的实践探索，主要是聚焦在多媒体课件的研发应用上。课前教师寻找素材，制作包含音频、视频等相关内容的 PPT；课上，教师放映 PPT，学生一张一张看 PPT，教师的“主导”作用，学生的“主体”地位，都让位给了课件这个“主角”。一味依赖于多媒体的“电灌”模式，导致了课堂的本末倒置。不但信息化教学的优势并没有很好地发挥作用，而且因缺乏应对的策略而放弃多样化的教与学方式，显然，单纯的媒体应用，尚不足以改变课堂。课堂转型亟待从更深层次来探寻信息技术在课程中的作用和功能的发挥。

“辅助”阶段的实践探索，总结下来呈现这样几个特点：学生的“主体性”不突出——信息技术本是教学的辅助，角色却从“配角”升为“主角”；探索主要在“点”上——聚焦课堂，即在“教学”层面，还没有涉及课程的整体探索；实践主要关注“外表”——制作融音频和视频为一体的多媒体课件 PPT，代替传统的“粉笔”和“黑板”。然而，外在“形式”的变化，并没有从根本上撼动传统课堂的样态，没有为教育教学带来革命性的影响。

“辅助”阶段的探索，尽管还只是将信息技术融入课程的初级阶段，且实践仅局限于单纯的媒体应用，但现在看来，虽然很“浅”，甚至还没有“想清楚”，但其开端意义和价值却是不言而喻的。现代信息技术犹如“一扇窗”，打开了教师和学生的“视野”，并悄无声息地走进了教育的“领地”。将信息技术作为一种手段融入教学俨然已成为一种不可抵挡的趋势。融视频、音频、动画、图片等为一体的多媒体教学，为传统的“一张嘴、一支粉笔”的教学注入了新的活力，在一定程度上改变了课堂教学冰冷的局面。但多媒体该如何运用于教学才能达到最佳的效果？教师们在实践中一直在思考这样的问题。经过实践，教师们逐渐领悟到，信息技术进入教学，绝不是将传统教学和信息技术进行简单嫁接，也不是将传统黑板转化为电子白板，将课堂教学转化为多媒体课件的播放，而是涉及为了达成教学目标，提升学习效率，在教学观念、教学内容、教学方法及学生学习方式上需要进行整体性、一致性的系统思考。这种理性的反思，为下一阶段信息技术与课程的整合做了铺垫。

二、整合阶段：信息技术渗入课程

进入 20 世纪末，随着信息技术的飞速发展，以多媒体技术、计算机及网络技术为核心的现代教育技术，为教学环境和教学方式的改变提供了新的契机，全世界范围内都迎来了一场教育改革的浪潮。本次教育改革的主轴就是课程改革，课程改革的一个重要取向就是信息化，就是将信息技术融入课程体系中去。

我国教育部于2000年公布的《基础教育课程改革纲要（试行）》中明确地提出："在教学过程中的普遍应用，促进信息技术与学科课程的整合，逐步实现教学内容的呈现方式、学生的学习方式、教师的教学方式和师生互动方式的变革，充分发挥信息技术的优势，为学生的学习和发展提供丰富多彩的教育环境和有力的学习工具。"在学科课程标准中也明确地提出信息技术应用。信息技术对教育的支撑作用越来越被看好，"课程整合"走进了教育研究与实践的中心视野，成为新的期待。

在随后近十年的发展中，课程与现代信息技术的整合成为教育转型的一个关键切入口，整合的视角和维度也从"教学"拓展到"课程"，整合的聚焦点在"课程实施"层面，以教学手段和教学模式的探索为突破口。

以语文学科为例，这一阶段，以多媒体和网络为核心的现代信息技术全面渗透教学实践，其中比较有影响的教改试验，如，何克抗教授主持的语文"四结合"和"跨越式"教学改革试验等，取得了阶段性的进展。这一阶段的整合探索，主要是关注现代信息技术与语文阅读、写作和口语交际教学整合的实践，探索出了一些新型的教学模式，有力地推动了语文课程整合的进程。

1. 多媒体、网络与阅读教学的整合

多媒体、网络与阅读教学的整合，是课程与信息技术整合的一种主要方式。当时探索出了许多阅读整合模式，如"主题探索式阅读模式"、"支架法教学模式"、"互动拓展阅读模式"等。这些模式依托多媒体、网络为教学提供的丰富资源环境，通过学生主动获取信息、筛选信息，从而提高信息加工和应用能力以及思维的流畅表达能力。尽管这些教学模式有各自不同的教学环节和侧重点，但基本都包括以下四个教学环节：

创设情境——借助多媒体电脑网络"创设情境"，营造特定氛围，激发学生情感，丰富学生对美的感受。

自主学习——让学生利用网络及多媒体提供的信息资源进行个体学习探索，它是整个教学的核心环节。

建构应用——学生利用网络丰富的资源把所学内容运用到解决实际问题之中。

效果测评——及时把学生的学习结果反馈回来，并通过多媒体、网络对学生学习过程、情感态度等做到有效把握，并有针对性地进行指导。

2. 多媒体、网络与写作教学整合

与传统写作教学相比，把多媒体、网络引进写作教学，对语文写作教学的质量提高还是有比较明显的作用。大量的实践，建构了一些不同于传统写作教学的“新型”模式。如，强调思维加工的“思维加工型作文心理模型”；既重视教师主导作用，又重视学生主体作用的“双主作文教学模式”；以及“看图作文三维教学模式”、“命题作文三维教学模式”等。这些教学模式多由以下几个环节组成：

创设情境——通过多媒体和网络，可为学生创设一定的情境，从而激发学生写作的热情和冲动。

搜集素材——运用多媒体网络进行作文教学时，学生可随机调用计算机提供的相关资源或到网络上寻找有用的素材。

表达修改——学生通过键盘把自己构思好的内容转化为书面语言，输入到计算机中，并对文章的不当之处进行修改加工。

评议发表——学生相互评议，修改自己或别人的作文，并传送到校园网上发表。

3. 多媒体、网络与口语交际教学整合

把多媒体、网络与口语交际教学整合的实践探索，在整合阶段的实践中并不多见。已有的一些研究也往往局限在小学低年级口语交际教学中。主要是通过多媒体、网络来创设生动、活泼、有趣、愉快的说话情境，包括现场演示情境、实物情境、图像情境、声音情境等，来激发学生说话兴趣；然后让学生观察这些图像、动画，随后分组讨论发言，教师对学生说话中不完整、不规范的地方，随时指导纠正，培养学生正确的说话态度和语言习惯。在网络多媒体背景下的口语交际教学与传统教学最大的不同是，前者为学生提供了口语交际的模拟情境，学生能在这一情境中，交流互动，真正在“活动”中操练口语，学会表达，传递信息和情感。

实践表明，整合多媒体、网络技术于语文阅读、写作、口语交际教学，的确有助于及时、迅速地开拓信息通道，调动学生多种感官参与学习活动，提高学生感知能、选择和快速浏览能力、感悟理解和分析概括能力，以及表达能力、创新能力。学生通过自主学习强化了自我效能感，增强了自信心，通过协作学习培养了团结协作的意识，有利于形成良好的品格。

从整合阶段近十年的实践来看，这一阶段的探索聚焦在“课程实施”层面，操作点是把信息技术作为工具与语文学科的教与学进行整合，构建了一些新型的语文教与学模式，在一定程度上促进了教学过程的最优化，提高了课堂教学效益。

当然，实践中也存在各种各样的问题，如教学情境创设偏离教学目标；教学设计重形式、忽视过程和结果；教学模式的结构大同小异，表述基本雷同；教学模式的研究还过于笼统，没有针对不同的教学目标、教学内容等进行相应调整；教学模式适用条件并没有明确的说明；口语交际教学模式的研究几乎还是空白；有些教学模式中，多媒体网络更多的是发挥演示功能，尚未完全成为学生的认知工具等。

尽管这一阶段的探索还有很多不足，整合的维度和视角还不够深化，也尚未能摸索出具有普适性、可复制的经验，但整合的观念和意识还是把握得很准，即现代信息技术与课程的整合，立足点是课程而非信息技术，关注的焦点是课程而非计算机，课程整合要以一种自然的方式来对待信息技术，把它当作一种教与学的基本工具；整合是动态的、灵活的，但并不意味着一节课一定要具备所有环节，应根据具体内容和教学实际需要灵活调整各个环节。

三、 融合阶段： 信息技术融入课程

随着信息技术在教育领域的全面应用，2010 年出台的《国家中长期教育改革和发展规划纲要（2010—2020 年）》指出，“要不断地提高信息技术在教育领域的使用，要提高教师应用信息技术的理论和操作技能，通过信息技术，促进教育教学的方法和手段现代化，鼓励学生学会使用信息手段主动学习，自主学习，增强其利用信息技术分析解决问题的能力”，这进一步催生了课程的变革。

进入 21 世纪的第二个十年，信息技术与教育的关系，发生了微妙的变化，在《教育信息化十年发展规划（2011—2020 年）》中，提出了信息技术与教育“深度融合”的全新观念，替代了以往的“信息技术与课程整合”的提法。表面看起来，只是从“整合”变为“融合”的一字之差，但凸显的背后价值追求是触及教育的结构性变革，而不是“渐进式修修补补”。

这种“融合”，体现了一种导向。期望通过信息技术与教育、教学的深度融合，对教育产生真正的“革命性影响”，用一种新的、能实现教育信息化目标的有效途径与方法，以解决长期以来信息技术在教育领域的应用成效不显著的问题。

这种“融合”，体现了一种转变。其实质是要变革传统的“以教师为中心”的教学，走向“以学生为中心”的学习，既要发挥教师的主导作用，又要充分体现学生的主体地位。

这种“融合”，体现了一种应对，是应对基础教育信息化所面临的严峻挑战，通过信息技术与课程“深层次”整合，“全方位”整合的一种呼唤，来探索显著提升教学质量和学生能力素质的路径与策略。

近十年的“融合”探索，关注点从“课程实施”转向“课程实施”与“课程环境”并重，并以“教学结构”的变革、营造信息化课程环境为突破口，并全面渗透教育的方方面面。这一阶

段，越来越多的学校在改革浪潮中不断寻找教育教学改革的方向，形成了以“学科”为中心、以“学习者”为中心或以“问题”为中心的课程融合。

1. 教学结构：高结构与低结构相结合的“混合式学习”

“融合”的实质与落脚点，就是要变革传统的以教师为中心的“教学结构”，以满足学习者多样化和个性化学习要求。这里的“教学结构”①，是指不同的教学系统要素(如教师、学生、教学内容和教学媒体)进行时空组合和互动的方式或序列。它具有不同的层级和复杂度，如教学系统的结构在宏观层面可以体现为教学模式的结构，在中观层面可以体现为教学策略、方法和活动的结构，而在微观层面则可以体现为各个教学要素的结构。

研究者也梳理总结出了国内外不同的教学结构样态②，见表 7－1，这些教学结构有高结构化(H)与低结构化(L)之分，也有“同时”(“＋”)或“先后”(“→”)之分。

表 7－1　不同教学结构序列的设计案例

教学结构序列	案　　例
①L＋H	学生借助电子书包在课内外自主学习教学视频，搜索教学资源，与同伴协作交流等，教师全程进行个性化学习支持(沈书生等，2013)。
②L＋H	“传递-接受”教学模式：教师先阐明目标，讲解新型组织者，然后教授新内容，并应用相应的内容组织策略促进学生的同化和意义建构，最后让学生应用新知解决问题(何克抗 & 吴娟，2008)。
③L＋H	为学生呈现问题情境，学生从问题情境中识别事实性信息，提出假设，识别学习困难，并基于此开展自主学习，然后利用新学的知识解决问题，并进行评价，做出最终决策，最后对所学的知识进行反思，教师在整个过程中通过不断提问引导学生思考(Sawyer，2014)。
④H→L	语文学科跨越式“教学模式”：课堂前一半时间主要是教师主导，以实现教学目标的基本要求；后一半时间主要通过促进学生自主学习、自主探究，以巩固、深化、拓展对教学目标的要求(何克抗，2013)。
⑤L→H	学生先分组解决挑战性问题，给出初步方案，然后教师比较和点评学生的方案，并进一步讲解新内容(Kapur & Bielaczyc，2012)。
⑥H→H	教师讲授新知识，并演示用新知识解决问题，然后要求学生分组练习更多的类似问题，最后集中讲解这些布置的问题(Kapur & Bielaczyc，2012)。
⑦H→L	典型的 xMOOC 教学模式：学生自主观看视频，阅读相关材料，完成系统练习，然后参与论坛讨论及线下面对面交流等(王萍，2013)。

① 胡立如，张宝辉. 混合学习：走向技术强化的教学结构设计[J]. 现代远程教育研究，2016 年 4 期.

② 胡立如，张宝辉. 混合学习：走向技术强化的教学结构设计[J]. 现代远程教育研究，2016 年 4 期.

续　表

教学结构序列	案　　例
⑧L→H	先让学生欣赏与比较不同的乐曲，建立感官印象和情感体验，然后教师讲解乐曲的主旨和弹奏技法等（倪慧娣，2011）。
⑨L→L	先给学生提出挑战，即如何处理垃圾太多的问题，学生分组开展调研活动，包括研究垃圾分类、观察超市塑料袋使用情况，以及访谈消费者等，之后学生在网络论坛上分享发现并讨论，最后设计倡导3R、符合环保原则的产品或方案，并付诸行动（Chen et al.，2008）
⑩H→L	教师先用课堂的一半时间讲解内容框架、重点和难点，学生课后借助视频资料、学习平台等进行个性化学习、内化，完成相应的作业，然后在下一次课的前半段教师组织进行分组讨论和小组学习（张学新，2014）
⑪L→H	数学学科跨越式"教学模式"：教师创设情境激发学生兴趣，提出问题启发思考，学生进行自主（或小组）探究，组间或全班范围内进行协作交流，并进行个人总结和小组总结，教师最后进行补充与升华（何克抗，2013）。

如，序列④H→L，这种跨越式的结构在学科教学中就经常采用，课堂的前半段是高结构化，以教师为主导，以实现教学目标的基本要求；课堂的后半段是低结构化，主要通过促进学生自主学习、自主探究，以巩固、深化、拓展对教学目标的要求。这种先高结构，然后再低结构的教学，保证了教学基本目标的达成与拓展延伸。

这种高结构和低结构相结合的"混合学习"（Blended Learning），实现了"主导＋主体"的组合，是一种新型的教学结构。通过这种组合的优势，根据教学目标选取与组合不同的教学内容与方法、策略或模式，择其优点，构建最适宜的教学结构，为实现教学的高效学习和深度学习提供了支撑。

混合学习，其引发的教学结构变革，对推动课程与信息技术融合，的确是给出了一个新的视角。但哪种混合学习更适合教学？尚没有定论，教学的需求和教学环境的分析，是最终决定选择哪种教学结构的根本所在，没有最好，只有更适合。

在推进高结构和低结构相结合的"混合学习"的实践探索中，"翻转课堂"、"微课"、"慕课"在教学一线如火如荼地推进，线上、线下的小组讨论、教学互动目不暇接，让教学呈现了一些新的样态。以重庆聚奎中学在教学上实施"翻转课堂"为例，课前，教师集思广益，收集影视作品中的视频片段，并进行筛选和整理，录制微视频，做针对该堂课的导学案，为学生布置相关任务。学生则先在家中观看教师提前录制的小视频，查阅相关资料并进行思考，提前自学。显然，课前的教与学，是一种高结构化的教学，以教师为主导，以学生为主体。而最后的"正式的课堂"，则是一种低结构化的教学，师生深入交流讨论，解决难点问题，并拓展深化。这里的课堂，为师生互动提供空间，教师在其中更多的是扮演引导者和参与者，以学生为主体来开展学习。

与传统课堂整节课都是高结构化的教学相比，“翻转课堂”将“高结构化”与“低结构化”相结合，重组了教学内容的先后顺序，在一定程度上是对传统教学的固化结构的变革。这种变革，虽然是教学顺序和方式的调整，但通过先学后教，突破课堂时空限制，彰显了学生的主体地位；将课内与课外相连通，优化了教学结构，建立了信息化时代全新的课堂教学形态。当然，“翻转课堂”也只是信息技术与课程整合的一种样态，实践中还需要借助信息技术的力量，不断探索更多的适合教学的课堂结构。

2. 课程环境：从“课堂”拓展到“云课堂”、“网络学习”、“泛在学习”

随着整合的探索逐步走向深入，对整合的认识也越来越清晰，整合不是把信息技术仅仅作为辅助“教”或辅助“学”的工具，而是要利用信息技术来营造一种信息化的教学环境，来满足情境创设、启发思考、信息获取、资源共享、多重交互、自主探究、协作学习等多方面要求，实现教学方式与学习方式的根本性变革。

一些学校引入平板电脑“走进”课堂，通过平板互动教学平台、课堂互动平台、无线多媒体教学系统、课件制作系统、技术基础服务支持系统、应用教学服务支持系统的完善与建设，推进混合式交互环境下课堂教学实践，实现课堂教学与学生学习终端的混合、线上和线下的整合，如图7－1。智能平板作为教学移动平台，使教与学不再受地域、时间的限制，随时、随地、随需的学习将在提高课堂教学效率、尊重学生的主体地位和个性化教学方面起到实际的促进作用。

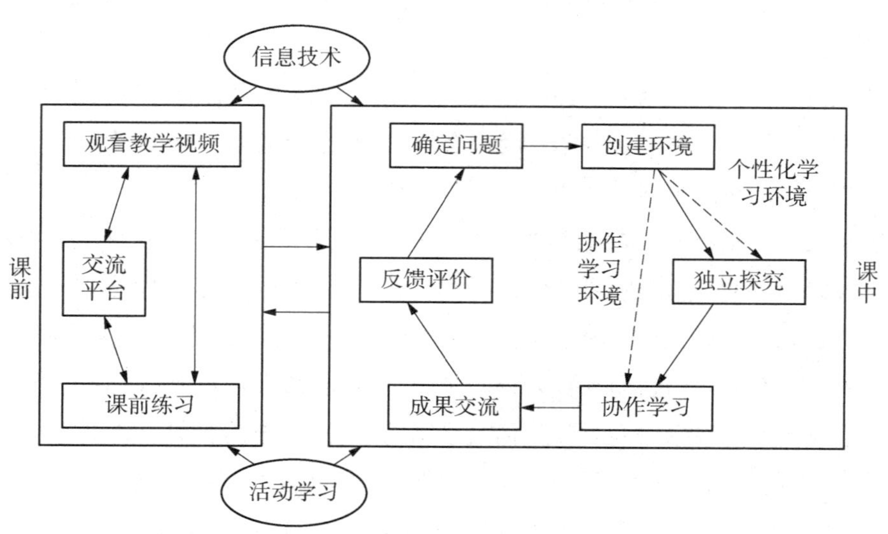

图7－1　上海市卢湾中学基于多种互动平台的课堂教学环境

"云课堂"、"网络学习"、"泛在学习"成为教学的有机组成部分。基于网络的教学平台，特别是基于网络的协作学习平台，为研究性学习提供了交流、协作和管理工具。这些工具和平台有助于发挥教师的主导作用，又能充分体现学生的主体地位，使以"自主、探究、合作"为特征的教与学方式成为可能。

以上海洛川学校为例，学校持续数年进行了一对一数字化学习环境的课堂教学的实践探索，构建了"前移后拓"的泛在学习、情境创设的感知体验学习、框架问题的探究学习、引学导练的分层学习、融入生活的实践活动学习，使教学超越了课堂内外的时空界限，任何时间、任何地点都可进行学习。如，一位教师对六、七年级语文教材中有关"托物言志"的内容重新梳理与整合，打破年级的界限，促进学生社会化学习。第一环节，学生通过小电脑自主阅读《爱莲说》和《白荷花开》等知识材料，并共享自学心得，讨论交流。第二环节，学生使用在线协作平台，理解托物言志的概念。第三环节，学生根据自己对物的熟悉程度进行 TWT 排序，先同位分组，再异位分组学习。活动中学生拥有更多选择空间，极大地调动了学生的能动性。第四环节，通过同异位分组学习，每个类型的问题都得到充分的讨论，学生不断将新获知识建构在先前的知识上。在 Google Docs 上记满了学生收获成功的喜悦心情。第五环节，在活动尾声学生纷纷制作了"跨越山峰"的感悟作品，利用 Showing Evidence 论证工具合作开展过程性评价和自我评价。这节课的教学设计，教师在教学环境和工具的选择使用上提供了必要的学习支架，让学生充分体验了从感受、理解，到辨析、体会，最后到创造性应用的渐进式的学习历程。

尽管这只是一个研究性学习案例，但其呈现的学习过程却打破了传统课堂的学习样态，通过运用基于网络环境的各种教与学平台，学生学习的主动性、积极性乃至创造性和潜能得以更充分地发挥。

总体来看，我国近三十年的信息技术与课程，经历了从"辅助"到"整合"，再到"融合"的探索之路，人们对信息技术的认知也在不断发展和深化，并越来越认识到仅仅孤立地改变教学方法与策略，并不能够得到真正有效的结果。尽管信息技术应用于教育的效果远未能达到教育者的预期理想，但一路走来，从信息技术对教育的辅助作用，到信息技术与课程整合的维度和模式研究，乃至当下信息技术与课程深层融合中对的教学结构、教学环境和教学模式的探索，其中的步履的确艰难，但探索的勇气和实践的方向却依然坚定。

人们也越来越认识到，除了关注学习者，还要关注"学习者是如何学习的"。伴随脑科学和认知科学的发展，以及大数据、人工智能提供的技术可能性，关注学习者发展的学习技术将成为课程与信息技术深度融合的风向标。

4. 课程走向未来的新思维：从态势到趋势

科学技术进步驱动的教育信息化发展，云计算、大数据、物联网、移动互联网、人工智能等新一代信息技术不断走进教育领域，成为推动教育现代化的核心技术力量。

我国教育信息化从 1.0 时代进入 2.0 时代，正加速推进教育信息化支持下的学校变革浪潮，重塑着教育格局。面向 2035 的教育现代化，推动信息技术在学校教育中的不断融入，"互联网＋教育"已成为一种态势。

发挥技术优势，变革传统模式，推进新技术与教育教学的深度融合与创新，实现常态化应用，达成全方位创新，也必将成为未来教育发展的必然趋势。

一、学习价值重新定位：促进个性化发展"一语中的"

人工智能介入教育，为个性化教育的实现和学校教育的效能提升提供了可能。未来，学生通过人机对话，自主选择合适的教学内容和教学方法，进行自主学习，将使千百年来倡导的"因材施教"成为真正的现实。新一代技术与课程教学的深度融合，将激发教师的"教"和学生的"学"的结构性变革，推动传统教育模式下完全实现的个性化、高效率等教育改革目标的达成。

这一点实际上已经引起了人们的重视，在 NATO(北大西洋公约组织科学委员会组织)有关"高级教育技术"(AET，Advance Educational Technology)的专门研究项目中，确立的关于所着重研究的 8 个问题中 4 项都与人工智能有关系，涉及"任务分析与专家系统"、"个别指导策略与学习者控制"、"学生模型建构与错误诊断"、"微世界与问题求解"等问题，这些都反映了教育技术的发展方向。

未来人工智能技术的发展，将充分感知个体的学习进展，并通过云计算技术和大数据分析描绘出学习者的学习特征模型，并根据学习者当前的学习和作业情况，再与大数据库中大量学习者的学习模型进行比对，进而通过分析判断给出具有针对性、适应性的学习建议，提供智能模拟教学。

智能辅助教学系统充分考虑到了学习者的个别差异，为学生提供个别化教学环境，智能化精准配置个性化的学习资源、学习方式。智能专家系统通过模仿人类专家解决问题的推理方式和思维过程，对阅读、写作等教学中出现的问题作出判断和决策。

虚拟现实技术（VR）、增强现实技术（AR）等技术手段，为学生创设了基于真实情境问题解决的学习方式，能够实现教学内容的实景化呈现。这种真实情境下的学习，将极大激发学生学习兴趣，使得学习过程本身更具吸引力，学习方式更具参与感和互动性。

人工智能技术因替代了教师的部分工作，教师则可以把更多精力用在教学目标、教学结构、教材内容等的探索上，以及思考如何培养学生的道德品质、人文素养等方面。

教育借助新兴技术为培育学生的高阶思维、人文品质和关键能力，提供更精准、更有序、更有效的个性发展支撑，这是大势所趋。

二、学习条件重新优化：泛在的学习环境与资源“两全其美”

云计算、大数据等新一代信息技术，将把教师和学生引入了教与学的新世界。学生们可以足不出户，用虚拟教室在家里学习，同时又与老师、同学保持着联系。师生之间、生生之间可以通过 E-mail 进行交流，学生也可以随时拨通一种“嘟嘟教师服务器”（教师可随身带着的一种可携式电子波音器），及时得到教师的指导。

泛在学习环境将打破学校的“围墙”和学习的“围栏”，使线上与线下的学习充分融合、正式与非正式的边界变得模糊。依靠互联网和远程多媒体技术而建立的虚拟教室将使教学延伸到课堂之外，它将扩大学生学习的世界，使学生有机会接触遍布世界各地的各种各样数据库，他们将能与不同国家、不同地区、不同学校的学习者在网上共同参与、协同进行学习；他们将有机会在网上接触各类教学的专家，与他们进行交谈，及时获得帮助。到那时，不仅可以实现真正意义上的学习的外延与生活的外延相等，而且完全可以实现新的超越。

课程资源的丰富性和大型开放的在线课程（MOOC）等具体技术实现形式，将推动学生处处能学、时时可学的泛在学习和无边界学习，深度学习将成为学生学习的新常态。

三、学习意义重新定义：人文、工具、技术“三足鼎立”

现代信息技术不仅发展着自身，也发展着与此相关的领域。在现代信息技术的催化下，学习的意义将进一步得到丰富。

现代信息技术的发展，无疑为学科的特性提供了新视角。从这个意义上说，技术的涌入，将使学科的特性现代化、丰富化、内涵化拥有更好的“发言权”。文化，是学科的本质；工具，是学科的功能；技术，是学科的手段。

文化性、工具性、技术性的完美统一，这是在现代信息技术条件下学科课程“更新换代”的核心呈现，且随着技术的发展而日益显现出能量和魅力。

当然，现代信息技术给课程带来的变革，还远远不止这些。未来，我们将进入空前复杂的高科技时代，信息技术蕴含的超越时空限制、海量资源集成、广泛互联共享、支持专属订制等显著特征和基于数据分析、算法设计、模型建构、机器学习等技术应用，都会使课程面临更大的挑战。

可以预见，课程融入现代信息技术的“大潮”，必然激起类似“5G”的能量“浪花”，它将拥有广阔的发展空间，未被开垦的疆域正等待被探索和应用。

第八章

学校课程的模型设计

让实用的模型引领课程的前行

- 模型，是抽取出那些“关键的、具有影响效果好坏的”要素和关键环节组成系统。
- 模型，是一套稳定的操作方式，引导实践有序开展，使之始终在正确的轨道里向前推进。
- 模型设计，是学校课程设计的“方程式”，也是课程设计完善的“人工智能”。
- 模型设计，既是思想设计的“线路辅佐”，也是规划设计的“模样呈现”。

1. 项目规划实践模型：课程领导的设计之为

课程是学校内涵发展的核心，课改目标和要求，落到学校，最终达成度如何，是由学校课程领导品质的高低决定的。课程领导力的强弱决定着学校是否能够规范化、高质量、有特色地持续发展。

上海教育的顶层设计者早在2009年就意识到这一点，并在国内率先提出了启动提升课程领导力工程，以“上海市提升中小学（幼儿园）课程领导力行动研究”项目为抓手，先行探索经验。该项目第一轮研究获国家基础教育教学成果一等奖、上海市教育教学成果特等奖。随后项目又启动了第二轮和第三轮行动研究，迄今已持续十余年。

这是一项直指课改难点和关键问题的重大实践，规模大、历时长、参与人员多、研究内容丰富，堪称大兵团作战的研究项目。项目基于课改难点问题的解决，着重探索提升课程领导力的途径和机制，其意义远不止这个项目自身所取得的丰硕的物化成果，更深远的意义在于这个项目从方法、技术层面探索出具有实用价值、可推广的一系列的解决问题的策略、工具和模型。这对全国课改的深入推进将发挥积极的示范和辐射作用。

一、大型项目的推进要有实践模型

什么是实践模型？为什么在大型项目的推进中要使用实践模型？实践模型能解决哪些问题？这些问题也许很多教育研究与实践人员并不熟悉。

被称为“经营之神”的日本松下幸之助曾说过：“当我的员工有100名时，我要站在员工最前面指挥部属；当员工增加到1 000人时，我必须站在员工的中间，恳求员工鼎力相助；当员工达万人时，我只要站在员工后面，心存感激即可。”领导方式与企业的发展是需要匹配的。同样道理，在项目实践与推进的过程中，一般的课题和大型的项目因其研究的规模和范围迥然不同，因此与之匹配的推进方式也有所不同。

一般课题在研究过程中较容易发现过程中的问题并及时纠偏，其时间支配更加自由机动，研究内容和过程更加自主灵活，而大型项目的推进则不同，尤其是像大兵团作战的大项目研究，更是需要周密的顶层设计，全面、有层次、有序地推进实践。该项目以51个子项目学校和一个整体研究区为点，以全上海为面，开展的大规模行动实践，是一次凝聚上海全市之力深化课改的攻坚战役。这就需要构建项目规划模型来作为“支架”推进项目，使研究方向明确，程序清晰，研究方法和过程合理可行。

二、行动起因：缘何以项目的方式来推进学校课程领导力的提升

1. 现状分析：课程领导能力不容乐观

随着课改的深化，课改中的一些瓶颈问题也日渐浮现出来。如学校课程计划编制不够科学、课程建设与实施不够有效、课程评价不够规范、课程管理不够到位等。从这些现象与问题中折射出的是学校课程领导力亟待加强，包括教育热忱的激发、课程观念的更新、课程设计能力的提升、课程领导素养的培育等。如果这些问题不能有效解决，势必会延缓或阻碍课改美好愿景的实现。

因此，当下想要提升课程领导力，亟待加大研究和思考的力度。但与其“坐”而论道，不如“做”而论道，通过课程实践来探索尝试破解和诠释问题的解决途径不失为一种可为之路。

项目的启动源于“问题导向、需求出发”。即在课改实施中如何将重心下移到学校，激发学校活力，引导基层学校解决自身面临的难点问题，开展校本化课改实践，探索课程领导力提升的策略、方法、手段、机制是我们解决困难、提高成效的基本选择。

2. 以“项目”的方式来推进：当下提升课程领导力的一种实践策略

那么，为何采用“项目”的方式来破解课改难题，提升学校课程领导力？众所周知，破解课改难题有多种途径，有理论研究，有实践探索。但即使在课改全面深化推进的今天，人们依然对课程理论与课程实践之间的疏离无可奈何。实践中的困惑是很难从课程理论中寻找到鲜活的、有针对性的解决办法。如何跨越理论与实践的鸿沟？基于“上海市提升中小学(幼儿园)课程领导力行动研究”项目，我们的回答是：根植学校实际，以项目的方式开展行动研究，通过“边实践、边研究”的方式，以理论为指南，更着重在实践逻辑层面，实实在在地探索破解课改难题的迷津。本项目的阶段性成果表明，以项目的方式来深化课改，解决难点问题，的确是一种可行的实践策略。

3. 对“项目”解析：“项目”与“课题”之异同

何为项目？通俗地说，就是在一定的时间内，在既定的资源和要求的约束下，为实现某种目的而相互联系的一次性工作任务。这是项目管理中常见的对项目的界定。

相对于教育而言，我们尝试以“项目”方式来深化课改，把项目作为一种行动方式和一种工作策略来实施。课程领导力行动研究项目就是力争在短时间内(4 年左右)，集聚全市各方力量，各种资源，针对当前课改在实施中遇到的困惑问题、难点问题，进行合力攻坚的一个项目。通过项目这种方式，寻找破解课改难题的路径和策略，然后加以总结提炼，上升到经验和规律层面，从而发挥这些项目学校的辐射示范作用，推动面上工作。

因此，与一般意义上的课题不同，课题只要达成研究目标，完成研究任务即可，是否与现实工作紧密相连，是否能推动工作的后续进展，并没有必然的要求。而我们所说的“项目”，却与课改实际工作紧密相连。它是“具有工作推进要求的研究，是具有研究性质的工作”，在工作中要有研究意识，在研究中要思考如何推进工作，这也正是项目的价值所在，即“为了推进工作”，工作本身要成为研究的过程。因此，从这种意义上来说，“项目”是一种实践研究、应用研究，而不是纯理论研究，更不是为了研究而研究。“项目”本身的特点要求“求真务实”，要求深深地扎根于教育实践，要求在有限的时间内解决实践中的问题。这也是选择“项目”的方式来推进课改走向深度变革的一种实践策略的原因。

三、 规划之路：立足于“项目视角+ 课程要素”的顶层设计

1. 选择项目的切入点：明确需要破解的问题

提升课程领导力，包含诸多切入点。如，可以从学校课程整体规划、教学的实施、课程的管理与评价等方面切入，但具体选择什么问题来解决，还要从学校教育中碰到的实际难点和瓶颈问题入手。在选择项目研究的问题时，总的原则是：以实践为导向，选择可行、有研究价值的切入点加以突破。这需要在选择研究问题时，要思考“为什么研究”的问题，要明确为学校发展而研究，为教师发展而研究，为学生发展而研究，要考虑到学校的发展基础，学生、教师、学校现实的发展需求，以及发展中现存的阻碍等。项目研究只有立意高，研究的价值才会凸显，研究的动力和信心才会更强烈。

2. 定义项目目标：设定可行的“梦想蓝图”

史蒂芬·柯维博士在《高效能人士的七个习惯》中，提出了一个有趣的观点：任何创造实际上都是经过两个层次，第一个层次是“心智的创造”，第二个层次才是“实际的创造”。其中心智的创造尤为重要，因为它是创新的源头，难度更大，更难能可贵。就项目而言，项目目标的设计就是一种典型的“心智的创造”，而项目的具体实施就是“实际的创造”，二者缺一不可，前者尤为重要。

那么，在探讨课程领导力的提升时，如何设定项目目标，即在“心智的创造”层面规划“梦想蓝图”呢？我们的规划是：

（1）着眼于课程改革在学校中推进的问题解决，以课程实践的方式，重点探索学校课程计划、学科建设、课程评价和课程管理这四个方面面临的难点和关键问题。

（2）旨在改善学校现行的课程状况，指导并促进课程改革在学校的推行，提升学校课程品质。

（3）切实提升课程领导的意识和能力（规划、执行、建设和评价的能力），实现课程领导从“应知”、“应为”到“愿为”、“能为”的转变。

3. 厘定项目边界：从课程视角系统思考项目研究内容

一个项目，到底要研究哪些内容，这是项目伊始首先要考虑的，用专业术语来说，即厘定项目边界。通俗地说，就是从众多的研究内容中，给项目画个圈，看看哪些内容要研究，哪些内容不要研究。

提升课程领导力最终目的是解决课改中的问题，其载体是课程，因此项目内容设计要围绕课程系统来思考，抓住“课程”的要素，但作为一个项目又不能包罗万象，如图 8－1。

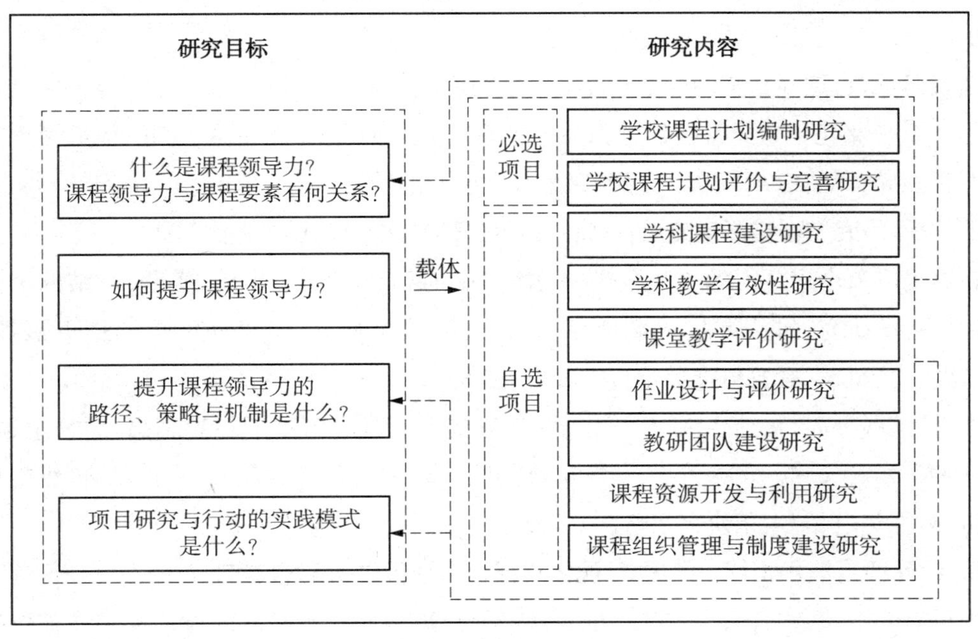

图 8－1　研究目标与研究内容

经梳理后，我们将重点放在学校课程计划、学科建设、课程评价和课程管理这四个方面遇到的难点和关键问题。在此之下，又分解若干相互关联的子项目，如，关于学校课程计划编制、评价与完善的研究，关于学科课程建设的研究，关于教研团队建设的研究，关于课程资源开发与利用的研究，关于课堂教学评价的研究，关于课程组织管理与制度建设的研究，等等。这些子项目看似从某个课程或教学维度切入，但却是 Sashkin 所说的系统改革（fix the system）。我们希望借此项目参与学校在某些方面的改变，从而对整个上海市的课程与教学系统中的相关问题予以启示。

第一轮项目的研究内容是小、初、高三个学段以学校课程计划、学科建设、课程评价和课程管理四方面内容为突破口，形成了 9 个子项目。

（1）学校课程计划：学校课程计划的编制研究，学校课程计划的评价与完善研究；

（2）学科课程建设：学科课程建设研究，学科教学有效性研究；

（3）课程评价：课堂教学评价研究，作业设计与评价研究；

（4）课程管理：教师团队建设研究，课程资源开发与利用研究，课程组织管理与制度建设研究。

其中必选项目（1）是对课程"整体突破"的支点，自选项目（2、3、4）是"点上突破"的支点。

通过必选、自选项目相结合的行动研究，将使学校对课程进行通盘考虑，点上突破，加深对课程各要素及其与提升课程领导力关系的理解，从而促进学校内涵发展，促进学生发展，实现课程领导者从"应知"、"应为"到"愿为"、"能为"的转变。

4. 设计研究过程与研究方法：综合运用多种方法与实践阶段相匹配

在这场凝聚全市之力的攻坚战役中，整个项目经历了准备、启动、实践、总结四个阶段，综合运用行动研究、问卷调查、文献研究、实证研究、个案研究、比较研究等方法，开展螺旋式行动实践，力求科学有效地推进项目实践，如图 8－2。

本着"实践导向、互动生成、模式多样、促进提升、关注特色"的指导思想，项目组顶层设计了"研究-开发-试点-推广"的工作模式，确定了"聚焦问题、理论指导、点面结合、纵贯横通、专家指导、强化过程"六条研究策略。

5. 设计项目技术路线：勾画可视化路径，引领行动研究的走向

项目研究中，实践者大多关注进度安排，研究分工，而技术路线的设计却往往被忽略，而这恰恰是最重要的。技术路线能引领研究的步骤和走向，能较好地规避那种随意性的，想

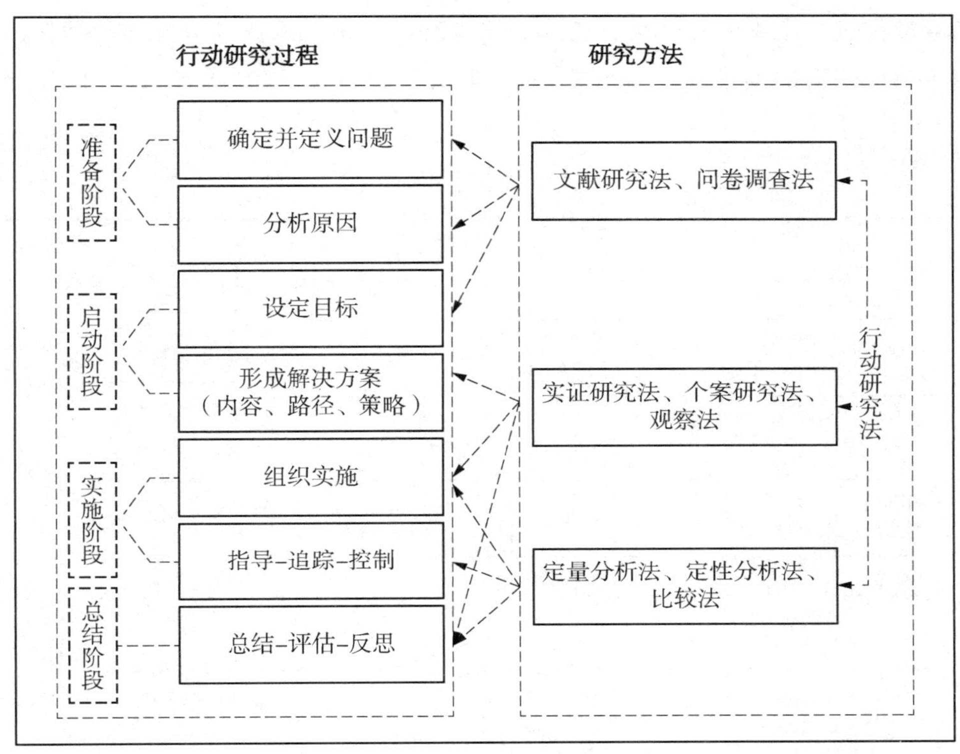

图 8－2　研究过程与方法

到哪里，研究到哪里的现象。

那么什么是技术路线？简单说，就是研究从这里到那里的路径。技术路线要对达到研究目标准备采取的技术手段、具体步骤及解决关键性问题的方法等进行设计。在思考技术路线时，要回答三个问题：我们计划到哪里去——目标？我们现在在哪里——目前状况？我们如何达到那里——途径？

在课程领导力行动实践中，用“看得见，摸得着”的可视化路径是保障项目协同推进，达成目标的有效途径。学校以“可视化”的方式勾画“研究路径图”，明确了项目“里程碑”和“具体任务”，让项目研究的每一个人心中有“地图”。同时，运用任务分解进程表引领关键节点和时间进度安排，确保研究的有序有效。

技术路线一般常用图形、表格等形式描述行动的步骤或相关环节之间的逻辑关系。因其是一种结构化的规划方法，所以具有清晰、高度概括和前瞻性的特点。如图 8－3 所示，这是一所学校在进行作业项目研究时设计的技术路线。有了该技术路线，研究团队对如何达成研究目标不但做到了“心中有数”，而且形成了研究共识，非常有利于项目的开展和推进。

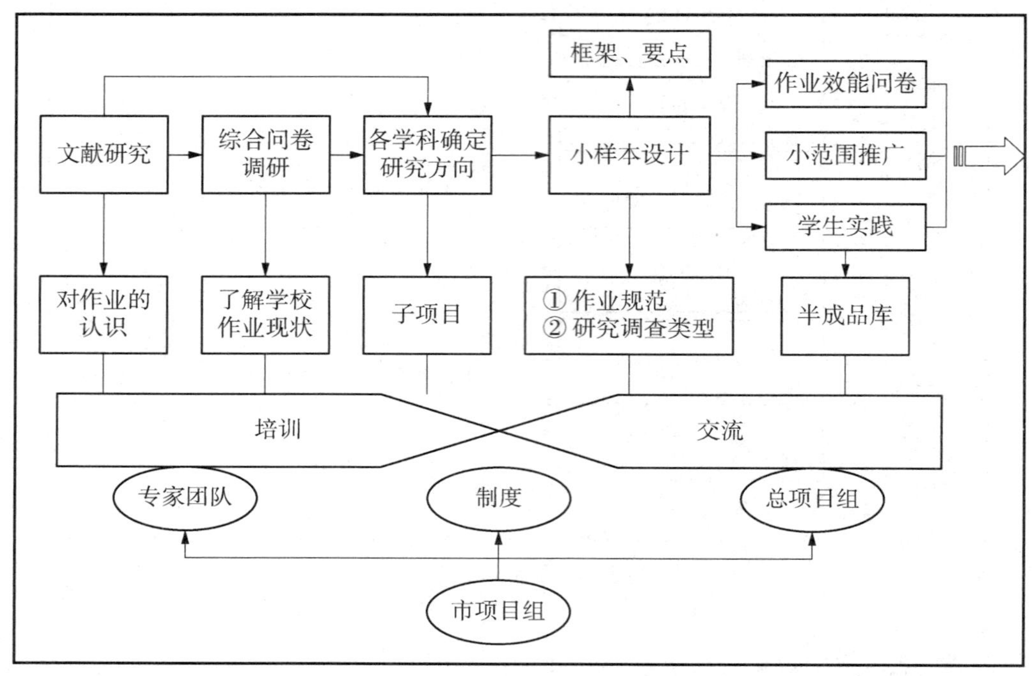

图 8－3 作业项目研究技术路线

以项目的方式来积极探索课改中难点问题的解决，这是上海在全国课改推进中的一项创举。“上海市提升中小学（幼儿园）课程领导力行动研究”项目就是上海深入推进课改的一个典型案例。两年多的基于学校的课改行动实践，不断丰富着我们对项目的理解和认识，从对一些问题的破解中，我们逐渐归纳提炼出解决问题的思路、策略和机制。我们将进一步积累经验，将项目常态化，引导更多的学校基于学校实践解决自身发展中的问题。

2. 行动研究实践模型：破解难点的突围之路

一个大型项目有自身需要达成的目标和任务，各子项目也有各自的研究任务与内容。因此，只有使子项目学校的研究能聚焦到总项目的目标，而不是只关注自己干了什么，才能最终汇聚、提炼子项目的研究成果，达成总项目的研究目标。

上海市提升课程领导力行动研究项目，以行动研究作为主要研究方法。但实践中，我们发现，学校对这种研究方法的应用还不是十分清晰，学校最亟待解决的是告诉他们怎么做。因此，引导学校如何开展具体的行动研究过程非常重要，而明确应使用怎样的研究技术路线是其中最为关键的。因为研究的技术路线能引领研究的步骤和走向，能较好地规避那种想到哪里，做到哪里的随意性现象。为此，在项目的整体推进实施中，我们借鉴了理论界在行动研究上的成果，开发了行动研究实践模型，如图 8－4，并引导学校结合学校实际进行校本化的改造。

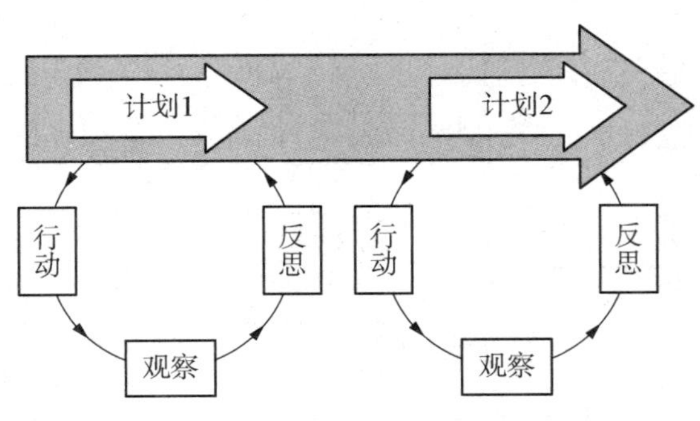

图 8－4　行动研究实践模型

行动研究这一实践模型表明：一项行动研究要依次经过“制定计划→行动实践→观察分析→反思评价→行动改进”的环节与程序，在此基础上找出不足，制定新的计划，由此开始新一轮的改进行动，不断螺旋推进，直到研究逼近预期要取得的成果或成效。

在这一基本模型下，我们鼓励项目学校结合学校研究内容与实际情况，对基本模型加以

拟定课题，明确目标
提出总体实施方案
制定第n次行动计划
进行n次行动实践
观察
分析第n次行动情况
对第n次行动进行反思
实现预期目标

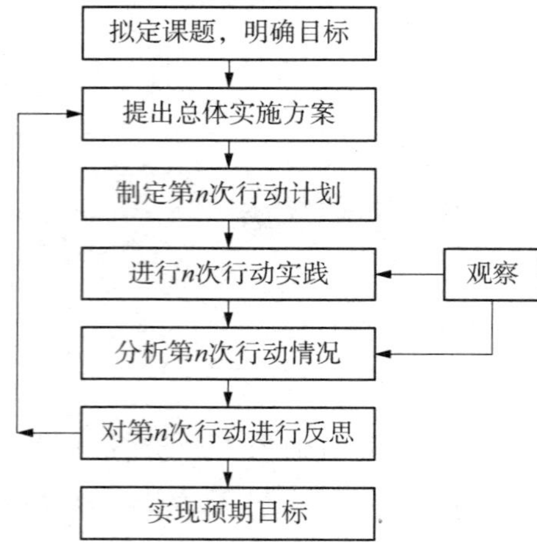

图 8-5 行动研究实践模型变式图

改造与具体化，但尽量不要复杂化，而是简练地呈现行动研究的过程。图 8-5 是项目学校探索出的行动研究实践模型的变式图，它更清晰地呈现了实践过程中螺旋式递进的多次行动与改进过程。

从项目学校的实践来看，许多学校都根据上述基本实践模型及其变式，结合各自的研究内容和任务，建构了具有校本化特色的行动研究模型。以初中学段的洛川学校为例，他们开展的是“一对一数字化学习环境中课堂互动策略的实践研究”，建构了如图 8-6 的行动实践模型。

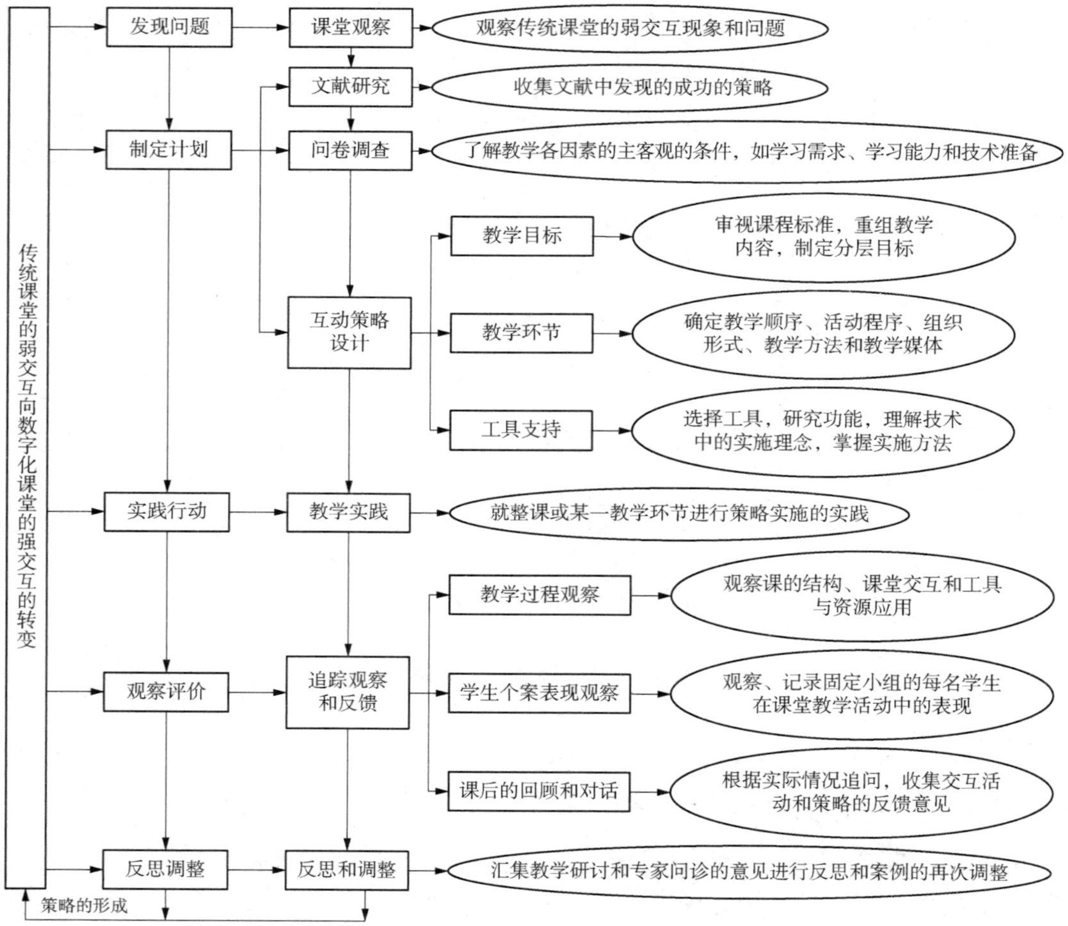

传统课堂的弱交互向数字化课堂的强交互的转变
发现问题
课堂观察
观察传统课堂的弱交互现象和问题
文献研究
收集文献中发现的成功的策略
制定计划
问卷调查
了解教学各因素的主客观的条件，如学习需求、学习能力和技术准备
教学目标
审视课程标准，重组教学内容，制定分层目标
互动策略设计
教学环节
确定教学顺序、活动程序、组织形式、教学方法和教学媒体
工具支持
选择工具，研究功能，理解技术中的实施理念，掌握实施方法
实践行动
教学实践
就整课或某一教学环节进行策略实施的实践
教学过程观察
观察课的结构、课堂交互和工具与资源应用
观察评价
追踪观察和反馈
学生个案表现观察
观察、记录固定小组的每名学生在课堂教学活动中的表现
课后的回顾和对话
根据实际情况追问，收集交互活动和策略的反馈意见
反思调整
反思和调整
汇集教学研讨和专家问诊的意见进行反思和案例的再次调整
策略的形成

图 8-6 洛川学校行动实践模型

这一研究模型进一步细化了发现问题、制定计划、实践行动、观察评价、反思调整五个环节的具体内容。如“发现问题”环节，主要聚焦于课堂观察，落脚点在观察传统课堂的交互现象；“制定计划”环节，通过文献研究和问卷调查，来了解以往研究中成功的可借鉴的策略以及教学中影响互动的主客观条件，最后从教学目标、教学环节和工具支持三个方面设计了互动策略，其他环节也都是这样细化，不再赘述。如此，一张行动研究模型图，清晰地呈现出整个研究各环节之间的逻辑关系，实施的具体步骤及解决关键性的问题，浓缩了整个研究技术路径，名副其实是一张“研究导航地图”，为项目研究的开展奠定了坚实的基础。

再比如，上海静教院附校的“‘后茶馆式’教学案例研究”项目，把循环实证作为课堂教学改进的主要研究方法，构建了校本研修的“循环实证”行动实践模型，如图 8－7 所示。

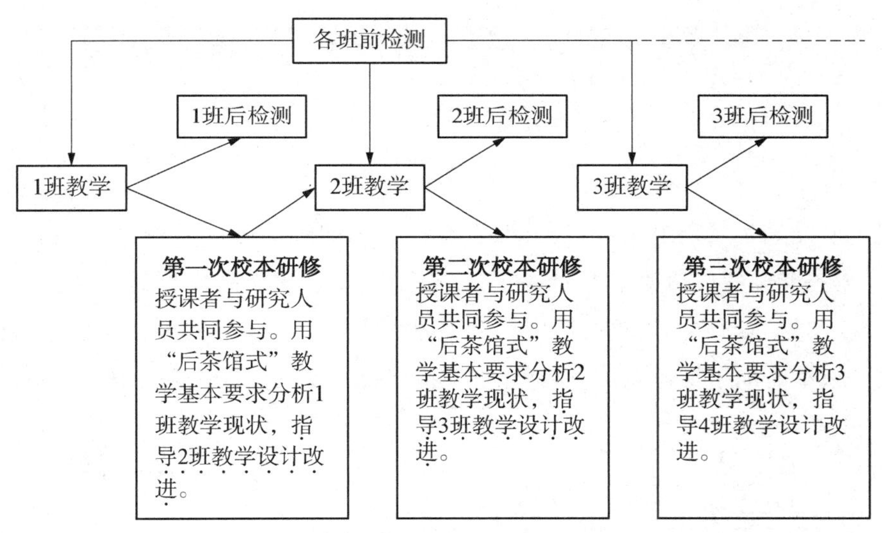

图 8－7　上海静教院附校“循环实证”行动实践模型

“循环实证”是“后茶馆式”教学推进过程中的创新方法。其过程一般在同一年级的几个教学班中进行：如选取三个班，每次课后对学生进行课堂内容学习检测（后测），任课教师和备课组、教研组教师则进行专题研修。在具体操作中，也视研究的情况，对教学、研修等次数作增减。一学期进行多次，就这样“循环”研究。一次次“循环”，一次次研究，不断聚焦研究的问题，要证明什么，展示什么，改进什么，一目了然，十分清晰。

行动研究的过程不是一蹴而就的，是一个螺旋式上升的研究过程，项目的深化也是在持续的反思性对话和行动改进中一点点走向深入的。提升课程领导力就以“问题”作为项目研究的起点，以“解决问题”为研究的终点。通过持续对话，突破个人思维与视角的“瓶颈”，在澄清问题中，形成共识和理解；在专家指导、同伴互助中明晰解决问题的基本思路与措施；在实施中通过行动改进学会科学的思维方法和工作方式，最终达到共同提升，共同发展。

项目的价值在于产生“生产力”。行动研究最终需要总结出课程领导的最优实践(Best Practice)，及时推广，并通过组织有效的培训，使项目的成果在更大的范围内发挥辐射作用。这意味着，其他学校如果照着这样去做，也能够实现领导之道，让更多的校长成为更为有效的领导者，这就是行动研究以点带面的应用价值。

3. 问题解决实践模型：抽丝剥茧的智慧之道

建立模型，尤其是复杂事物或过程的模型，需要从研究问题的目的和需要出发，这样才知道该舍弃哪些非本质的因素和特征。因此，构建问题解决实践模型是一个大型项目在顶层设计层面就要思考的。问题解决模型是推进课程领导力行动研究项目中最主要的实践模型之一，这一模型有助于抽丝剥茧，从整体上厘清研究系统的内在逻辑和程序，如图 8－8。

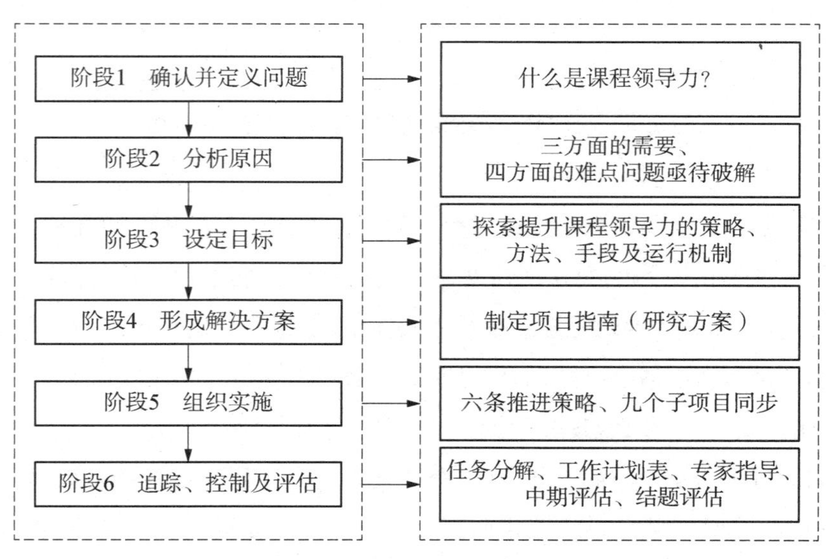

图 8－8　问题解决实践模型

问题解决实践模型是系统地反映问题解决的过程，是将一个问题由最初的确认工作、解决方案的形成执行，一直到问题的状况获得改善的过程。问题解决实践模型通过六大步骤（阶段），形成解决问题的思路，来合理地、有效地解决问题。结合课程领导力项目来看，这六个阶段我们所思考及具体推进的工作如下。

一、确认并定义问题

在这一阶段我们要回答：

（1）问题是什么？

（2）这些问题会造成哪些影响？

（3）目前状况为何？

（4）远景是什么？

上海市实施课程领导力项目的基本出发点是探索在课改实施中如何将重心下移到学校，激发学校活力，引导基层学校解决自身面临的难点问题。简言之，可以概括为三个“需要”：深化课程改革的需要、学校内涵发展的需要、实现课程建设者和实施者专业发展的需要。在项目研究中，我们发现，学校在课程建设和课程领导方面存在四个方面的主要问题：学校课程整体规划不够科学、课程建设与实施不够深入、课程管理不够到位、课程评价不够规范。通过课程领导力项目，我们就是要解决这些问题，提升学校校长和教师的课程领导力。

二、分析原因

这一阶段要回答：问题产生的最重要原因是什么？

就上述四个问题而言，其产生的原因可能是多方面的，但最主要的原因是校长和教师在课程的规划、实施、管理和评价上的专业能力的缺失。以往，学校更多关注的是课堂教学，关注一节节课怎么教，缺少从课程层面俯视整个系统，更不用说具备较强的课程意识和课程能力。因此，从课程层面入手，抓住几个存在的关键问题作为项目的实践载体，是解决问题的较好抓手。

三、设定目标

这一阶段要设定问题解决后，我们想达到什么目标。

目标导向是一个项目从规划到实施完成这一过程中始终要对照和聚焦的。课程领导力项目最终要达成的愿景目标是：

（1）探索出提升课程领导力的策略、方法、手段及运行机制。策略和机制都是长效的东西，将对今后持续推进课改具有长远的作用。

（2）提升校长和教师的课程领导意识和能力，实现从“应知”、“应为”到“愿为”、“能为”的转变。也就是说要培养出一支“种子”队伍，进而带动面上学校，发挥这些“种子”的辐射和示范作用。

四、 形成解决方案

这一阶段是顶层设计的关键阶段，我们如何达成目标？需要形成一个整体的方案。

当存在的问题和目标都清晰以后，形成问题解决方案或者实践方案，是顶层设计阶段的关键一步。课程领导力项目通过研制“项目指南”，将项目的背景、目标、内容、研究方案、组织机构、研究内容框架、进程要求、项目管理以及项目申报等内容进行了详细的规划与说明。通过对项目指南的培训，使项目学校和指导专家对研究形成了共识，为后续项目的推进打下了良好的基础。

五、 组织实施

这一阶段是执行计划与方案，开展创造性的实践探索的阶段。

项目的实施是规划和结果之间的桥梁。如何实施，也需要给项目学校提出要求。课程领导力项目在实施过程中，主要采取了六大策略：

1. 聚焦问题

总项目组自上而下设计了 9 个子项目和 48 项研究内容，供学校选择；项目学校自下而上，在规定的研究领域里，结合学校实际选择或自定要研究的问题，最后总项目组统筹，确定了 52 个研究项目。

2. 理论指导

通过文献分析、现状调研，子项目学校摸清了拟研究问题的发展现状、存在问题，并寻找理论基础及研究方法论支持。

3. 点面结合

以项目学校为点深入开展实践探索，以上海市面上学校为面，将点上取得的成效和经验及时向面上辐射推广，使研究与工作紧密相连。

4. 纵贯横通

研究过程中，分成幼、小、初、高四个学段来管理（学段的纵向衔接），但具体研究中，同类别的项目则经常互动交流（项目研究的横向纽带），即，研究过程中加强学段之间的纵向互动和子项目之间的横向联系。

5. 专家指导

整个项目的专家指导团由高校教育专家、本市资深中小学校长、教科研人员及督导人员等组成。每所项目学校均有一位固定的指导专家每月一次到学校为项目提供理论指导和行动咨询服务。

6. 强化过程

规范项目管理，注重研究过程的质量，通过互动强化研究成果的总结和分享。

六、 追踪、控制及评估

这一阶段是管理和监控实施活动的阶段。我们如何确认实践在按计划稳妥推进？过程中是否发生了问题？如何纠偏？过程中的阶段性成效如何？最终是否达成目标，并使问题已获解决或改善？

这一阶段是保证实施顺利前行的关键阶段，也更考验对项目的管理能力。课程领导力项目在项目管理上重视对项目进程、质量的及时追踪，以及及时解决各种过程中意外出现的问题。主要做法是各校制定任务分解书和工作计划表，使学校与总项目都有“法”可依；专家的定期指导除了具有指导功能外，其实还发挥了督促监督的功能；中期评估，采用现场评估的形式，专家小组到学校亲身考察项目进展，指出研究中的不足和偏差，给出具体建议，使项目学校进一步明确研究方向；结题评估是对项目的全面验收，通过项目数字故事、学校汇报、项目亮点展示等环节，尽可能全面地呈现项目研究的过程、结果和成效。这些措施有效地确保了对项目学校实践情况的及时跟踪、反馈和指导。

从上面这六个阶段构成的流程中，我们能看到，大型项目的实施，无论是计划、协调，还是筹措、掌控等都是要考虑的。如何审时度势，统领全局，如何寻找资源，协调各方力量，对项目成败都有至关重要的影响。其中，发现问题，就是界定项目研究边界和内容；了解问题起因，这就是分析；设立目标，就是确定最终愿景；形成解决方案，这就是解决问题的改进之路；监控与管理，保持过程优化，这就是控制。领导力项目以这一问题解决模型为指导，通过不断地实践、持续地改进，依靠团队力量来攻克实践中的一个又一个难关。

4. 项目管理实践模型：技术与艺术融合之径

对于大型项目而言，除了关注研究的整体规划与具体实施外，项目管理也是一块非常重要的内容。这关系到整个项目是否能按照时间的节点，保质保量地完成预期的目标。课程领导力项目的管理，思考的主要问题有：

(1)总项目组采取怎样的工作管理方式？

(2)如何对子项目进行监控？是否偏离预期目标？

(3)如何获取子项目进展的真实信息？

(4)如何及时推广项目经验，扩大项目影响力？

为此，建构项目管理实践模型，如图 8－9 所示，找到项目管理的关键所在，包括质量管理、进度管理和成本管理，这三方面是非常必要的，可称之为项目管理的三大基石。只有这三块基石稳定、平衡才能保证并促进项目顺利开展。

图 8－9 项目管理实践模型

一、“质量管理”基石

对项目的评估最终主要落实到对项目质量的考量。项目实施的质量好坏，直接关系到这一项目的应用价值及效益。因此，课程领导力项目在质量管理上，主要从项目质量的规划、实施过程中的保证及控制上进行重点控制，并主要通过以下三种工具来进行质量管理。

1. 用 RACI（团队协作）矩阵明确团队职责

对项目谁来负责，组织哪些人参与实施，研究过程中向谁汇报，项目实施中谁来协调沟通、传达信息等都有具体明确的分工，这样每个人各司其职，职责分明，避免相互推诿。

2. 用研究路径图做好项目导航

研究路径主要回答三个问题：我们计划到哪里去，即：目标是什么？我们现在在哪里，即：目前状况如何？我们怎样达到那里，即：途径是什么？为此，我们引导项目学校通过可视化的路径图，让每个研究者清晰了解当下位置，并知道下一步该做什么。

3. 建立质量跟踪制度，让过程“可得见”

通过多种方式对项目的研究与管理进行监控，及时了解项目的进展并给予指导。课程领导力项目采取的方式主要有三。

一是定期研讨交流，目的是获取真实信息；传播好的研究经验与方法；探讨、解决难点问题。交流可以是学校层面、学段层面、子项目层面、专家层面的。

如，组织多种形式的研讨，包括跨学段的同一子项目研讨以及同一学段的不同子项目研讨的方式。这些研讨方式各有所长，结合起来运用，兼顾了项目交流的深度和交流的广度。既为项目学校间搭建了交流平台，使其互相启发借鉴，同时又有利于我们及时了解项目学校的进展情况，对研究中存在的问题及时提出改正方向和思路。

又如，组织项目指导专家每月一次到子项目学校现场指导，专家指导的过程就是对学校项目的跟踪与管理的过程。

此外，我们还组织多方联合现场调研，通过多方联合会诊的方式，现场问诊把脉，答疑解惑，既提供了现场专业指导服务，同时又及时了解了项目的进展，为后续的研究提出建议。

二是分散与集中调研，对项目学校定期或不定期进行集中和分散相结合的实地调研。既能及时了解项目进展，又能现场把脉，解决问题。

三是全程记录研究过程。要求项目学校对研究过程加强档案积累，全程记录研究过程，包括文字记录、视频录像，加强对信息的收集、归档与发布。

二、“进度管理”基石

项目的进度管理不仅仅包括研究设计阶段、实施阶段，还包括研究的准备阶段、总结阶段;不仅包括进度计划,还包括跟踪调整;进度管理涵盖了对项目全过程的控制。课程领导力项目在进度管理上主要采取四种工具。

1. 进行工作分解,使进度“可控”

用 WBS(Work Breakdown Structure)分解多项任务。通过 WBS 工具建立工作分解结构(根据项目目标及预期成果),把任务分解成“一英寸大小的小圆石”,即把大任务分解成多个小任务,缩短研究的里程,让项目研究者每完成一个小任务就有成就感,同时又会激发向下一个任务进军的热情,对后面的实践更充满信心。

2. 用工作进度表抓住项目七寸

进程管理要抓住的七寸就是用工作进度表来规范、落实研究的具体任务和时间节点,使进程一目了然,增强了每个人的责任意识。工作进度表可以按照工作流程分解,或者按照系统论的方法进行结构分解。工作进度表有助于按照预期的时间节点向前推进。

3. 建立进度协调工作制度

课程领导力这个大型项目因涉及的人员、部门众多,定期召开各层面的工作例会,如总项目组工作例会、专家例会、学校工作例会等,来协调工作内容,了解进展情况是非常有必要的。

4. 建立信息上报制度,积累过程性资料

及时收集项目进展信息,如学校研究的全程记录、项目的研讨记录等,进行及时归档。这些过程性的资料对梳理与反思研究中的问题和总结经验非常具有价值。

三、“成本管理”基石

项目成本管理意味着要确保在批准的预算范围内完成项目所涉及的各个过程。成本管理过程一般包括:成本的预算与控制、资源的配置等。一旦项目启动后,要对项目的各项支出进行专门管理,避免项目结束后对成本的使用成为一笔糊涂账。

课程领导力项目在成本管理上主要抓经费的投入与有效使用。项目启动之初通过签订市、区、校三方协议规定了三方各自的义务和责任,确保市、区、校的研究经费的配套投入,明确经费的使用要求。研究中经费的投入主要采取分期分批方式拨付,如启动之初、中期评估之后、结题评估之后分别拨付研究与奖励经费,既规范了经费管理,又激发了项目学校的研究积极性。

“期限、质量和成本”一般被看作是项目管理的三大基石,质量更是项目的生命。其核心

是加强工作任务的“可控性”、“规范性”，重在通过对项目的精细化、规范化、专业化、实证化、过程化的管理，做好项目的“细节”，如图 8－10 所示。

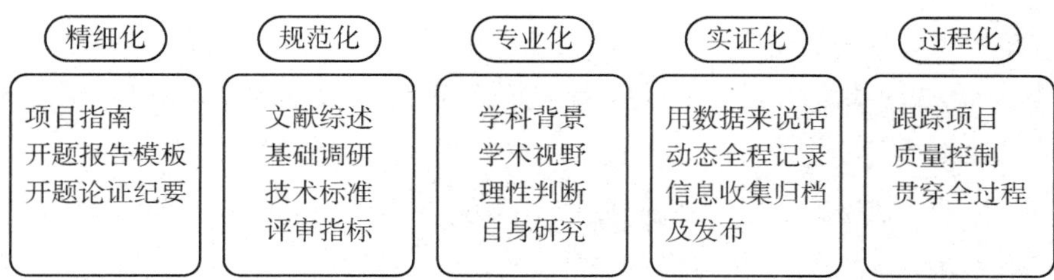

图 8－10　项目管理的“细节”

在项目研究中，如何在有限的时间里达成愿景，其中很重要的工作是要抓好项目的进度和质量。但却不止于此，“领导力就是动员大家为了共同的愿景努力奋斗的艺术”。项目管理不仅需要“技术”，更需要“艺术”。

项目管理的“艺术”就是凝聚人心。在项目的生命周期中，项目是否走得稳健，其强大的推动力是把项目团队凝聚在一起。

首先，在思想上整合，增强团队的凝聚力，创造团结合作、积极进取的氛围，增强项目团队的整合力和个体的驱动力。

其次，在行动上整合，优化项目的管理力。项目的高效推进，需要项目成员对项目有认同感，这就需要增强项目成员的责任意识，建立畅通的信息沟通机制，加强对项目的管理控制。尽量减少无效管理和无效举措，使得管理工作更加切近实际，更加具有操作性。

再次，从价值实现上整合，激发项目活力。要通过项目价值和个体价值的整合，唤起项目成员的进取精神和克服困难的勇气，使项目成员的潜能获得释放，进而为项目目标的实现积极工作。

对大型项目的实践模型探索目前在国内还很少，伴随课改，这一问题将在不断摸索、实践中由模糊变得清晰，通过对实践中的具体做法的归纳，逐步系统化提炼后形成模型。当然，对大型项目而言，可应用的模型还有很多，伴随课程实践的深入，还需持续探索。

参考文献

1 (美)拉尔夫·泰勒著,施良方译,瞿葆奎校.课程与教学的基本原理[M].北京:人民教育出版社,1994.

2 施良方.课程理论:课程的基础、原理与问题[M].北京:教育科学出版社,1996.

3 (美)派纳等著,张华等译.理解课程[M].北京:教育科学出版社,2003.

4 钟启泉.现代课程论(新版)[M].上海:上海教育出版社,2003.

5 钟启泉,崔允漷,张华.为了中华民族的复兴 为了每位学生的发展:基础教育课程改革纲要解读[M].上海:华东师范大学出版社,2001.

6 钟启泉.学科教学论基础[M].上海:华东师范大学出版社,2001.

7 R·M·加涅等著,王小明等译.教学设计原理(第五版)[M].上海:华东师范大学出版社,2007.

8 上海市教育委员会教学研究室.基于问题解决 提升课程领导力的行动[M].上海:华东师范大学出版社,2014.

9 上海市教育委员会教学研究室.学校课程计划编制实践指南[M].上海:华东师范大学出版社,2013.

10 上海市教育委员会教学研究室.上海市普通中小学课程方案解读[M].上海:上海教育出版社,2007.

11 韩艳梅.课程图谱[M].上海:上海教育出版社,2019.

12 韩艳梅.改进语文课堂[M].北京:教育科学出版社,2011.

13 赵才欣,韩艳梅.如何备课[M].上海:华东师范大学出版社,2008.

14 谢利民.现代教学论纲要[M].西安:陕西人民教育出版社,1998.

15 韩艳梅.课程图谱为学校课程"量体裁衣",构建课程"谱系"[J].上海教育,2019(36):72-74.

16 韩艳梅.课程建设进入"读图时代":"课程图谱"为提升课程领导力架设阶梯[J].上海教育,2019(33):60-62.

17 韩艳梅."工具变革"对提升课程领导力的"牵引作用"[J].基础教育课程,2018(19):18-26.

18　韩艳梅.提升课程领导力，走向“工具时代”的特征[J].上海教育，2018(18)：66－67.

19　韩艳梅.基于走班制的系统变革及其实践模式[J].中国德育，2015(24)：31－35.

20　韩艳梅.如何使学校课程从局部零敲碎打转向整体系统设计——学校课程计划的框架及实践分析[J].基础教育课程，2013(10)：29－35.

21　胡立如，张宝辉.混合学习：走向技术强化的教学结构设计[J].现代远程教育研究，2016(04)：21－31＋41.

22　桑新民.当代信息技术在传统文化——教育基础中引发的革命[J].教育研究，1997(05)：18－23.

23　何克抗.建构主义——革新传统教学的理论基础[J].学科教育，1998(03)：29－31.

24　高文，王海燕.抛锚式教学模式[J].外国教育资料，1998(03).

后　记

2021年农历牛年，注定是忙碌的一年。

当我落下最后一笔，在电脑上打完最后一个字符时，推开窗户，眼前是一片阳光灿烂。几乎是在笔耕中过完春节的我，顿时有一种舒畅之感。

这本可以说是薄薄的小书，在搁笔的一刹那，我还是心潮澎湃，往事历历在目。我突然发现，自己从事教育工作也有30年，进入上海市教委教研室担任教研员也有18年了。

岁月如梭，研究编织，见识留影。在从事的教育工作、研究工作中，我得到了许多领导、前辈、师长、同伴的支持和提携，是他们激起我对教育的执着、对研究的深爱。同样，在本书的撰写过程中，我得到了上海市教委教研室主任王洋，上海市教委教研室党总支书记、副主任纪明泽，原主任徐淀芳，原副主任陆伯鸿的热情指导和悉心帮助；得到了许多同事的关怀和关照；得到了许多校长和教师的关心和支持，在此一并表示诚挚的感谢！特别要提及的是在成书过程中，华东师范大学出版社刘佳编辑给予了专业的指导，使本书有更好的呈现样态，在此表达深深的谢意！

由于自己水平有限，本书不成熟的地方，敬请包涵。如蒙指教，不胜感激。

作者
2021年2月20日